KB205991

야고보서 _ 유다서 주해

An Exposition of James and Jude

by Rev. Hyung Yong Park, Th.M., S.T.D.
Emeritus Professor of New Testament
Hapdong Theological Seminary.

Copyright © 2023 Park Hyung Yong
Published by Hapdong Theological Seminary Press
50 Gwanggyo Joongang-Ro, Yeongtong-Gu, Suwon, Korea 16517
All rights reserved.

야고보서 유다서 주해

초판 1쇄 2023년 3월 20일

발 행 인 김학유
지 은 이 박형용
펴 낸 곳 합동신학대학원출판부
주   소 16517 수원시 영통구 광교중앙로 50 (원천동)
전   화 (031)217-0629
팩   스 (031)212-6204
홈페이지 www.hapdong.ac.kr
출판등록번호 제22-1-2호
인 쇄 처 예원프린팅 (031)902-6550
총   판 (주)기독교출판유통 (031)906-9191

ISBN 979-11-978944-6-6 (03230)
값은 뒷표지에 있습니다.

박형용 교수
주해 시리즈

야고보서
유다서 주해

An Exposition of James and Jude

박형용

합신대학원출판부

본 저자는 얼마 전 (2022년 5월) "로마서 주해"를 출간한 바 있다. 모든 학자들이 동의하는 것처럼 로마서는 믿음으로 의롭게 된다는 것을 강조하는 서신이다. 그런데 얼핏 보기에 야고보서는 행위를 강조하는 서신처럼 인식된다. 그래서 로마서와 야고보서의 관계는 기독교 역사에서 많은 학자들의 관심의 대상이 될 수 밖에 없었다. 본 필자가 『로마서 주해』를 출간한 후 로마서와 관계하여 항상 논쟁의 대상이 된 『야고보서 주해』를 써야겠다는 생각이 들었다. 그리고 야고보(James)가 예수님의 동생인 것처럼 유다(Jude)도 예수님의 동생이기에 야고보서와 유다서를 묶어 출간하는 것이 좋다고 생각되어 『야고보서와 유다서의 주해』를 한권으로 출간하기에 이른 것이다.

야고보서는 믿음을 근거로 한 행위를 강조한 서신이다. 야고보는 예수님의 동생으로 한 지붕 밑에서 예수님과 함께 살면서 예수님의 삶을 친히 목격한 사람이다. 비록 야고보는 예수님이 부활하시기 전까지 예수님을 구세주(Savior)로 인정하지 않은 상태에서 예수님과 함께 살았기 때문에(요 7:3-5) 공생애 기간 동안 야고보의 눈에 비친 예수님의 삶은 인간의 한계를 벗어났다고 할 만큼 더욱 특별하게 보였을 것이고, 따라서 그의 관찰은 객관성을 인정받는데 아무런 문제가 없었을 것이다. 야고보는 "하나님의 아들이시기 때문에" 혹은 "구세주이시기 때문에"라는 선입관이 작용하지 않은 상태에서 예수님의 삶의 모습을 있는 그대로 목격하고 기록했을 것이다. 야고보가 야고보서에서 강조한 행위들은 예수님이 그렇게 사셨고, 또 그렇게 가르치신 교훈과 같은 것이다.

비록 야고보가 "흩어져 있는 열두 지파"에게 편지를 썼지만, 야고보서의 내용은 예수님 재림 때까지 모든 교회가 듣고 실행해야 할 교훈들이다. 성도들은 예수님을 구주로 믿는다고 고백은 하면서 예수님을 본받는 삶을 살지 않으면 "영혼 없는 몸이 죽은 것같이 행함이 없는 믿음은 죽은 것이니라"(약 2:26)라는 야고보의 경고를 들어야 한다. 야고보는 진정한 믿음은 행함이란 열매를 맺게 되어있다고 강조하면서 모든 세대의 교회에 어떻게 살아야 할 것을 가르치고 있다.

유다 역시 마지막 때를 사는 성도들이 자기 처소를 떠난 천사들이나 가인의 길로 가는 사람들이나 발람의 길로 가는 사람들이나 고라의 길로 가는 사람들처럼 잘못된 길을 갈 것이 아니요, 주 예수 그리스도의 사도들이 한 말을 기억하면서 거룩한 믿음 위에 경건한 삶을 살아야 한다고 가르친다. 야고보서와 유다서는 접근하는 관점은 약간 다르지만 마지막 때를 사는 성도들이 어떻게 행동하며 살아야 할 것인지를 강조하고 있다. 유다서의 "가만히 들어온 사람들"(유 4)

의 말씀을 기억하면서 오늘날 교회는 교회 안에서 교회를 어지럽게 하고 분열을 일삼는 "꿈꾸는 사람들"(유 8)을 경계해야 할 것이다.

근래에 교회는 세상으로부터 많은 비판을 받는 지경에 이르렀다. 교회가 세상을 비판하고 교정해야 할 책임이 있는데 오히려 그 반대의 상황이 전개된 것이다. 이런 때일수록 교회는 더욱더 겸손하게 야고보서의 교훈을 심각하게 묵상하고 실행에 옮겨야 한다. 바라기는 본서가 한국교회로 하여금 교회의 정체성을 회복하고 세상을 향해 바른 길을 제시할 수 있는 당당함을 회복하는데 일조할 수 있기를 소원한다.

끝으로 본서를 아름답게 디자인해 주신 김민정 선생에게와 본서의 교정을 맡아 정성을 다해 수고해 주신 강승주 목사에게 감사의 마음을 전한다.

2022년 10월
하늘을 받들며 사는 동네(奉天洞)에서
63빌딩을 바라보면서
박형용

▌야고보서 주해

서 론

제1장 주해

제5장 주해

유다서 주해

서 론

본문 주해

An Exposition of James

야고보서 주해

서론

1. 야고보서의 저자

야고보서의 저자는 자신을 "하나님과 주 예수 그리스도의 종"(약 1:1)이라고 밝힌다. 그러면 성경에 나타난 여러 야고보 중 어느 야고보(James)가 야고보서의 저자인가? 첫째, 마태(Matthew)는 "세베대의 아들 야고보와 그의 형제 요한"(마 4:21; 참조, 눅 6:14)이라고 말함으로 야고보가 예수님의 제자 중 한 사람이었음을 확인한다(마 10:2). 그런데 예수님의 제자로 요한의 형제인 야고보는 헤롯 아그립바 1세(Herod Agrippa I)[1]에 의해 죽임을 당했다(행 12:1-2). 그러므로 세베대의 아들 야고보는 야고보서의 저자가 될 수 없다.

둘째, 요한(John)의 형제인 야고보 외에 다른 야고보라는 이름이 열두 제자의 이름 가운데 또 나타나는데 "알패오의 아들 야고보"로 소개되어 있다(마 10:3; 행 1:13). 칼빈(Calvin)은 사도 중의 한 사람인 "알패오

---

[1] 헤롯 아그립바 1세(Herod Agrippa I)의 통치 기간이 AD 37-44년이므로 요한의 형제 사도 야고보가 야고보서를 썼다고 주장할 수는 없다. Cf. *The New Encyclopaedia Britannica*, Vol. 5 (London: Encyclopaedia Britannica, Inc., 1994), p. 880.

의 아들 야고보"가 야고보서의 저자라고 주장한다.[2] 만약 "알패오의 아들 야고보"가 야고보서의 저자였다면 자신이 사도였음을 밝혔을 개연성이 크다. 그러나 야고보서의 저자는 그렇게 자신을 소개하지 않는다.

셋째, 또 다른 야고보의 이름은 누가(Luke)가 예수님의 열두 제자를 열거하면서 "야고보의 아들 유다와 예수를 파는 자 될 가룟 유다"(눅 6:16)라고 기록함으로 가룟 유다(Judas Iscariot)가 아닌 예수님의 다른 제자 유다(Judas)의 아버지가 야고보라는 이름을 가진 것임을 알 수 있다. 그런데 복음서에 기록된 예수님의 12제자의 이름을 비교 연구하면 야고보가 아버지인 예수님의 다른 제자 유다는 다대오(Thaddaeus)를 가리킴에 틀림없다.[3] 다대오의 부친이 야고보서의 저자일 가능성은 희박하다.

넷째, 성경에 언급된 또 다른 야고보라는 이름을 가진 사람은 "예수님의 동생인 야고보"이다(마 13:55; 막 6:1-3). 마태는 "이는 그 목수의 아들이 아니냐 그 어머니는 마리아, 그 형제들은 야고보, 요셉, 시몬, 유

---

2 John Calvin, *A Harmony of the Gospels Matthew, Mark and Luke, Vol. III and The Epistles of James and Jude* (Grand Rapids: Eerdmans, 1975), pp. 260, 322.; Matthew Henry, *Matthew Henry's Commentary on the Whole Bible*, Vol VI (Old Tappan: Fleming H. Revell Company, n.d.), p. 966.

3 마태복음과 누가복음에 열거된 예수님의 열두 제자들의 이름을 정리하면 이를 확인할 수 있다. 마태가 언급한 "가나안인 시몬"은 누가가 언급한 "셀롯이라는 시몬"과 동일인이다. 가나안이라는 호칭은 종교적 열심을 표현한 것으로 그가 열심당원(Zealot)이었음을 암시한다. 그러므로 "야고보를 아버지로 둔 유다"가 바로 "다대오"라고 정리할 수 있다.

마태(Matthew) 복음(마 10:2-4)	누가(Luke) 복음(눅 6:14-16)
(1) 베드로, 안드레, 야고보, 요한,	(1) 베드로, 안드레, 야고보, 요한,
(2) 빌립, 바돌로매, 도마, 마태,	(2) 빌립, 바돌로매, 마태, 도마,
(3) 알패오의 아들 야고보, 다대오, (가나안인 시몬), 가룟 유다	(3) 알패오의 아들 야고보, (셀롯이라는 시몬), 야고보의 아들 유다, 가룟 유다

다라 하지 않느냐"(마 13:55)라고 말함으로 야고보가 네 형제 중 한 사람임을 분명히 밝힌다.[4] 예수님의 동생 야고보는 예수님의 공생애 기간 동안에는 형님이신 예수님이 하나님이시요, 구약에서 예언된 구세주(Savior)인 것을 믿지 못했다(요 7:3-5; 참조, 막 3:21). 그러나 부활하신 예수님이 야고보에게 나타나심으로 야고보는 예수님의 부활의 중인이 되었고(고전 15:7), 오순절(The Pentecost)을 고대하는 제자들과 함께 기도 모임에 참여하였다(행 1:12-14). 따라서 정확한 시기는 알 수 없지만 야고보를 포함한 예수님의 형제들은 예수님의 부활이후 예수님을 구세주로 믿었다고 사료된다. 성경은 야고보가 예루살렘 교회의 리더(leader)로 활동했음을 명백히 확증하고 있다(행 12:17; 15:13-29; 21:18). 바울 사도는 야고보를 사도들의 반열에 두었으며(갈 1:19), 예루살렘 교회의 기둥이라고까지 묘사했다(갈 2:9, 12). 지금까지 언급한 네 명의 야고보 가운데 야고보서의 저자로 가장 적합한 인물은 "예수님의 형제인 야고보"라고 할 수 있다. 그 이유는 야고보서의 내용에서도 찾을 수 있다. 우선 야고보서의 내용과 예수님의 산상보훈이 많은 공통점을 가지고 있다는 사실은 야고보가 삶의 현장에서 예수님을 잘 알 수 있는 관계이었음을 말해 준다.[5] 야고보가 예수님의 동생이었기 때문에 가

---

4 Alexander Ross, *The Epistles of James and John* (*NICNT*) (Grand Rapids: Eerdmans, 1970), p. 12.

5 야고보서와 마태복음에 나타난 예수님의 교훈과의 공통점은 다음의 내용에서 확인된다. **약 1:2**/마 5:12; **약 1:4**/마 5:48; **약 1:5**/마 7:7; **약 1:12**/마 24:13; **약 1:17**/마 7:11; **약 1:20**/마 5:22; **약 1:22**/마 7:24; **약 2:5**/마 5:3; **약 2:6-7**/마 19:23-24; **약 2:8**/마 7:12(참조 마 22:39); **약 2:13**/마 5:7; **약 3:12**/마 7:16; **약 3:18**/마 5:9; **약 4:4**/마 6:24; **약 4:11**/마 7:1; **약 5:2**/마 6:19; **약 5:10**/마 5:12; **약 5:12**/마 5:34-35. Cf. William Hendriksen, *Survey of the Bible* (Grand Rapids: Baker, 1976), pp. 316-317.; 참조, 박형용,『신약개관』(서울: 아가페출판사, 2009), pp. 230-232.; Cf. Ralph P. Martin, *James* (*Word Biblical Commentary*), Vol. 48 (Waco:

까이에서 예수님의 삶을 목격하고 증언할 수 있는 위치에 있었다. 테니(Tenney)는 "어떤 경우이든지, 야고보는 예수님과 같은 환경에서 자랐고 예수님이 공적 사역을 시작하기 전 모든 세월의 기간 동안 예수님과 긴밀한 관계를 가지고 있었다. 그의 배경은 실제적으로 예수님의 배경과 똑같은 것이었다. 진리의 해석자로서의 그는 진리의 역사적 맥락과 지리적 맥락을 철저하게 알 수 있는 이점(利點)을 가지고 있었다."[6]라고 예수님과 야고보가 같은 삶의 현장에서 성장했음을 정리한다. 야고보서의 저자는 사복음서의 내용을 직접 인용하지 않았지만 예수님 가까이에서 그의 교훈을 들었고 그것을 생생하게 야고보서에 사용했다고 생각된다. 그러므로 야고보서의 저자는 예수님의 동생 야고보가 가장 적합한 인물이라고 사료된다.[7]

2. 야고보서의 기록 연대

열두 사도 중의 한 사람인 요한 사도의 형제 야고보는 헤롯 아그립바 1세(Herod Agrippa I)에 의해 순교 당한다(행 12:2). 그리고 베드로는 헤롯

Word Books, 1988), pp. lxxv-lxxvi.

6 Merrill C. Tenney, *New Testament Survey* (Grand Rapids: Eerdmans, 1974), p. 262.: "In any case, James was brought up in the same environment as Jesus and was in close touch with Him all during the years that led up to His ministry. His background would be practically the same as that of Jesus. As an interpreter of truth he would have the advantage of knowing its historical and geographical context thoroughly."; Patrick J. Hartin, *James (Sacra Pagina Series)*, Vol. 14 (Collegeville: Liturgical Press, 2009), p. 16.

7 박형용, 『말씀산책』(수원: 합신대학원출판부, 2018), pp. 666-667.

아그립바 1세[8]에 의해 감옥에 갇혔다가 풀려난 후 예루살렘을 떠나 다른 곳으로 갔다. 누가(Luke)는 "베드로가 … 주께서 자기를 이끌어 옥에서 나오게 하던 일을 말하고 야고보와 형제들에게 이 말을 전하라 하고 떠나 다른 곳으로 가니라"(행 12:17)라고 진술한다. 누가(Luke)가 "사도인 야고보의 순교"(행 12:2)를 기록하고 곧 이어 예루살렘 교회의 리더 격인 야고보를 다시 언급한 것은 예수님의 동생 야고보가 이즈음에 예루살렘 교회에서 큰 역할을 하고 있었음을 증거하는 것이다. 헤롯 아그립바 1세는 이 사건 때문에 사망했고(AD 44) 베드로는 예루살렘을 떠난 상태가 되었다. 결국 예수님의 동생 야고보는 AD 44년 쯤부터 예루살렘 교회의 리더 역할을 하게 되었고 AD 49년(혹은 AD 50년)에 회집된 예루살렘 공회에서 중심적인 리더의 역할을 한다(행 15:12-21). 그러므로 야고보서의 기록 연대는 야고보가 예루살렘 교회의 지도자 역할을 하기 시작한 해로부터 예루살렘 공회가 열린 해 사이 즉, AD 45-49년 사이의 어느 시기에 기록한 것으로 추정할 수 있다. 야고보서는 브리스길라(Priscilla)와 아굴라(Aquila)를 포함하여 모든 유대인을 로마에서 추방시킨(행 18:2) 로마 황제 글라우디오(Claudius)의 통치 기간(A.D. 41-54) 어느 시기에 기록되었다. 야고보는 예루살렘 교회의

---

8 헤롯 아그립바 1세(Herod Agrippa I)는 헤롯 대왕(Herod the Great)의 손자로 아리스토볼러스(Aristobolus)의 아들이었는데 청년 시절 로마(Rome)에서 가이우스(Gaius)와 친구로 지냈다. 그런데 가이우스가 후에 로마의 제3대 황제가 되었다. 그가 가이사 갈리굴라(Caesar Caligula, A.D. 37-41)이다. 갈리굴라는 AD 37년 로마 황제로 등극하자 헤롯 아그립바 1세에게 유대 땅 갈릴리의 동북방 지역과 루사니아(Lysanias) 지역을 다스리도록 허락했다(참조, 눅 3:1). 그리고 헤롯 아그립바 1세는 AD 39년에 갈릴리(Galilee)와 베레아(Perea)지역까지 통치할 수 있도록 허락받았고, AD 41년에는 그의 할아버지 헤롯대왕의 통치영역에 버금가는 유대지역 전체를 다스리는 유대인의 왕이 되었다.

리더로 활동하다가 AD 62년에 순교한 것으로 전해진다.[9] 야고보서는 신약성경 가운데서 가장 먼저 기록된 것으로 추정된다.[10]

3. 야고보서의 정경성 문제

정경(Canon)이란 용어는 본래 "갈대"(reed) 또는 "지팡이"(cane)란 뜻으로 사용되었는데 그 의미가 "똑바른 막대기"란 의미로 발전하게 되었다. "똑바른 막대기"는 결국 관찰자가 사용하는 표준(norm)이란 의미를 갖게 되었다. 정경이란 의미를 성경에 적용시키면 성경은 진리나 어떤 행동의 실제적인 가치를 판단하는 표준적인 규범이라는 뜻이다. 그리고 정경은 좀 더 구체적으로 일람표(list)나 목록(catalogue)의 의미가 첨가되므로 진리의 규범을 몇 권으로 정해야 하느냐와 연결된다. 그래서 정통적인 신약교회는 성경 66권을 교회의 정경(Canon)으로 정한 것이다. 1646년에 완성되고 1648년에 영국의회의 승인을 받은 웨스트민스터신앙고백서(Westminster Confession of Faith)는 신, 구약 성경 66권의 목록을 열거한 다음 "이 모든 책은 하나님의 영감으로 주어진 것으로 믿음과 삶의 규칙이다."[11]라고 진술함으로 성경 66권이 교회의

---

9   Simon J. Kistemaker, *James and I-III John* (*New Testament Commentary*) (Grand Rapids: Baker, 1986), p. 18.; Alexander Ross, *The Epistles of James and John* (1970), p. 19.

10 Craig L. Blomberg, *The Historical Reliability of the Gospels* (Downers Grove: IVP, 1987), p. 230.

11 G. I. Williamson, *The Westminster Confession of Faith for Study Classes* (Philadelphia: Presbyterian and Reformed Publishing Co., 1964), p. 4.: "All which are given by

정경임을 확인한다.

그러므로 개혁주의를 표방하는 교회는 신, 구약 성경 66권을 하나님께서 그의 교회에게 주신 영감된 정경으로 받고, 성경이 믿음과 생활의 규범임을 인정하는 것이다. 교회의 역사를 살펴보면 제2세기와 3세기의 교부들의 기록에서 "믿음의 규범"(ὁ κανὼν τῆς πίστεως), "진리의 규범"(ὁ κανὼν τῆς ἀληθείας), "교회의 규범"(ὁ κανὼν τῆς ἐκκλησίας)이라는 표현이 거듭 사용되는 것을 발견하게 된다.[12]

이처럼 정경이란 용어가 규범의 목록으로 사용되었는데 초대교회의 기록은 야고보서를 신약 27권 정경 목록에 포함시키지 않았기 때문에 야고보서의 정경성 문제가 대두된다. A.D. 170-180년 사이에 저작된 것으로 인정을 받는 무라토리안 정경(Muratorian Canon)은 히브리서, 야고보서, 베드로후서, 요한삼서의 네 권을 제외하고 다른 23권의

---

inspiration of God, to be the rule of faith and life."

[12] 박형용, 『신약정경론』 (수원: 합동신학대학원출판부, 2002), p. 31. 여기서 성경의 무오성과 관련하여 성경과 규범의 관계를 정립할 수 있는 두 개의 문장을 소개하기로 한다. 영어 표현으로 "The Bible is the only infallible rule of faith and practice."라는 문장에서 only는 규범에 한해서만 제한하는 역할을 한다. 그 뜻은 한 규범 혹은 한 규칙만이 무오한데 그 규범이 성경(the Bible)이라는 뜻이다. 이 말씀은 성경이 전체와 모든 부분에 있어서 무오하다는 뜻이다. 그러므로 이 문장의 "믿음과 행위"(faith and practice)는 성도들의 생활과 교회의 생활을 가리킨다. 여기 "믿음과 행위"는 성도들의 삶의 총화를 가리킨다. 그러므로 이 문장은 성도들의 모든 삶을 관장하는 규칙이 성경이요 그 성경이 무오하다는 뜻이다. 이 견해가 성경 전체의 무오성을 지지하는 견해로 우리가 받을 수 있는 견해이다. 반면 비슷한 영어 표현으로 "The Bible is infallible only in matters of faith and practice."라는 문장에서 only는 다른 의미의 제한을 뜻하고 있다. 여기서 제한하는 것은 성경 내에서 무오의 범위를 가리킨다. 이 말씀은 성경이 믿음과 행위에 관해서 말하는 부분만 무오하다는 의미이다. 성경이 교리나 도덕을 말하면 그 부분은 무오(infallible)하지만 성경이 역사나 지리와 같은 내용을 언급하면 그 부분은 유오(fallible) 하다는 뜻이다. 이 문장의 "믿음과 행위"는 성경 규칙의 범위를 제한한다. 이 말은 성경이 믿음과 행위에 대해 말할 때에만 그 부분이 무오하다는 것이다. 이 견해는 성경의 무오성을 파괴하는 견해이다.

성경을 정경으로 인정한다. 이렇게 이른 시기에 무라토리안 정경이 많은 신약 성경을 정경으로 인정한 것은 의미심장하다. 초대교회가 신약 성경 중 일부의 성경을 정경으로 인정하지 않는 이유를 살펴보면 지혜를 얻을 수 있다. 히브리서(Hebrews)의 경우 저자가 사도인지에 대한 불확실성 때문에 정경에서 빠졌고, 야고보서(James)의 경우 야고보서의 저자인 야고보가 누구인지에 대한 불확실성과 교리적인 교훈의 빈약성 때문에 정경에서 빠졌으며, 유다서(Jude)의 경우 사도의 기록이 아니라는 불확실성 때문에 정경에서 빠지게 되었다.[13] 하지만 그 이후 교회에 큰 영향을 미친 학자들의 견해를 살펴보면 오리겐(Origen, A.D. 185-254)은 베드로후서, 요한이서, 요한삼서, 히브리서, 야고보서, 그리고 유다서를 논란이 된 책으로 구분했지만 정경에는 포함시켰으며, 유세비우스(Eusebius, A.D. 260-340?) 역시 야고보서, 유다서, 베드로후서, 요한이서, 요한삼서 등 5권을 수납되어야 할 책으로 구분함으로 정경으로 인정한 셈이다. 그리고 아다나시우스(Athanasius, A.D. 296-373?)는 A.D. 367년 부활절 편지에서 야고보서와 유다서를 포함한 현재의 신약 27권을 모두 정경적 문서로 인정한 처음 사람이었다. 결국 A.D. 382년에 모인 로마(Rome)회의는 현재의 신약 27권을 정경으로 인정했고 그 뒤를 이어 A.D. 393년에 모인 히포(Hippo)회의와 A.D. 397년에 모인 칼타고(Carthage)회의에서 로마회의의 결정을 인준함으로 더 이상 신약 정경의 문제가 교회 회의의 논쟁 대상이 되지 않았다. A.D. 382년 이후 현재의 신약 성경 27권은 교회의 정경으로 계속 인정을 받

---

13 박형용, 『신약정경론』(2002), p. 79.

아 온 셈이다.[14] 웨스트코트(Westcott)는 정경이 결정되게 된 배경을 설명하면서 그 당시 교회 회의가 정경에 대해 의논할 때 가장 가치 있는 것으로 비중을 둔 요소는 "교회들의 자연적인 표현"이었다고 말한다.[15]

종교개혁시대에 야고보서는 다시 한 번 수난의 길을 간다. 루터 (Luther)는 한 때 야고보서가 믿음을 강조하지 않고 행위를 강조한다는 이유로 야고보서를 "지푸라기 서신"(Epistle of Straw) 혹은 "틀림없는 지푸라기 서신"(Right strawy Epistle)이라고 칭함으로 처음에는 야고보서를 바로 평가하지 못했다.[16] 루터의 야고보서에 관한 견해는 그의 교회에 의해 받아들여지지 않았다. 루터는 1523년에 발간한 그의 베드로전서의 주해에서 "만약 어떤 사람이 복음을 전하기 원한다면, 짧게 말해서 그 복음은 그리스도의 부활에 관한 것이어야 한다. 그렇게 하지 않는 사람은 사도가 아니다. 왜냐하면 이것이 복음의 주요 부분이기 때문이다. 그리고 그것들은, 위에 언급한 것처럼, 이를 가르치고 감명을 주는 바른 책들이요 고상한 책들이다. 그래서 누구든지 야고보서가 올바른 사도적 서신이 아님을 바로 느낄 수 있다. 왜냐하면 야고보서 안에는 이런 것들이 전혀 없기 때문이다."[17]라고 평가했다. 하지만 루터

---

14 박형용, 『신약정경론』 (2002), pp. 83-90.

15 Brooke Foss Westcott, *A General Survey of the History of the Canon of the New Testament* (London: MacMillan and Co.,1870), p.12: "its chief value lies in the fact that it is a natural expression of the current opinion of the time."

16 Cf. R.C. Sproul, "The Establishment of Scripture," *Sola Scriptura!: The Protestant Position on the Bible,* General Editor, Don Kistler (Morgan, PA: Soli Deo Gloria Publications, 1995), p. 65.

17 R.C.H. Lenski, *The Interpretation of the Epistle to the Hebrews and the Epistle of James* (Minneapolis: Augsburg Publishing House, 1966), p. 514.에서 인용.

는 1534년에 처음으로 발간한 독일 성경의 야고보서 서론(introduction)에서는 "지푸라기 서신"(a right strawy epistle)이라는 표현을 삭제했다. 그리고 1546년에 발간된 루터 성경 야고보서 서문에서 루터는 "야고보 서신은 옛 사람들에 의해 거부된 적이 있지만 나는 야고보서를 찬양하며, 그것을 좋은 책으로 여긴다. 왜냐하면 야고보서는 인간의 교리를 제시한 것이 아니라 하나님의 율법을 힘있게 전하고 있기 때문이다."(WA DB 7. 384)라고 함으로 야고보서에 대한 그의 견해를 확실하게 천명했다.[18]

우리는 여기서 야고보서와 유다서가 정경으로 인정받게 되는 역사의 과정에서 한 가지 주목할 것이 있다. 하나님은 역사의 주관자이시기에 교회의 지도자들과 회의들을 사용하시는 역사의 과정을 거쳐 야고보서와 유다서를 그의 교회의 표준적 문서인 정경으로 수납될 수 있도록 인도하셨음에 틀림없다. "정경 문제에 대해서 여러 가지 어려운 부분들이 많이 있다. 우리는 정경 문제를 다룰 때 사도성, 고전성, 영감성, 그리고 보편성 등 전통적인 입장을 중요하게 생각해야 한다. 그런 요소들이 없었다면 현재의 신약 27권은 정경에 포함되지 못했을 것이다. 그러나 이 모든 요소와 함께 하나님의 섭리적인 인도하심을 간과해서는 안 된다. 좀 더 강하게 표현하자면, 하나님은 이 모든 요소를 사용하셔서 정경 27권을 만들어 내신 것이다. 하나님께서 27권의 신약을 모든 세대를 통한 권위 있는 증언으로 정경화 시키신 이유는 정경의

---

18   Lenski, *The Interpretation of the Epistle to the Hebrews and the Epistle of James* (1966), p. 516.

존재가 예수님 재림 때까지 교회의 유익이 되기 때문이다."[19] 야고보서
와 유다서는 신약교회를 위해 꼭 필요한 하나님의 계시이기에 하나님
께서 모든 여건을 조종하시어 정경에 포함되도록 인도하셨다.

4. 야고보서의 주요한 특징

야고보서는 그 형식에 있어서 시작은 서신처럼 시작하지만 그 끝은 마
지막 인사나 축복의 말이 없이 갑자기 끝을 맺는다(참조, 약 1:1; 5:19-
20). 야고보서의 이런 형식은 히브리서와 정 반대라고 할 수 있다. 히
브리서는 수필처럼 시작하고 편지처럼 끝맺는다(히 1:1-2; 13:24-25).[20]
야고보서가 다른 서신들(특히 바울서신들)과 다른 형식으로 기록되었기
때문에 자연히 야고보서를 편지(epistle)로 분류해야 하느냐 아니면 설
교(sermon)로 분류해야 하느냐라는 질문이 대두된다. 이 질문에 대한
답은 야고보의 시작이 서신의 저자, 서신의 수신자, 그리고 안부를 포
함하는 다른 서신들과 같은 형식임으로 야고보서를 서신으로 분류하
는 것이 옳다고 사료된다.[21]

　　야고보서의 또 하나의 특징은 야고보가 용어 사용에 있어서 자신의
개성을 드러낸 점이다. 비교적 짧은 서신인 야고보서에 73개의 용어(9

19　박형용, 『신약정경론』(2002), p. 113.

20　박형용, 『히브리서』(서울: 도서출판햇불, 2003), p. 23.

21　Simon J. Kistemaker, *James and I-III John* (N.T.C.) (1986), pp. 3-4.; Cf. Pheme Perkins, *First and Second Peter, James, and Jude* (Louisville: John Knox Press, 1995), p. 85.

개의 용어는 의심스러움)가 신약 성경 다른 곳에서는 나타나지 않은 용어로 유일하게 야고보서에서만 사용된 용어라는 점이다. 73개 용어 중일부는 칠십인경(LXX)에는 나타난다.[22] 야고보는 그의 서신에서 특이한 용어를 자주 사용함으로 그 당시 대중 문학(popular literature)의 한면모를 보여준다.

그리고 야고보는 "내 형제들아"(약 1:2; 2:1, 14; 3:1, 10, 12; 5:12, 19), "내 사랑하는 형제들아"(약 1:16, 19; 2:5), 그리고 "형제들아"(약 4:11; 5:7, 9, 10)라는 친근한 표현들을 통해 자신이 쓰고 있는 서신의 수신자가 예수 그리스도를 구주로 영접한 성도들임을 밝히고 있다. 야고보는 이와같은 표현들을 사용하여 자신의 수신자들에 대한 애정도 함께 전하고있는 것이다. 야고보는 수신자들에게 기독교 교리를 강조하기보다 도덕적인 삶을 강조하는 일련의 권고와 수많은 훈계를 제시한다. 야고보서는 여러 가지 종류의 많은 명령과 훈계를 포함하고 있지만 예수님의고난이나 죽음 그리고 부활에 대해서는 전혀 언급하지 않는다. 예수님을 잘 알고 있는 사람이요, 예수님이 행하신 사건들의 목격자요, 예수님의 교훈을 직접 들은 사람인 야고보가 예수를 믿는 "흩어져 있는 열두 지파"에게 편지하면서 복음의 핵심(롬 10:9-10)이라 할 수 있는 예수님의 죽음과 부활의 사건을 전혀 언급하지 않은 것은 믿기 어려운 일이다. 그러면 무슨 이유로 야고보가 그의 편지에서 예수님의 죽음과부활을 언급하지 않았는가? 그 이유를 정리하면 다음과 같다. 우리는야고보서의 저자가 예수님의 동생 야고보라고 생각한다(마 13:55). 예

---

22 A. T. Robertson, *A Grammar of the Greek New Testament in the Light of Historical Research* (Nashville: Broadman Press, 1934), p. 124.

수님의 동생 야고보는 베드로가 헤롯 아그립바 1세의 핍박으로 감옥에 갇혔다가 기적적으로 풀려난 후 "야고보와 형제들에게 이 말을 전하라 하고 떠나 다른 곳으로 가니라"(행 12:17)라는 말씀에 언급된 야고보이다.[23] 그리고 이 야고보는 예루살렘 공회의 리더 역할을 한 야고보이다(행 15:13-21). 그런데 우리가 주목해야 할 부분은 예루살렘 공회는 대략 AD 49년이나 AD 50년에 회집되었고 야고보서는 대략 AD 45-49년 사이의 어느 시기에 기록된 것으로 추정된다는 사실이다. 우리는 야고보서에 기록된 야고보의 말과 예루살렘 공회에서 야고보가 한 말 사이에 많은 유사성이 있음을 발견한다. 야고보는 야고보서에서 "내 사랑하는 형제들아 들을지어다"(약 2:5)라고 시작하고 성도들이 최고의 법인 사랑을 어떻게 실천해야 할 것을 권고한다(약 2:5-13). 그런데 야고보는 예루살렘 공회에서 "형제들아 내 말을 들으라"(행 15:13)라고 말한 후 예수 믿는 이방인들에게 율법적인 제약을 가할 것이 아니요 그들의 삶의 방식으로 교회 공동체가 하나 되어야 한다고 강조한다(행 15:13-21). 그리고 예루살렘 공회는 바사바라 하는 유다(Judas)와 실라(Silas)를 바울과 바나바와 함께 안디옥으로 보내면서 야고보가 언급한 내용을 편지로 만들어 보낸다(행 15:22-29). 우리는 여기서 왜 야고보가 야고보서에서 예수님의 죽음과 부활의 사건을 언급하지 않았는지 그 답을 찾을 수 있다. 야고보서의 기록연대와 예루살렘 공회가 회집된 시기가 거의

---

[23] Simon J. Kistemaker, *Exposition of the Acts of the Apostles* (N.T.C.) (Grand Rapids: Baker, 1990), p. 442. Kistemaker는 베드로가 "야고보와 형제들에게 이 말을 전하라"(행 12:17)라고 말한 것은 야고보를 그의 후계자로 임명한 것이라고 해석한다. Cf. I. Howard Marshall, *The Acts of the Apostles* (The Tyndale New Testament Commentaries) (Leicester: Inter-Varsity Press, 1991), p. 210.

비슷한 점을 고려할 때 야고보로서는 예수님의 죽음과 부활은 너무나 명명백백한 사건들이기 때문에 그 사실을 그의 편지에서 다시 언급할 필요를 느끼지 않았을 것이고, 예루살렘 공회 앞에 놓인 안건으로 보아 율법의 조항을 지키는 것이 중요한 것이 아니요, 성도답게 예수님처럼 살아야 한다는 사실을 강조하기 위해 행위를 강조하여 야고보서를 쓴 것이라고 추론할 수 있다.[24]

비록 야고보는 그의 서신에서 예수님의 죽음과 부활을 언급하지 않았지만, 예수님의 구속 사건들을 근거로 성도들의 도덕적 삶을 강조하고 있는 것이다. 야고보가 강조하는 도덕적인 삶은 예수님을 믿는 성도라면 당연히 실천해야 하고 추구해야 할 삶이기 때문에 기독교의 교리와 전혀 상충되지 않는다. 야고보는 예수님의 동생이기 때문에 그가 근거리에서 예수님의 삶을 목격한 증인으로 신자들의 삶이 예수님을 닮아 도덕적으로 바른 행위의 열매를 맺어야 한다고 강조하는 것이다.

야고보서는 참다운 지혜를 획득하는 방법을 묘사한다(약 1:5-8). 야고보서는 악의 근원이 사람의 욕심으로부터임을 분명히 하고(약 1:13-15), 참다운 종교는 하나님의 말씀을 듣고 그대로 실천하는 것(약 1:19-27)이라고 강조한다. 야고보서는 사람이 차별하는 것은 하나님의 사랑에 역행하는 것임을 강조하고(약 2:1-9), 사람이 칭의를 받기 위해서는 믿음뿐만 아니라 행함이 있어야 한다고 함으로 행함의 필요성을 강조한다(약 2:14-26). 야고보서는 말의 중요성을 설명하면서 혀를 잘못 사용하는 위험을 설명한다(약 3:1-12). 야고보서는 참 지혜와 거짓 지혜가

---

24   W. E. Oesterley, "The General Epistle of James," *The Expositor's Greek Testament*, Vol. IV (Grand Rapids: Eerdmans, 1980), pp. 398-399.

무엇인지를 설명하면서 참 지혜는 진리를 지키는 것이며, 거짓 지혜는
진리를 거슬러 거짓말하는 것이라고 설명한다(약 3:13-18). 야고보서는
하나님 백성은 세상으로부터 성별된 믿음의 공동체이기 때문에 통일
성을 유지해야 한다고 설명한다(약 4:1-12). 야고보서는 어제는 역사
(history)요, 내일은 신비(mystery)이지만, 오늘은 하나님의 선물(gift of
God)이라는 생각으로 허탄한 생각을 버리고 선을 행하면서 살아야 할
것을 강조한다(약 4:13-17). 야고보서는 재물이 중립적이지만 재물을 잘
못 쓰면 죄에 빠지게 된다고 강조하고(약 5:1-5), 주님이 오실 것을 생각
하고 삶의 시련을 참아야 한다고 설명한다(약 5:7-11). 야고보는 야고보
서 5:7-11 사이에서 "참음" 혹은 "인내"의 용어를 6회나 사용한다. 비록
"참음"(μακροθυμία)을 4회 사용하고(약 5:7, 8, 10) "인내"(ὑπομονή)를 2회
사용했지만(약 5:11) 그 의미는 같은 것이다. 야고보는 예수님의 동생으
로 평소에 예수님의 인내하는 성품을 많이 보았을 것이다. 예수님도
하나님 나라 안에서의 삶의 특징으로 "인내"를 가르치셨다(마 12:20;
18:21-22; 눅 13:6-9). 그리고 야고보서는 맹세(swear), 고난(suffering), 병
마(sickness), 죄(sins), 기도(prayer), 미혹(wanders from the truth) 등에 대
한 기독교인의 태도에 관해 설명한다(약 5:12-20).

5. 바울과 야고보의 보완적 진리

바울은 믿음을 강조한다. 바울은 "사람이 의롭다 하심을 얻는 것은 율
법의 행위에 있지 않고 믿음으로 되는 줄 우리가 인정하노라"(롬 3:28)

라고 말함으로 "이신칭의"(Justification by Faith)를 강조한다. 반면 야고보는 행위를 강조한다. 야고보는 성도가 어떻게 살아야 할지를 강조하고 있는 것이다. 그래서 야고보는 이미 예수를 구주로 믿는 성도들을 생각하면서 "내 형제들아"(약 1:2, 16, 19; 2:1, 14; 3:1, 10, 12; 4:11; 5:7, 9, 10, 12, 19)라고 함으로 이미 의롭게 된 성도들에게 권고하고 있음을 강조하고 있다. 야고보는 "사람이 행함으로 의롭다하심을 받고 믿음으로만은 아니니라"(약 2:24)라고 말함으로 의롭게 되는데 있어서 행위의 역할을 강조한다. 야고보서가 성도들의 삶을 강조하고 행위를 강조하기 때문에 야고보서의 교훈이 바울의 교훈과 일치하지 않는다고 주장하는 학자들도 있다. 그들은 바울의 교훈과 야고보의 교훈이 정면으로 충돌한다고 생각한다. 이렇게 외형적으로 상충되는 것처럼 보이는 구절들은 바울 서신 전체와 야고보서 전체의 맥락에서 관찰할 때, 그리고 그 구절들이 사용된 맥락을 연구할 때 해결할 수 있다. 예레미아스(Jeremias)는 야고보가 공격하고 있는 믿음의 개념은 단순히 "단일신론을 지적(知的)으로 수용하는 것"을 가리키는 반면 바울 사도가 옹호하고 있는 믿음의 개념은 "그리스도께서 나의 죄를 위해 죽으셨다는 확신"이라고 그 차이점을 잘 정리해 준다.[25] 야고보는 예수님의 지상에서의 삶을 한 가족의 일원으로 친히 목격한 사람이다. 야고보는 같은 지붕 밑에서 예수님과 함께 어깨를 비비면서 가정생활을 한 예수님의 동생이다. 따라서 야고보가 예수님의 삶의 특징들인 인내, 겸손, 관용, 진실, 성결, 화평, 긍휼 등과 같은 삶의 행위들을 강조하는 것은 당연할

---

25   J. Jeremias, "Paul and James," *Expository Times*, LXVI (1955), p. 370.; 참조, 박형용, 『신약개관』 (서울: 아가페출판사, 2009), p 229.

수밖에 없다. 우리는 야고보서에서 가르치신 교훈과 예수님께서 산상보
훈(마 5장-7장)에서 가르치신 교훈이 많은 부분에서 일치한 사실에 주목하
여야 한다.

그러면 바울과 야고보는 서로 상충되는 교훈을 가르치는가? 그렇지
않다. 바울과 야고보는 구원받은 성도가 자칫 편향된 의식으로 성도의
구원과 삶을 잘못 이해하지 않도록 서로 보완역할을 하는 것이다. 바
울은 믿음과 칭의의 관계를 설명하고 있으며, 야고보는 믿음과 행위의
관계를 설명하고 있다. 왜냐하면 믿음은 어떤 형태로든 행위를 수반하
는 것이 당연하기 때문이다. 야고보는 진실한 믿음을 대단히 높이 평
가한다(약 1:3, 6; 2:1, 5, 22-26; 5:15). 야고보가 정죄하는 믿음은 행함이
뒤따르지 않는 죽은 정통의 믿음이며 진정한 믿음이 아닌 거짓 믿음이
다(약 2:19, 26). 야고보서의 내용이 예수님의 교훈과 많은 부분 공통점
을 가지고 있는데 야고보서의 내용을 인정하지 않으면 결국 예수님의
교훈을 인정하지 않는 결과를 초래하게 된다. 바울은 믿음의 열매로
행위가 뒤따라야 할 것을 강조한다(롬 2:6-10; 고후 9:8; 엡 6:23; 골 1:4; 살
전 1:3; 살후 2:17). 야고보와 바울은 전혀 상충되지 않으며 기독교 신앙
의 전모를 서로 보완적으로 설명하고 있다.

바울의 교훈과 야고보의 교훈이 서로 상충한다는 주제에 대해 헨드
릭센(Hendriksen)은 "야고보는 진정한 믿음을 대단히 높이 평가한다(약
1:3, 6; 2:1, 5, 22-24; 5:15). 야고보가 정죄하는 믿음은 죽은 정통의 믿음이
요 귀신들의 믿음이다(약 2:19). 바울 역시 그런 믿음을 강렬하게 정죄한
다. 반대로 바울은 믿음의 열매로 선한 행위가 필요함을 확고하게 믿는
사람이다(롬 2:6-10; 고후 9:8; 엡 6:23; 골 1:4; 살전 1:3; 살후 2:17). 우리가 야

고보의 강조를 인정하지 않으면, 우리는 주님의 교훈 자체를 인정하지 않는 것이다. 왜냐하면 이미 우리가 본 것처럼 주님과 야고보 사이에는 대단히 밀접한 유사성이 있기 때문이다.[26]라고 명료하게 정리한다.

　야고보의 교훈과 바울의 교훈을 비교할 때 우리는 야고보서가 다른 바울 서신들보다 더 먼저 기록되었다는 사실을 주목하여야 한다. 야고보는 예수님과 함께 생활하면서 예수님이 어떻게 살았는지 직접적으로 확실하게 목격한 사람이다. 그리고 예수님의 부활 이후에 예수님이 단순히 자신의 형님에 그치지 않고 하나님의 아들이요 메시아이신 것을 알게 되었다. 그리고 야고보는 예수님이 공생애 기간 동안 가르친 교훈과 예수님의 삶을 비교해 볼 때 예수님을 믿는 사람이라면 즉 하나님 나라에 속한 사람이라면 바른 행위가 뒤따르는 삶을 살아야 한다고 확신했기 때문에 성도들의 행위를 강조한 것이다. 반면 유대주의를 철저하게 연구한 학자로 부활하신 예수님을 만난 후(행 9:1-9) 바울은 자신이 확신했던 율법주의가 인간이 의롭게 될 수 있는 해답이 아닌 것을 깨닫게 된 것이다. 그리고 그의 해박한 율법에 대한 지식은 예수님이 누구이신지, 그가 십자가의 죽음과 부활을 통해 성취하신 구속이 어떤 것인지, 그가 오신 궁극적 목적이 무엇인지를 더욱 깊이 있게 알 수 있는 경지에 이르게 하는 역할을 했다. 바울은 사람이 의롭게 되는 것이 율법을 지킴으로가 아니요 예수님이 성취하신 의를 믿음으로 그 의를 전가 받아 의롭게 되는 것을 깨닫고, 구원은 믿음으로만, 은혜로만 받을 수 있다고 강조한 것이다. 바울은 조직적인 성향을 가진 학

26　William Hendriksen, *Survey of the Bible* (Grand Rapids: Baker, 1976), pp. 317-318.

자로 기독교 자료를 건설적인 정신으로 심오하게 연구하고 분석한 학자이다.[27] 그러므로 바울은 구원을 얻는 길이 율법이 아님을 강조하기 위해 그리스도를 통한 칭의를 강조한 것이지 성도의 올바른 행위를 반대한 것이 아니다.

야고보서는 바울의 이신칭의 교리를 반대하지 않는다. 야고보가 야고보서 2:14-26에서 행함을 강조한 것은 오히려 선한 사역을 강조하는 바울의 교훈(딛 2:8, 14)과 일치하는 것이다. 야고보서는 믿음의 필요성을 부인하지 않으며, 바른 믿음은 바른 행위를 산출해야 한다고 강조한다(약 2:22, 26). 야고보는 믿음이 행위를 통해 표명된다는 예로 이삭(Isaac)을 바치는 아브라함(Abraham)을 든다(약 2:21-24). 믿음과 행위는 상반되지 않는다. 아브라함은 하나님과의 관계를 갖기 위해 믿음을 행사해야만 했고 그의 믿음은 하나님의 명령을 순종함으로써 표명되었기 때문이다. 믿음과 행위는 상호 보완적이지 상충적인 것이 아니다.[28]

27   G. Vos, *The Pauline Eschatology* (Grand Rapids: Eerdmans, 1966), pp. 60, 149.

28   박형용, 『신약개관』, pp. 228-229.

제1장 주해

야고보서 1장 요약

야고보서 1장에서 야고보는 자신을 "하나님과 주 예수 그리스도의
종"(약 1:1)이라고 밝힌다. 실제로 야고보는 요셉, 시몬, 유다와 함께 예
수님의 동생이었다(마 13:55).[29] 야고보는 예루살렘 교회의 리더(행
15:13-21)로 "흩어져 있는 열두 지파"(약 1:1)들에 대한 관심을 가지고 있
었고 그래서 그들에게 문안함으로 편지를 시작한다. 야고보는 구약의
열두 지파의 후계들로서 디아스포라 유대인 중 예수 그리스도를 믿는
성도들을 생각하면서 야고보서를 쓰고 있다고 사료된다. 야고보의 서
문은 편지의 형식으로 기록되었지만(약 1:1) 마지막은 편지의 형식이
아니요 갑작스럽게 끝맺음을 했다고 생각하게 만든다(약 5:19-20). 야고
보는 성도들의 삶이 시련을 피할 수 없는 삶이기 때문에 인내의 중요
성을 설명하고 "인내를 온전히 이루라"(약 1:4)라고 권면한다. 야고보는
성도들이 삶의 지혜를 위해 하나님께 구하면 하나님께서 반드시 제공
해 주실 것이라고 천명한다(약 1:5). 야고보는 하나님께서 우리를 "진리
의 말씀"(약 1:18)으로 낳으셔서 성도들이 "생명의 면류관"(약 1:12)을 소
유할 수 있게 되었다고 가르친다. 그러므로 성도들은 "욕심이 잉태한

29 Dan G. McCartney, *James* (*Baker Exegetical Commentary on the New Testament*). (Grand
Rapids: Baker Academic, 2009), p. 77.

즉 죄를 낳고 죄가 장성한즉 사망을 낳느니라"(약 1:15)의 교훈에 따라 말씀을 행하는 자들이 되어야 한다(약 1:22). 야고보는 하나님이 인정하시고 기뻐하시는 삶은 말씀이 가르치는 대로 실행하는 삶이라고 가르친다(약 1:19-27).

1. 열두 지파에게 문안(약 1:1)

> [1] 하나님과 주 예수 그리스도의 종 야고보는 흩어져 있는 열두 지파
> 에게 문안하노라 (약 1:1)

약 1:1   야고보는 서신을 시작하면서 서신을 쓴 저자와 서신을 받을
수신자를 밝힌다. 저자는 야고보이며 수신자는 "흩어져 있는 열두 지
파"이다. 야고보서는 어떤 개인이나 교회에 보내진 서신이 아니기 때
문에 "일반서신"(The General Epistle) 혹은 "공동서신"(The Catholic
Epistle)이라고 부른다. 야고보는 예루살렘 이외의 다른 지역에서 거주
하고 있는 예수를 믿는 유대인들에게 편지를 쓰고 있다. 그런데 야고
보는 서신을 시작하는 첫 문안을 전하면서 자신을 "하나님과 주 예수
그리스도의 종"이라고 소개한다. 야고보는 자신이 예수님의 동생이었
음에도 불구하고 그 사실을 드러내지 않고 오히려 자신을 "주 예수 그
리스도의 종"(약 1:1)이라고 낮춘다. "그러므로 야고보가 생각하는 권위
는 어떤 권위이든지 간에 엄격하게 하나님 중심적이요 그리고 그리스
도 중심적이다."[30] 야고보가 여기서 사용한 "종"(δοῦλος)은 사실상 "노
예"라는 뜻으로 강제에 의해서 된 노예가 아니라 자신의 선택에 의해
서 된 노예인 것이다. 야고보는 얼마든지 "예수님의 동생이요 함께 생
활한 나 야고보는"이라고 예수님과의 친근 관계를 밝힐 수도 있었다.

---

30   Donald Guthrie, *New Testament Theology* (Downers Grove: Inter-Varsity Press, 1981), p.
976.

하지만 야고보는 예수님이 자신의 형님이기 전에 구약에서 예언된 메
시아(Messiah)이시며 이스라엘의 소망이시라는 사실을 믿고(눅 2:11-14)
자신은 오로지 예수 그리스도의 종에 지나지 않는다는 신앙고백을 하
고 있는 것이다.[31]

야고보는 그의 서신을 "흩어져 있는 열두 지파"에게 보낸다. 신약성
경 중에서 "열둘"과 "지파"를 묶은 "열두 지파"(δωδεκάφυλον)라는 단어
가 사도행전에 유일하게 등장한다(행 26:7). 사도행전에 사용된 "열두
지파"는 구약의 "열두 지파"를 가리키는 뜻으로 사용되었다. 하지만 복
음서에서 예수님께서 언급하신 "열두 지파"(τὰς δώδεκα φυλὰς τοῦ
Ἰσραήλ)는 문자적으로 구약의 열두 지파를 가리키지 않는다(마 19:28;
눅 22:30). 그 이유는 예수님께서 열두 제자를 가리켜 "너희도 열두 보좌
에 앉아 이스라엘 열두 지파를 심판하리라"(마 19:28)라고 말씀하셨는
데 "열두 보좌"에 앉을 "너희"(제자들) 속에 가룟 유다는 포함되지 않기
때문이다. 그러므로 예수님이 언급하신 열두 지파는 미래 하나님의 백
성의 총수를 대표한다.[32] 사도 요한(the Apostle John)이 언급한 "열두 지

---

31 Douglas J. Moo, *The Letter of James* (*The Tyndale New Testament Commentaries*) (Grand
Rapids: Eerdmans, 1990), pp. 57-58. "Christ is not used as a title here, but is almost
a proper name. But it is more likely that James intends both qualifications of Jesus to
carry theological weight: Jesus is both the promised Messiah of Israel and the Lord to
whom service is due."

32 H. N. Ridderbos, *Matthew* (*Bible Student's Commentary*) (Grand Rapids: Zondervan,
1987), p. 361.: "They represented the *fullness* of the future people of God."; Donald A.
Hagner, *Matthew 14-28* (*Word Biblical Commentary*), Vol. 33B (Dallas: Word Books,
Publisher, 1995), p. 565.: "The rule of the twelve over τὰς δώδεκα φυλὰς τοῦ Ἰσραήλ,
'the twelve tribes of Israel,' however, has special symbolic significance referring to an
eschatological Israel with the reconstituted twelve tribes (nine and a half of which were
'lost' by the day of Jesus)."

파" 역시 문자적인 의미의 구약 열두 지파를 가리키지 않고 상징적인 의미로 사용되었다(계 21:12).

그러면 야고보가 언급한 "열두 지파"는 누구를 가리키는가? 먼저 야고보가 편지의 수신자로 삼은 "열두 지파"는 예수 그리스도와 관계가 있는 사람들임에는 틀림이 없다. 야고보가 곧 이어서 "내 형제들아"(약 1:2)라고 말한 사실이 이를 확증한다. 수신자가 예수님과 관계가 없는 사람들이라면 야고보는 이런 표현을 사용하지 않았을 것이다. 야고보 시대의 "열두 지파"라는 용어는 하나님께서 마지막 날에 새롭게 창조하실 영적으로 새롭게 된 이스라엘을 가리키는 용도로 사용되곤 했다(계 7:3-8; 21:12). 그러므로 "열두 지파"는 예수 그리스도를 구세주로 받는 새로운 믿음의 공동체로 흩어져 살고 있는 유대인 성도들을 가리킨다고 생각하는 것이 가장 적합하다.[33] 바울서신들과 비교하여 야고보서의 처음 인사에 나타난 특이성은 "은혜"와 "평강"이 수신자들에게 있기를 소원하는 표현이 생략되었다는 것이다. 바울은 "은혜와 평강"이 수신자들에게 있기를 소원하는 표현을 그의 서신을 시작할 때 항상 언급한다(롬 1:7; 고전 1:3; 고후 1:2; 갈 1:3; 엡 1:2; 빌 1:2; 골 1:2; 살전 1:1; 살후 1:2; 딤전 1:2(긍휼 첨가); 딤후 1:2(긍휼 첨가); 딛 1:4; 몬1:3). 그러나 야고보는 흩어져 있는 열두 지파에게 문안하는 것으로 편지를 시작한 것이 특이한 점이다.

---

33 Donald Guthrie, *New Testament Theology* (Downers Grove: Inter-Varsity Press, 1981), p. 781.

2. 믿음의 시련과 인내(약 1:2-4)

> [2] 내 형제들아 너희가 여러 가지 시험을 당하거든 온전히 기쁘게 여기라 [3] 이는 너희 믿음의 시련이 인내를 만들어 내는 줄 너희가 앎이라 [4] 인내를 온전히 이루라 이는 너희로 온전하고 구비하여 조금도 부족함이 없게 하려 함이라 (약 1:2-4)

약 1:2-4　　야고보는 "내 형제들아"(ἀδελφοί μου), "내 사랑하는 형제들아"(ἀδελφοί μου ἀγαπητοί), "형제들아"(ἀδελφοί)라는 친근한 표현으로 수신자들을 대한다. 야고보는 "내 형제들아"(약 1:2; 2:1, 14; 3:1, 10, 12; 5:12, 19)를 8회 사용하고, "내 사랑하는 형제들아"(약 1:16, 19)를 2회 사용하며, "형제들아"(약 4:11; 5:7, 9, 10)를 4회 사용함으로 전체 14회를 애정 깊은 표현으로 수신자들을 호칭한다. 야고보가 "흩어져 있는 열두 지파"(약 1:1)를 향해 "내 형제들아"라고 곧바로 부른 것은 같은 종족인 유대인들을 향한 애정도 담겨있긴 하지만 특히 유대인으로서 예수님을 믿는 유대인 성도들에 대한 애정을 강조하고 있는 것이다.[34]

야고보는 수신자들을 향해 "내 형제들아"라고 부른 다음 납득할 수

---

[34] James Hardy Ropes (*A Critical and Exegetical Commentary on the Epistle of James* (*International Critical Commentary*, Edinburgh: Clark, 1961, p. 131)는 야고보가 "내 형제들아"라고 쓴 것은 수신자들이 불신자일지라도 모든 유대인이 다 형제이기 때문이라고 해석한다. 그러나 Kistemaker는 수신자들이 기독교인들이었기에 야고보가 "내 형제들아"라고 썼다는 것을 분명히 한다. Cf. Kistemaker, *James and I-III John*, p. 32.

없는 권면을 한다. 야고보는 성도들이 시험(πειρασμός)[35]을 당하면 기뻐하라고 권면을 하는 것이다. 야고보는 야고보서 1:2에서 "시험"(trials: πειρασμός)이라는 용어를 사용하고, 바로 다음 절인 야고보서 1:3에서 "시련"(testing: δοκίμιον)이라는 용어로 바꾸어 설명한다. 같은 패턴 (pattern)이 야고보서 1:12에서도 나타난다. 야고보는 "시험을 참는 자"라는 표현과 "시련을 견디어 낸 자"를 함께 사용한다. "시험"은 사람에게 고통이나 핍박을 가하거나 올가미를 놓아 그 사람에게 걱정이 되고 위협이 되게 함으로 객관적(objectively)으로는 그 사람으로 하여금 바른 길에서 벗어나도록 위협하는 행위요, 주관적(subjectively)으로는 이 위협이 그 사람에게 하나님의 도움을 요청하는 자극제가 되도록 하는 행위이다.[36] 야고보는 지금 성도들이 시험을 당하면 하나님께서 결국 역사의 종국에 개입하실 것을 기대하면서 기뻐하라고 권고하고 있는 것이다(약 1:2). 야고보는 "시험"을 종말론적인 관점에서 바라보면서 고난은 확실히 현존하지만 하나님이 역사의 주인으로 역사를 관장하고 계시기 때문에 성도들은 기뻐할 수 있다고 확언하는 것이다. 그래서 야고보는 야고보서 1:3에서 "시험"(πειρασμός: trials)이라는 용어 대신 "시련"(δοκίμιον: testing)을 사용할 수 있었다. 불순한 금이 시련의 과정을 거치면 순수한 금으로 태어난다. 이 사실은 "순수한 것"은 시련의

---

35 시험(trials)을 뜻하는 πειρασμός는 신약성경에서 21회 사용되었으며, 야고보서에서는 2회(약 1:2, 12) 사용되었다. 동사형인 πειράζω는 신약성경에 39회 나타나며, 야고보서에는 4회(약 1:13, 13, 13, 14) 나타난다. 시련(testing)을 뜻하는 δοκίμιον은 신약성경 중 야고보서에만 2회(약 1:3; 벧전 1:7) 나타난다. Cf. J. B. Smith, *Greek-English Concordance to the New Testament* (Scottdale: Herald Press, 1974), pp. 91, 284 (section 1383, 3885, 3886).

36 W. Popkes, "πειράζω, πειρασμός," *Exegetical Dictionary of the New Testament*, Vol. 3 (Grand Rapids: Eerdmans, 1993), p. 65.

과정에서 살아남을 수 있다는 생각을 전제하고 있다. 야고보의 용어 사용은 야고보가 성도들이 시련을 당연히 성공적으로 통과할 것임을 이미 생각하고 있었음을 증거하는 것이다.[37] 야고보의 이런 확신은 바울이 "내가 확신하노니 사망이나 생명이나 천사들이나 권세자들이나 현재 일이나 장래 일이나 능력이나 높음이나 깊음이나 다른 어떤 피조물이라도 우리를 우리 주 그리스도 예수 안에 있는 하나님의 사랑에서 끊을 수 없으리라"(롬 8:38-39)라고 말한 확신과 동일하다.

야고보는 지금 성도가 고통과 불편을 느낄 수밖에 없는 시험을 당하면 그 시험을 "기쁨"으로 생각하라는 것이다. 어떻게 고통스러운 시험이 기쁨이 될 수 있는가? 칼빈(Calvin)은 야고보가 성도들에게 "시험을 당하면 기쁘게 여기라"(약 1:2)라고 말하는 것은 바로 그 말씀이 우리들의 믿음을 저울질하는데 활용된다고 말하면서 "그것은 당연히 이의가 제기되었을 것이다: 어떻게 쓰디 쓴 경험이 달콤한 것으로 판단받을 수 있는가? 야고보는 우리들의 괴로움으로부터 기뻐할 수 있는 이유를 고난 후에 반드시 나타날 그 효과(effect)를 근거로 제시한다. 쓰디 쓴 경험은 인내라는 위대한 가치의 수확을 생산한다."[38]라고 설명한다. 시험의 과정은 고통스럽고 쓰지만 "도가니는 은을, 풀무는 금을 연단하거니와 여호와는 마음을 연단하시느니라"(잠 17:3)라는 말씀처럼 시험의 결과는 기쁨이 될 수 있다. 그래서 바울은 "우리가 환난 중에도 즐거워하나니 이는 환난은 인내를, 인내는 연단을, 연단은 소망을 이

---

37   Peter Davids, *Commentary on James (NIGTC)* (Grand Rapids: Eerdmans, 1982), p. 68.

38   John Calvin, *A Harmony of the Gospels Matthew, Mark and Luke, Vol. III and The Epistles of James and Jude* (Grand Rapids: Eerdmans, 1975), p. 262.

루는 줄 앎이로다"(롬 5:3-4)라고 가르친다. 야고보가 "시험을 당하면 기뻐하라"(약 1:2)라고 말하는 교훈은 바울의 교훈과 궤를 같이 한다. 이처럼 비정상적인 삶의 경험이 성도들에게는 오히려 당연한 경험으로 이해되는 것이다. 예수님은 성도들을 향해 "의를 위하여 박해를 받은 자는 복이 있나니 천국이 그들의 것이라 나로 말미암아 너희를 욕하고 박해하고 거짓으로 너희를 거슬러 모든 악한 말을 할 때에는 너희에게 복이 있나니 기뻐하고 즐거워하라 하늘에서 너희의 상이 큼이라"(마 5:10-12)라고 가르치신다. 야고보가 시험을 당하면 기뻐하라(약 1:2)라고 권면한 내용은 예수님이 너희가 나로 말미암아 박해를 받으면 기뻐하고 즐거워하라 하늘에서 너희의 상이 큼이라"(마 5:11-12; 참조, 눅 6:22-23)라고 하신 말씀과 비슷하다.

야고보가 "시험을 당하거든 기쁘게 여기라"(약 1:2)라고 가르친 말씀은 "시험을 참는 자는 복이 있다"(약 1:15)라는 말씀과 그 궤를 같이한다. 왜냐하면 시험을 참는 자는 "주께서 자기를 사랑하는 자들에게 약속하신 생명의 면류관을 얻을 것이기 때문이다"(약 1:12). 우리는 야고보의 당부가 바로 예수님 자신이 말씀하신 것과 비슷하다는 사실에 주목하여야 한다. 예수님을 형님으로 모시고 생활한 야고보로서는 당연히 예수님의 삶의 패턴(pattern)에서 수많은 교훈과 지혜를 얻었을 것이다. 야고보가 "지혜가 부족하거든 하나님께 구하라 그리하면 주시리라"(약 1:5)라고 말씀한 내용은 예수님께서 "구하라 그리하면 너희에게 주실 것이요"(마 7:7; 눅 11:9)라는 말씀과 비슷한 말씀이다. 야고보가 "믿음으로 구하고 조금도 의심하지 말라"(약 1:6)라고 말씀한 내용은 예수님이 "만일 너희가 믿음이 있고 의심하지 아니하면...무엇이든지 믿고 구하는 것은 다 받으리라"(마 21:21-22; 참조, 막 11:23)라고 하신 말씀과 비슷하다. 이와 같은 비슷한 권면은 예수님의 삶을 직접 목격한 야고보이기에 할 수 있다고 사료된다. 예수님은 시험을 받을 때 그 시험을 그의 삶의 목적을 이루는 수단으로 삼으셨다. 하나님의 아들로 이 세상에 오셔서 33년 동안 생활하신 예수님은 그의 삶 자체가 성도들의 삶의 모본이 된다. 폽키스(Popkes)는 "예수님의 독특한 존재에도 불구하고, 예수님이 자신을 입증하는 행위는 역시 기독교인들의 모범이 된다."[39]라고 설명한다.

이복우는 야고보가 "여기라"(ἡγήσασθε)라고 명령한 것은(약 1:2) 감정에 호소하는 것이 아니요 의지와 결단에 호소하는 것이라고 해석하면서 "이 말은 문제에 몰입하여 걱정과 염려에 함몰되지 말고 이 일을 통하여 주실 하나님의 결말을 헤아려 보라는 뜻이다. 신자는 문제 자체가 결론을 주관하는 것이 아니라 하나님이 문제에 개입하시고 마침내 선한 결말을 내신다는 사실을 믿고 기뻐해야 한다. 하나님은 결론의 하나님이시다."[40]라고 잘 정리한다. 신자나 불신자를 막론하고 고난과 고통 없이 이 세상을 살아가는 사람은 아무도 없다. 아무도 진공 가운데서 사는 것처럼 아무 문제 없이 평화롭게만 살 수는 없다. 왜냐하면 아직도 죄의 영향 하에 있는 이 세상에서 살고 있는 성도들은 당연히 고통과 고난을 경험할 수밖에 없기 때문이다. 그런데 야고보는 아

---

39 W. Popkes, "πειράζω, πειρασμός," *Exegetical Dictionary of the New Testament*, Vol. 3 (1993), p. 66.: "Despite Jesus' uniqueness, his own act of proving himself also became the model for Christians."

40 이복우, 『주는 가장 자비하시고 긍휼히 여기시는 이시니라』 (수원: 합신대학원출판부, 2022), p. 49.

무도 죄악된 이 세상의 상황을 조종할 수 없지만 오직 하나님만이 조종할 수 있다는 믿음으로 이 문제에 접근한다. 야고보는 하나님이 부정을 긍정으로, 슬픔을 기쁨으로 바꾸실 수 있다고 믿었다.

그래서 야고보는 이어서 "이는 너희 믿음의 시련이 인내를 만들어 내는 줄 너희가 앎이라"(약 1:3)라고 말할 수 있었다. 성도가 시련(testing)을 당할 때 믿음으로 대처하면 그 결과는 인내라는 열매를 얻게 된다. 야고보는 "믿음의 시련"(τὸ δοκίμιον τῆς πίστεως)이라는 표현을 사용함으로 그가 믿음에 대해서도 관심이 있음을 드러낸다. 맥카트니(McCartney)는 "야고보서는 때때로 '행위'에 관한 책으로 간주된다. 그러나 실제로 믿음에 관한 야고보서의 지대한 관심이 책 전체를 움직이고 있다. 그의 행위에 관한 관심은 믿음이 대단히 중요하다는 바로 그런 이유 때문에 그의 믿음의 진실성에 대한 관심으로부터 나온다."[41]라고 설명한다. 칼빈(Calvin)은 야고보서 1:3을 해석하면서 "신실한 자들은 고난의 학교에서 인내를 배우게 된다. 그러나 불경건한 자들은 마치 바로(Pharaoh)가 본을 보인 것처럼 고난에 쫓겨서 더욱 더 깊은 광기(狂氣) 속으로 빠지게 된다."[42]라고 함으로 신실한 자들에게만 "믿음의 시련"이 "인내"를 만들어 낼 수 있다는 사실을 확인한다. 박윤선은 "인내는 우리로 하여금 옳은 길을 끝까지 가게 하여서 신앙 인격이 '온전함'(구원)에 도달하게 한다(마 24:13)"[43]라고 설명한다. 성도들의 믿

---

41   Dan McCartney, *James (Baker Exegetical Commentary on the New Testament)*. (2009), p. 86.

42   John Calvin, *A Harmony of the Gospels Matthew, Mark and Luke, Vol. III and The Epistles of James and Jude* (Grand Rapids: Eerdmans, 1975), p.263.

43   박윤선,『히브리서 · 공동서신』(서울: 영음사, 1965), p. 182.

음은 고난과 고통의 과정을 지나갈 때 더욱 튼실해지고 빛을 발한다.

야고보는 이제 명령형을 사용하여 "인내를 온전히 이루라"(약 1:4)라고 권고한다. 이 말은 마치 '인내를 완벽하게 만들어라' 라고 명령하는 뜻으로 들린다. 그러나 이 해석은 야고보서 1:4의 하반 절 내용에 비추어 볼 때 잘 어울리지 않는다. "인내"가 완전해 지는 것이 아니요, 인내하는 성도가 온전해 지는 것이다. 인내를 온전히 이루는 것은 성도로 하여금 "온전하고 구비하여 조금도 부족함이 없게"(약 1:4)하는 것이다.[44] 이처럼 야고보는 "인내를 온전히 이루라"(약 1:4)라고 명령함으로 성도의 성숙을 강조하고 있는 것이다. 이제 야고보는 성도가 성숙의 목적을 성취하는데 필요한 세 용어를 사용하여 그 방법을 확실히 밝힌다.

첫째, "온전"(τέλειος)하다는 말은 하나님이 그리스도를 통해 계획하신 하나님의 형상의 회복을 뜻하는 것이다. 성도들이 온전하게 되는 것은 하나님이 원하시는 인간의 모습으로 변하는 것이다. 물론 아담(Adam)의 타락한 질서하에서 사는 성도들의 "온전"을 언급하는 것은 도덕적인 개념이 적용될 수밖에 없지만 야고보가 사용한 "온전하고"의 뜻은 "하나님의 걸작품"(God's workmanship)으로 완성되는 것(엡 2:10 참조)을 함의하고 있다. 그러므로 인내를 온전히 이루는 것은 성도들의 성품이 완전하고 결함이 없는 상태가 되는 것이다. 완숙한 성도는 시련을 극복하고 성도의 정체성을 지킨다. 하지만 성도가 "온전하고 조

---

[44] "온전, 구비, 조금도 부족함이 없음"에 대한 영어 번역들이 본문 이해에 도움을 준다. "maturity, completeness, not lacking anything"(NIV), "perfect, complete, lacking in nothing"(ESV, NASB, RSV), "perfect, complete, lacking nothing"(NKJV), "perfect, entire, wanting nothing"(AV). 한글 개역과 개역개정, 그리고 바른성경은 "구비"로, 표준새번역과 표준새번역개정은 "성숙"으로 번역했는데 표준새번역과 표준새번역개정의 번역이 본문 이해에 더 도움을 준다.

금도 부족함이 없는" 존재가 되는 것은 예수님의 재림 때에야 가능한 일이라는 진리를 기억할 필요가 있다.

둘째, "구비"(ὁλόκληρος)는 잘라내지 않은 온전한 상태를 뜻하는 용어이다.[45] "구비"는 완전함(whole), 완성됨(complete), 손상이 없음(undamaged), 흠이 없음(blameless) 등의 의미를 모두 합친 뜻이라 할 수 있다. 이 말씀은 구약의 희생 제물들이 완전하고 흠이 없어야 한다는 개념과 연결이 된다. 물론 야고보가 의식적인 맥락(cultic context)에서 이 용어를 사용한 것은 아니지만, 야고보는 "하나님이 기뻐하시는 거룩한 산 제물"(롬 12:1; 참조, 벧전 2:5)로 바쳐질 수 있는 완전한 성도가 되어야 함을 강조하고 있다.[46]

셋째, "조금도 부족함이 없는 것"(ἐν μηδενὶ λειπόμενοι)은 사실상 이미 언급한 "온전하고 구비하여"의 뜻과 거의 같다. "온전하고 구비하여"는 긍정적(positively)으로 표현한 것이요, "조금도 부족함이 없게 하려 함이라"는 부정적(negatively)으로 표현했다. 이처럼 성도들은 시련을 통해 단련된 인내로 하나님이 인정하시는 온전한 삶을 살게 되는 것이다. 맥카트니(McCartney)는 인내가 군인들의 주요한 덕목이기 때문에 야고보가 "인내를 온전히 이루라"는 말씀을 기록할 때 군인의 형상을 마음에 품었을 수 있다고 설명하면서 "시련을 통해 인내를 강화하는 것은 기독교인의 삶의 중요한 면모다. 그것 없이는 기독교인은

---

45   C. Spicq, "ὁλοκληρία, ὁλόκληρος," *Theological Lexicon of the New Testament*, Vol. 2 (Peabody, MA: Hendrickson, 1996), p. 578.

46   Dan McCartney, *James* (*Baker Exegetical Commentary on the New Testament*). (2009), p. 88.

하나님을 섬기는 일을 위해 잘못 준비된 것이다."[47]라고 함으로 성도들의 삶에 시련의 필요성을 확인하고 있다.

3. 삶의 지혜를 구하는 기도(약 1:5-8)

> [5] 너희 중에 누구든지 지혜가 부족하거든 모든 사람에게 후히 주시고 꾸짖지 아니하시는 하나님께 구하라 그리하면 주시리라 [6] 오직 믿음으로 구하고 조금도 의심하지 말라 의심하는 자는 마치 바람에 밀려 요동하는 바다 물결 같으니 [7] 이런 사람은 무엇이든지 주께 얻기를 생각하지 말라 [8] 두 마음을 품어 모든 일에 정함이 없는 자로다 (약 1:5-8)

약 1:5-8 야고보는 지금까지 언급한 것처럼(약 1:2-4) 성도가 인내를 이루어 성숙되고 온전하여 부족함이 없는 상태에 이르기 위해서는 지혜가 필요함을 분명히 한다. 그래서 야고보는 야고보서 1:5-8에서 지혜의 필요성과 그 지혜를 얻을 수 있는 방법인 기도에 관해 설명한다. 야고보는 같은 용어인 "부족함"(λείπω)을 사용하여 "조금도 부족함이 없게"(약 1:4)라고 말하고, 곧 이어서 "지혜가 부족하거든"(약 1:5)이라고 말함으로 야고보서 1:2-4과 야고보서 1:5-8을 구조적으로 연결시킨다.

---

47   Dan McCartney, *James (Baker Exegetical Commentary on the New Testament)*. (2009), p. 88.

즉 성도는 "온전하고 조금도 부족함이 없으려면" 마땅히 지혜가 부족하지 않도록 온전한 지혜를 소유해야 한다. 왜냐하면 지혜는 경건한 성도들의 삶을 올바른 방향으로 인도하는 실제적인 역할을 하기 때문이다. 우리는 여기서 "지혜"(wisdom)와 "지식"(knowledge)의 구별이 있음을 주목해야 한다. 인간에게는 이런 구별이 존재하지만, 하나님은 지혜도 온전하고 지식도 온전하기 때문에 이런 구별이 존재하지 않는다. 것스리(Guthrie)는 "만약 지혜가 지식의 바른 사용이라면, 완전한 지혜는 완전한 지식을 전제로 한다. 신약의 저자들은 결코 하나님의 완전한 지식을 의심하지 않는다."[48]라고 말한다. 야고보는 성도가 성숙되고 온전하게 되려면, 이 완전한 하나님의 지혜를 소유해야 한다고 강조하고 있다. 성도들은 생활에 필요한 하나님의 지혜를 끊임없이 하나님께 구해야 하는 것이다.

야고보는 성도가 "모든 사람에게 후히 주시고 꾸짖지 아니하시는 하나님께"(약 1:5) 이 완전한 하나님의 지혜를 구하면 하나님께서 주실 것임을 분명히 한다. 야고보는 기도(prayer)가 성도에게 주어진 특권이라는 사실을 확실하게 알고 있었고 하나님이 지혜의 하나님으로 그의 자녀들에게 후히 주시는 분임도 분명히 믿었다. 야고보가 "너희 중에 누구든지"(약 1:5)라고 표현한 것은 하나님께 기도할 수 있는 특권을 소유한 사람이 "너희" 즉 성도들로 제한되어 있음을 확인하는 것이고(약 1:2의 형제들아 참조) 또한 성도라면 누구든지 다 하나님께 기도할 수 있

---

48 Donald Guthrie, *New Testament Theology* (1981), p. 95.: "If wisdom is the right use of knowledge, perfect wisdom presuppose perfect knowledge. The NT writers never doubt the perfect knowledge of God."

음을 분명히 하는 것이다. 하나님은 그의 모든 성도들의 기도를 들으시고 하나님의 방법으로 들으신 모든 기도에 응답을 하신다. 여기서 "하나님의 방법"으로 라는 말은 성도가 기도하는 모든 내용을 액면 그대로 응답하시지 않고, 하나님께서 성도의 유익을 위해 응답의 시간성은 물론 응답의 내용까지도 하나님의 지혜에 따라 응답하신다는 뜻이다. 그러므로 성도들은 "지혜가 부족하면"(약 1:5) 하나님께 구해야 하고 그러면 하나님은 후히 주실 것이다(약 3:17-18 참조). 박윤선은 "신앙이 없는 자는 하나님을 불신임하는 무서운 죄를 범하는 셈이니, 그런 사람의 기도가 응답될 수 없다."[49]라고 설명한다. 야고보가 성도들이 기도할 때 하나님이 "꾸짖지 아니하신다"(약 1:5)라고 말한 것은 성도들을 대하시는 하나님의 행위를 설명하기도 하지만 또한 혹시라도 성도들이 너무 자주 하나님께 간구함으로 하나님이 싫어하시지는 않을까 하는 의구심을 풀어주기 위한 의도도 있다. 인간 아버지가 그의 자녀들과 친밀한 교제를 원하는 것처럼 하나님도 그의 자녀들이 자주 그에게 구하는 것을 좋아하신다.

야고보는 "오직 믿음으로 구하고"(약 1:6)라고 말함으로 성도들이 구하기 전에 믿는 것이 먼저임을 가르친다. 칼빈(Calvin)은 "우리들이 기도하는 것은 하나님이 약속해 주신 것을 위해 소망을 가지고 하나님을 바라보는 증거이다. 약속에 대한 믿음이 없는 사람은 겉치레로 기도하는 것이다."[50]라고 함으로 믿음 없는 기도는 하나님의 응답을 기대할

---

49 박윤선,『히브리서 · 공동서신』(서울: 영음사, 1965), p. 183.

50 John Calvin, *A Harmony of the Gospels Matthew, Mark and Luke, Vol. III and The Epistles of James and Jude* (1975), p. 264.

수 없다고 말한다. 야고보는 "오직 믿음으로 구하고 조금도 의심하지 말라"(약 1:6)라고 권고함으로 "믿음"과 "의심"이 공존할 수 없음을 분명히 한다. 키스터마커(Kistemaker)는 "믿음과 의심은 사람 안에 동시에 존재할 수 없다. 사람이 믿으면, 그는 의심하지 않는다. 그가 의심을 하면, 그는 믿음이 없는 것이다. 그러면 이 대비는 사람이 드러내는 불안정성이 확실함을 보여준다: 그가 오늘은 믿고, 내일은 의심한다."[51]라고 설명한다. 야고보는 사람이 이런 불안정한 마음으로 의심을 가지고 하나님께 기도하면 하나님이 응답하시지 않는다고 설명하면서 이런 불안정한 마음의 소유자를 "마치 바람에 밀려 요동하는 바다 물결"(약 1:6)에 비교하고 있다. 야고보가 의심하는 사람을 바람에 밀려 요동하는 바다 물결과 비교하는 것은 바다 물결이 해안을 향해 계속 힘차게 돌진하는 모습과 비교하는 것이 아니요, 바다 물결이 계속적으로 불안한 상태에 머물러 있는 모습과 비교하는 것이다. 바다 물결이 한 순간도 같은 모습으로 머물러 있지 않고 바람의 방향과 세기에 따라 이리저리 움직이는 것처럼, 의심하는 자의 마음은 확정된 믿음도 없고 방향도 정해지지 않은 상태이다.[52] 야고보는 안정되지 않은 바다 물결과 같이 의심을 하면서 하나님께 구하면 하나님의 응답을 기대할 수 없다고 가르치고 있다. 그래서 야고보는 "이런 사람은 무엇이든지 주께 얻기를 생각하지 말라 두 마음을 품어 모든 일에 정함이 없는 자로다"(약 1:7-8)라고 확언하고 있는 것이다. 하나님은 두 마음을 품고 하

---

51 Simon J. Kistemaker, *James and I-III John* (*N.T.C.*) (1986), p. 38.

52 Douglas J. Moo, *James* (*Tyndale New Testament Commentaries*) (Grand Rapids: Eerdmans, 1990), p. 65.

나님께 나아오는 자를 기뻐하시지 않는다.

　여기서 우리는 야고보가 하나님께 구할 때 "조금도 의심하지 말고"(약 1:6) 두 마음을 품지 말라고 권면하는 대상은 "형제들"(약 1:2)인 사실을 기억해야 한다. 야고보는 지혜가 부족하면 구하라고 권면할 때도 "너희 중에 누구든지"(약 1:5)라고 시작함으로 권면의 대상이 "형제들"임을 분명히 한다. 야고보는 성도들에게 하나님께 기도할 때 믿음으로 기도하고 두 마음을 품고 기도해서는 안 된다고 가르치고 있다. 두 마음을 품고 기도하는 사람은 하나님으로부터 응답을 기대하지 않고 기도하는 사람이다. 그래서 야고보는 "이런 사람은 무엇이든지 주께 얻기를 생각하지 말라"(약 1:7)라고 경고하는 것이다. 사실상 두 마음을 품고 기도하는 사람은 하나님의 능력을 의심하고 하나님이 약속을 지키시는 신실한 하나님이심을 믿지 못하는 죄를 짓고 있는 것이다. 산상보훈을 가르치실 때 예수님이 "너희가 하나님과 재물을 겸하여 섬기지 못하느니라"(마 6:24)라고 말씀하신 내용이 두 마음을 품은 자의 모습이라고 할 수 있다. 데이빗즈(Davids)는 "두 마음을 품는 유형의 사람은 하나님께 대한 충성이 온전하지 않은 사람이고, 그의 헌신은 성실함(ἁπλότης)으로 특징지어지지 않는다. 이런 사람을 가리켜 야고보는 '모든 일에 정함이 없는 자로다'라고 주장한다."[53]라고 설명한다.

　"두 마음"(δίψυχος)[54]이란 용어는 신약성경에서 두 번 사용되는데 모두 야고보서에 나타난다(약 1:8; 4:8). 이 용어가 야고보서에서만 사용

53　Peter Davids, *Commentary on James (NIGTC)* (1982), p. 75.

54　"두 마음" (δίψυχος)은 δίς (두 번: twice)와 ψυχή (혼: soul)의 합성어이다. 동사는 διψυχέω로 "나는 결정하지 못했다" (I am undecided.)라는 뜻을 가지고 있다.

된 것으로 보아 야고보가 친히 만들어 낸 용어일 수 있다. 하나님께 대한 믿음은 두 마음을 품고 하나님께 나아가는 것과는 정 반대이다. 믿음은 하나님의 존재와 능력과 사랑을 인정하고 순수한 마음으로 하나님을 신뢰하고 그의 말씀에 순종하는 것이다. 그래서 히브리서 기자는 "믿음이 없이는 하나님을 기쁘시게 하지 못하나니 하나님께 나아가는 자는 반드시 그가 계신 것과 또한 그가 자기를 찾는 자들에게 상 주시는 이심을 믿어야 할지니라"(히 11:6)라고 말한 것이다. 하나님은 그에게 나아오는 자들이 믿음으로 나아오기를 원하신다. 왜냐하면 성도들의 믿음이 하나님을 기쁘시게 할 수 있기 때문이다.

야고보는 "형제들," 즉 성도들에게 이 세상에서 성도로서의 삶을 유지하기 위해서는 시련을 당할 수밖에 없지만 그 시련을 믿음으로 극복하면 인내의 성품을 소유한 자로 빚어질 수 있음을 설명하고, 이 세상에서 이와 같은 삶을 이어가기 위해서는 온전한 하나님의 지혜가 필요한데 그 지혜를 구할 때 하나님의 신실하심을 철저히 믿고 조금도 의심하지 말고 두 마음이 아닌 한마음으로 간구해야 한다고 가르치고 있다.

4. 풍요와 가난에 대한 성도의 태도(약 1:9-11)

⁹ 낮은 형제는 자기의 높음을 자랑하고 ¹⁰ 부한 자는 자기의 낮아짐을 자랑할지니 이는 그가 풀의 꽃과 같이 지나감이라 ¹¹ 해가 돋고

뜨거운 바람이 불어 풀을 말리면 꽃이 떨어져 그 모양의 아름다움이 없어지나니 부한 자도 그 행하는 일에 이와 같이 쇠잔하리라 (약 1:9-11)

약 1:9-11 야고보는 이 단락에서 가난한 위치에 있는 형제와 부유한 형편에 있는 사람을 비교하면서 성도들은 물질의 풍요에 관심을 둘 것이 아니요, 성도들의 정체성을 더 중요하게 생각해야 한다고 가르친다. 쉽게 설명하면 야고보는 가난한 성도와 부자인 불신자를 비교하고 있다. 야고보가 사용한 "낮은 형제"(ὁ ἀδελφὸς ὁ ταπεινός)는 "낮은 위치에 있는 형제"(롬 12:16), "겸손한 위치에 있는 형제"(벧전 5:5), "사회적으로 별로 중요하지 않은 형제"(눅 1:52) 등의 뜻으로 이해할 수 있다. 그런데 이 용어는 "낙심한 자들"(고후 7:6)이란 뜻으로 사용되기도 하고, "유순하고"(고후 10:1)의 뜻으로 사용되기도 한다. 그러나 본문에서 분명한 것은 야고보가 "낮은 형제"(약 1:9)와 "부한 자"(약 1:10)를 대칭시켜 설명함으로 "낮은 형제"는 경제적으로 가난한 형제임에 틀림없다.

그런데 야고보는 "낮은 형제는 자기의 높음을 자랑하고"(약 1:9)라고 권고하고 있는데 도대체 가난한 형제(낮은 형제)가 어떻게 자기의 높음을 자랑할 수 있는가? 야고보는 "낮은 형제"와 "부한 자"를 대칭시키면서 낮은 형제에게 영적인 의미의 높음을 자랑하라고 권고하고 있는 것이다.[55] 야고보는 "낮은 형제"라는 표현으로 가난한 자에게는 "형제" 곧 예수를 믿는 성도임을 분명히 하고, "부한 자"를 묘사할 때에는 "형제"

---

[55] H. Giesen, "ταπεινός." *Exegetical Dictionary of the New Testament,* Vol. 3 (Grand Rapids: Eerdmans, 1993), p. 333.

를 사용하지 않는다. 그러므로 "낮은 형제"는 가난하지만 예수를 믿는 성도이며, "부한 자"는 경제적으로 넉넉하지만 믿는 자는 아니라고 생각된다.[56] 그래서 야고보는 여기서 하나님께서 가난한 사람을 선택하여 높은 신분으로 만들어 주셨기 때문에 자기의 높음을 자랑하라고 요청 받고 있다고 권고하는 것이다(참고, 약 2:5; 마 5:3, 5).[57] 그러므로 야고보가 "낮은 형제"(가난한 낮은 형제)라는 표현으로 수신자들을 "형제"라고 부른 것은 명백하게 그들이 기독교인들이었기에 그렇게 부른 것이다. 그러면 야고보가 "부한 자는 자기의 낮아짐을 자랑할지니 이는 그가 풀의 꽃과 같이 지나감이라"(약 1:10)라고 말한 말씀에서 "부한 자"가 기독교인인지 아니면 불신자인지 밝힐 필요가 있다. 키스터마커 (Kistemaker)는 "부한 자"가 기독교인이 아니라는 이유를 잘 정리해 준다. 첫째로 야고보는 낮은 자들을 "형제"라고 불렀지만 부한 자에게는 "형제"라는 칭호를 사용하지 않았다. 둘째로 야고보는 "부한 자"를 시들어 죽는 식물과 비교하고 있다. 야고보는 부한 자에게 권면의 말을 하거나 회개를 촉구하지도 않았다. 야고보서의 다른 구절들(약 2:6-9; 5:1-6)에 묘사된 부자는 불신자임에 틀림없다. 셋째로 야고보는 이 편지를 핍박받고 있는 흩어져 사는 유대 기독교인들에게 쓰고 있다. 그들은 믿음 때문에 재물을 빼앗기고 현재는 경제적으로 어렵게 살고 있

---

56 어떤 이는 "부한 자"(약 1:10)를 "부한 성도"를 가리키는 것으로 해석한다 (Adamson, Mayor, Ropes, Burdick, etc.). 그렇게 주장하는 근거는 약 1:9의 "자랑하고" (καυχάσθω) 라는 동사가 문장 구조상 약 1:10의 "부한 자"에게도 적용되기 때문이다. 그러나 문맥에 비추어 볼 때 "부한 자"는 미래의 소망이 전혀 없는 것으로 묘사된 점을 고려할 때 "불신자"로 이해하는 것이 더 타당하다(Kistemaker, Davids, McCartney, etc.).

57 Peter Davids, *Commentary on James (NIGTC)* (1982), p. 76.

는 형편이다. 넷째로 야고보는 재물이나 부요함을 비판한 것이 아니요, 재물에 빠져있는 부한 사람을 비판하는 것이다. 재물은 하나님이 주신 것으로 좋은 것이지만 그것을 잘못 다루는 사람이 문제인 것이다.[58]

키스터마커(Kistemaker)의 해석이 본문의 뜻을 더 잘 전달하는 바른 해석이다. 그래서 야고보는 부한 자를 꽃에 비교하여 "해가 돋고 뜨거운 바람이 불어 풀을 말리면 꽃은 떨어져 그 모양의 아름다움이 없어지나니 부한 자도 그 행하는 일에 이와 같이 쇠잔하리라"(약 1:11)라고 천명하는 것이다. 부한 자에게는 소망이 없고 그의 많은 재물이 그의 생명을 연장시켜주지 못한다. 부한 자는 재물을 무엇과도 바꿀 수 없다고 생각하고 열심히 모았지만 그의 많은 재물은 그의 생명이 끝날 때 아무런 힘도 발휘하지 못한다. 야고보가 언급한 부자에 대한 말씀은 예수님의 말씀과 그 궤를 같이 한다. 한 부자가 자신의 재물에 대해 만족하면서 내가 "평안히 쉬고 먹고 마시고 즐거워하자 하리라"(눅 12:19)라고 말할 때 예수님께서 "어리석은 자여 오늘 밤에 네 영혼을 도로 찾으리니 그러면 네 준비한 것이 누구의 것이 되겠느냐 하셨으니 자기를 위하여 재물을 쌓아 두고 하나님께 대하여 부요하지 못한 자가 이와 같으니라"(눅 12:20-21)라고 책망하신다. 성도는 재물이 영원한 것이 아니요 "풀의 꽃"과 같이 지나가는 것임을 명심해야 한다.

그러면 왜 야고보가 믿음으로 지혜를 구하라고 권고하고(약 1:5) 두 마음을 품지 말고 순수한 마음으로 하나님께 구하라고(약 1:8) 권고한

---

58 Kistemaker, *James and I-III John* (1986), p. 43.

다음, 갑자기 기독교인인 "낮은 형제"(약 1:9)와 불신자인 "부한 자"를
비교하면서 부자의 결국이 풀의 꽃처럼 쇠잔해질 것임을 언급한 것인
가? 그 이유는 부자도 하나님을 의지하지 않고 재물에 온 마음을 쏟으
면 그것이 두 마음을 품은 것이며 그 결국이 실망과 죽음밖에 다른 것
을 기대할 수 없기 때문이다.

5. 시련과 생명의 면류관(약 1:12-18)

¹² 시험을 참는 자는 복이 있나니 이는 시련을 견디어 낸 자가 주께
서 자기를 사랑하는 자들에게 약속하신 생명의 면류관을 얻을 것이
기 때문이라 ¹³ 사람이 시험을 받을 때에 내가 하나님께 시험을 받
는다 하지 말지니 하나님은 악에게 시험을 받지도 아니하시고 친히
아무도 시험하지 아니하시느니라 ¹⁴ 오직 각 사람이 시험을 받는 것
은 자기 욕심에 끌려 미혹됨이니 ¹⁵ 욕심이 잉태한즉 죄를 낳고 죄
가 장성한즉 사망을 낳느니라 ¹⁶ 내 사랑하는 형제들아 속지 말라 ¹⁷
온갖 좋은 은사와 온전한 선물이 다 위로부터 빛들의 아버지께로부
터 내려오나니 그는 변함도 없으시고 회전하는 그림자도 없으시니
라 ¹⁸ 그가 그 피조물 중에 우리로 한 첫 열매가 되게 하시려고 자기
의 뜻을 따라 진리의 말씀으로 우리를 낳으셨느니라 (약 1:12-18)

약 1:12-18 야고보는 시험을 견디어 낸 자가 받을 보상에 대해 설
명한다. 그런데 야고보가 설명하는 문장의 구조가 예수님의 산상수훈

(마 5:3-10; 참조, 눅 6:20-21)의 문장구조와 같은 점에 주목할 필요가 있다.[59] 야고보가 예수님의 동생 야고보로서 예수님과 함께 생활하고 대화하면서 한 지붕 밑에서 살았던 것을 생각하면 전혀 이상할 것이 없다. 로벗슨(Robertson)은 "그(야고보)는 예수님의 비유들을 생생하게 상기시키는 많은 예들을 사용하고 산상보훈의 많은 개념들과 구절들이 여기에 나타난다. 또한 이 서신과 사도행전 15장의 야고보의 연설과 그에 의해 쓰인 것으로 생각되는 공회의 편지 사이에 현저한 유사점이 있다."[60]라고 설명한다. 야고보는 자주 예수님의 교훈과 같은 내용을 사용하고 산상보훈의 문학구조와 비슷한 형태를 사용한다(예, 약 1:12).

야고보는 시험을 참는 자가 복이 있는 이유를 참는 자가 "주께서 자기를 사랑하는 자들에게 약속하신 생명의 면류관을 얻을 것이기 때문이라"(약 1:12)라고 설명한다. 칼빈(Calvin)은 "만약 하나님 나라에서 면류관을 얻는 것이 최고의 복이라면, 주님께서 우리로 하여금 겪게 하신 시련들은 우리들의 행복을 위한 근거가 되기 때문이다."[61]라고 해석한다. "생명의 면류관"(τὸν στέφανον τῆς ζωῆς)은 서머나(Smyrna) 교회에 보낸 편지에도 나타난다. "네가 죽도록 충성하라 그리하면 내가 생명의 관을 네게 주리라"(계 2:10). 계시록의 "생명의 관"(τὸν στέφανον

---

59 약 1:12의 헬라어 구문은 "Μακάριος ἀνὴρ ὃς ὑπομένει πειρασμόν, ὅτι..."으로 되어 있고, 예수님의 산상수훈(마 5:3-10)의 구문은 "Μακάριοι οἱ πτωχοὶ τῷ πνεύματι, ὅτι..."로 되어 있다. 두 구절의 문장 구조는 서로 일치한다.

60 A. T. Robertson, *A Grammar of the Greek New Testament in the Light of Historical Research* (1934), pp. 123-124.

61 John Calvin, *A Harmony of the Gospels Matthew, Mark and Luke, Vol. III and The Epistles of James and Jude* (1975), p. 267.

τῆς ζωῆς)은 헬라어의 경우 야고보서의 "생명의 면류관"과 똑같은 표현이다. 바울은 선한 싸움을 싸우고 믿음을 지킨 성도들에게 "의의 면류관"(ὁ τῆς δικαιοσύνης στέφανος)이 기다리고 있다고 말한다(딤후 4:7-8). 야고보는 "시련을 견디어 낸 자"가 "생명의 면류관"을 얻게 될 것(약 1:12)이라고 함으로 인내의 중요성을 가르친다. 코비(Covey)는 "인내는 행동하는 믿음이다. 인내는 감정의 노력이다. 인내는 다른 사람이 자랄 수 있도록 하기 위해 내적으로 고난을 기꺼이 당하는 것이다. 인내는 사랑을 드러낸다. 인내는 이해를 낳는다."[62]라고 함으로 인내의 중요성을 잘 설명한다. 인내(μακροθυμία)는 하나님의 속성이면서 성도들의 특성이다. 예수님의 초림과 재림 사이에 살고 있는 성도들은 쉽게 끌어오르는 분노를 조절하는 인내의 삶을 살아야 한다.[63] 야고보도 성도들의 삶은 인내로 특징 지워져야 한다고 가르친다(약 1:12). 믿음을 가진 성도는 이 세상에서 사는 동안 때때로 고난과 고통을 당할 수밖에 없고 시련을 피할 수 없지만 성도들은 그 시련을 통해 인내를 축적해 가야 한다(약 1:3). 이 말씀은 구원받은 성도가 죄악이 가득한 세상에서 경험해야 할 삶의 단면을 묘사하고 있다. 야고보도 죄악으로 물들어 있는 이 세상의 형편을 잘 알고 있었다. 야고보는 예수 그리스도를 믿는 성도들이 이 세상에서 예수님의 가르침을 따라 사는 것이 얼마나 힘든 일인지를 알고 있었다. 지상에서의 예수님의 삶을 가정에서

---

62 Stephen R. Covey, *The 7 Habits of Highly Effective Families* (New York: Golden Books, 1997), p. 23.

63 H. W. Hollander, "μακροθυμία," *Exegetical Dictionary of the New Testament*, Vol. 2 (Grand Rapids: Eerdmans, 1991), p. 381.

직접 목격한 야고보이기에 그는 예수님을 추종한 사람들이 어떻게 인내하며 살아야 할 것을 알았다. 그래서 야고보는 오로지 하나님만이 그가 사랑하시는 백성에게 그리스도 안에서 "생명의 면류관"을 주실 수 있다고 천명하는 것이다. 하나님은 그가 사랑하는 독생자 예수 그리스도의 죽음(death)을 통해 그가 사랑하는 백성들에게 생명(life)을 주신다. 하나님은 그의 아들의 죽음으로 그의 백성의 영원한 생명을 보장하신 것이다.

야고보는 이 세상에서의 삶이 고난과 고통의 과정을 지나가는 어려움이 있을지라도 그 시련의 과정을 견디어 내면 하나님이 약속하신 "생명의 면류관"이 확보되어 있다고 확인하는 것이다(약 1:12). 야고보는 지금 종말론적인 완성을 바라보면서 성도들이 현재의 삶을 승리할 수 있도록 권면하고 있다. 드러몬드(Drummond)는, "사랑은 고난을 오래 참는다."라는 격언과 같은 말로 성도들의 삶을 묘사하고 있다.[64] 그렇게 참아야 하는 이유는 모든 것을 판단하실 주님의 재림이 확실하기 때문이다(약 5:8). 야고보는 성도들이 어떤 고난을 당할지라도 예수님의 재림 때까지 인내하면서 살아야 함을 강조하고 있다.

야고보는 계속해서 성도들에게 고통과 고난을 가져다주는 시험(πειρασμός)이 어디에서 오는지 밝히고 있다. 야고보는 성도들을 시험하는 이는 하나님이 아님을 명백해 밝히고 있다. 야고보는 "사람이 시

---

64 Henry Drummond, *The Greatest Thing in the World* (New York: Grosset and Dunlap, 1981), p. 20.: Drummond는 "Love suffers long; beareth all things; believeth all things; hopeth all things."라고 함으로 사랑을 구현하는 삶이 어떤 열매를 맺혀야 할 것인지를 설명한다.

험을 받을 때 내가 하나님께 시험을 받는다 하지 말지니"(약 1:13)라고
함으로 하나님이 그의 백성을 시험하시지 않는다는 것을 확인하다. 성
도를 시험하는 이는 사탄(Satan)이다. 야고보는 이 구절을 쓰면서 에덴
(Eden) 동산을 머리에 떠올렸을 것이다. 아담(Adam)과 하와(Eve)가 범
죄했을 때 하나님께서 "네가 어디 있느냐"(창 3:9)라고 그들을 찾으신
다. 그리고 하나님께서 "내가 네게 먹지 말라 명한 그 나무 열매를 네
가 먹었느냐"(창 3:11)라고 다그치자, 아담은 하와에게 책임을 돌리고,
하와는 뱀에게 그 책임을 돌린다(창 3:12-13). 실제로 아담은 하와에게
책임을 돌릴 때 "하나님이 주서서 나와 함께 있게 하신 여자"(창 3:12)라
고 말함으로 하나님께 그 책임을 돌린 셈이다.[65] 그래서 야고보는 "내
가 하나님께 시험을 받는다"(약 1:13)라고 생각해서는 안 된다고 가르치
고 있다. 스픽크(Spicq)는 "비록 시험(peirasmos)이 고통스럽고 위험하지
만, 하나님은 시험을 우리들의 능력에 맞추어 허락하시므로 아무도 그
시험을 극복할 수 없다고 말할 수 없게 하신다. 어떤 시험도 인간적인
균형에 맞지 않도록 당신에게 임하지 않지만, 하나님은 신실하셔서 당
신의 능력의 한계를 벗어난 시험을 당하지 않게 하시고, 이 시험과 함
께 당신이 산출할 결과(ἔκβασιν, result)를 만들어 내게 하실 것이다."[66]
라고 설명한다. 바울은 "사람이 감당할 시험밖에는 너희가 당한 것이
없나니 오직 하나님은 미쁘사 너희가 감당하지 못할 시험 당함을 허락
하지 아니하시고 시험 당할 즈음에 또한 피할 길을 내사 너희로 능히

65   McCartney, *James (Baker Exegetical Commentary on the New Testament)*, (2009), p. 104.
66   C. Spicq, *Theological Lexicon of the New Testament*, Vol. 3 (Peabody, MA: Hendrickson, 1996), p. 90.

감당하게 하시느니라"(고전 10:13)라고 함으로 시험의 특성을 정확하게 지적한다.

야고보는 선하시고 전능하신 하나님은 시험을 받지도 않으시고 시험을 하시지도 않는다고 가르친다(약 1:13). 야고보는 악(evil)의 기원을 명시하지는 않지만 사탄이 악의 기원임을 암시하고 있다. 사탄(Satan)은 성도들을 넘어뜨리기 위해 시험하지만 하나님은 시험하시지 않는다. 하나님은 빛이시고(요일 1:5) 죄를 미워하시기 때문에 그는 모든 불의를 심판하신다(롬 1:18). 그러므로 하나님은 사람을 넘어지게 하도록 시험하시지 않는다(약 1:13). 칼빈(Calvin)은 야고보서 1:13을 해석하면서 "성경이 사람의 눈을 어둡게 하거나 마음을 완악하게 하는 일을 하나님이 하시는 것으로 언급할 때(출 9:12), 성경은 하나님을 첫 번째 동인자(Mover)로 지정하지도 않고, 하나님에게 그 책임이 있는 것처럼 하나님을 죄악의 창시자로 만들지도 않는다."라고 말하고, "죄의 기원이 하나님에게 있지 않다. 마치 하나님이 잘못을 즐기시는 것처럼 그 책임이 하나님에게 전가되지 않는다." "하나님은 죄악을 좋아하시지 않는다, 그래서 하나님은 우리들의 악한 행위의 저자가 아니시다."[67]라고 설명한다. 그래서 야고보는 "하나님은 악에게 시험을 받지도 아니하시고 친히 아무도 시험하지 아니하시느니라"(약 1:13)라고 명명백백하게 천명하고 있는 것이다.

야고보는 사람이 시험을 받는 것은 사람의 욕심 때문이라고 정리한다(약 1:14). 야고보는 사탄이 성도를 실족하게 하기 위하여 시험을 하기

---

67 John Calvin, *A Harmony of the Gospels Matthew, Mark and Luke, Vol. III and The Epistles of James and Jude* (1975), p. 268.

도 하지만, 또한 사람 속에 내재해 있는 자기 자신의 욕심 때문에 시험을
받기도 한다고 가르친다. 야고보는 "욕심"을 설명하면서 "자기"(ἰδίας)를
강조하므로 자신 속에 있는 욕심이 시험의 근원이 됨을 분명히 했고,
또한 "자기 욕심"에 "끌려"(ἐξέλκω)와 "미혹되어"(δελεάζω)라는 두 개의
분사를 사용하여 욕심의 역할이 어떤 것인지를 설명한다. "끌려"와 "미
혹되어"는 일반적으로 사냥할 때나 낚시할 때 표현하는 용어들이다.
맥카트니(McCartney)는 "이 용어들은 보통으로 그물이나 줄이나 미끼
로 물고기나 동물들을 잡는 과정을 묘사하는데 사용된다."[68]라고 설명
한다. 야고보는 그물이나 줄이나 미끼를 설치한 자가 사탄인지를 여기
서는 직접 언급하지 않지만, 야고보서 4:7에서는 사탄의 역할이 있음
을 언급한다. 야고보는 여기서는 자기 욕심에 이끌려 미혹되는 개인의
책임을 강조하기 위해 사탄의 역할에 대해서는 침묵하고 있는 것이다.
야고보는 누구든지 시험을 받는 자가 있으면 그것은 그 자신의 욕심
때문이라는 것을 분명히 한다. 그래서 야고보는 "오직 각 사람이 시험
을 받는 것은 자기 욕심에 끌려 미혹됨이니 욕심이 잉태한즉 죄를 낳
고 죄가 장성한즉 사망을 낳느니라"(약 1:14-15)라고 설명한다. 야고보
가 여기서 사용한 "욕심"(ἐπιθυμία)은 사람의 일반적인 감정이나 욕구를
뜻하지 않는다. "욕심"은 중립적인 의미로 사용될 수 있지만(창 31:30; 신
14:26(LXX); 마 13:17; 눅 16:21; 17:22; 22:15; 딤전 3:1), 야고보는 "욕심"을
의인화 시켜서 "욕심에 끌려 미혹"된다고 말하고 "욕심"을 부정한 여인
에 빗대어 "욕심"이 잘못된 행위로 "죄"를 낳고, 그 죄가 자라나서 "사

---

68   McCartney, *James (Baker Exegetical Commentary on the New Testament)*, (2009), p. 106.

망"을 낳는다고 부정적인 의미로 사용한다. 야고보는 "욕심"을 악을 행하기 원하는 욕심, 자신을 높이고 자신의 만족을 추구하는 욕심 등의 뜻으로 사용한 것이다.[69] 「동아새국어사전」은 욕심을 "무엇을 지나치게 탐내거나 누리고 싶어하는 마음"[70]으로 정의한다. 야고보는 사람이 무엇을 너무 지나치게 원하면 죄를 짓게 되고 결국 죄의 삯은 사망이므로(롬 6:23) 사망을 낳는다고 강조하고 있는 것이다(약 1:15).

여기서 욕심이 죄를 낳고 죄가 결국 자신의 멸망으로 진행되는 구약의 한 실화를 생각해 본다. 엘리사(Elisha)가 활동하던 시기에 아람(Aram)왕의 군대 장관 나아만(Naaman)은 막강한 권력을 소유한 큰 용사였다. 하지만 그는 나병으로 고생하고 있었는데 그의 집안의 종으로 일하는 이스라엘 출신 소녀의 조언에 따라 엘리사를 찾아가서 나병을 고쳐줄 것을 요청했다(왕하 5:1-6). 엘리사 선지자는 그 당시 많은 사람들이 두려워할 만큼 막강한 세력을 가진 나아만을 만나지도 않고 "너는 가서 요단 강에 몸을 일곱 번 씻으라"(왕하 5:10)라고 처방만 내린다. 나아만은 자신을 만나지도 않은 엘리사의 태도에 대해 화가 났지만 그를 수행하는 종들의 말을 듣고 엘리사의 처방대로 실천함으로 나병을 깨끗하게 치료받게 되었다(왕하 5:14). 나아만은 그제야 깨닫고 엘리사를 다시 찾아가 "내가 이제 이스라엘 외에는 온 천하에 신이 없는 줄을 아나이다"(왕하 5:15)라고 고백하고 많은 예물을 받아 줄 것을 간청했

69 McCartney, *James (Baker Exegetical Commentary on the New Testament).* (2009), p. 106.

70 이기문(감수), 「동아새국어사전」 (서울: 동아출판사, 1997), p. 1650. 「동아새국어사전」은 "욕망"과 "욕심"을 거의 같은 의미로 설명한다. 상기의 사전은 "욕망"을 "무엇을 하거나 가지고 싶어 간절히 바라고 원함"으로 정의한다.

다. 엘리사는 예물을 받아달라는 나아만의 간청을 단호하게 거절하고 그를 그의 나라로 돌려보낸다. 그런데 엘리사의 사환 게하시(Gehazi)가 엘리사의 삶을 통해 하나님의 하시는 일을 배웠음에도 불구하고 나아만이 가져 온 많은 예물을 보고 그의 마음에 욕심이 발동하게 되었다. 그래서 게하시는 나아만의 귀국행렬을 따라잡은 후 주인 엘리사의 이름을 팔아 거짓말로 "은 한 달란트와 옷 두 벌"(왕하 5:22)을 주인이 요청한 것으로 전한다. 나아만은 게하시에게 요청한 것보다 더 많은 "은 두 달란트와 옷 두 벌"을 흔쾌한 마음으로 넘겨준다(왕하 5:23). 게하시의 욕심은 거짓말 하는 죄를 짓게 했고, 주인인 엘리사에게 반역하는 죄를 지었고, 하나님의 뜻에 역행하는 죄를 지었다. 결국 그의 욕심으로 시작된 그의 죄는 나아만이 앓았던 나병을 그 자신이 스스로 이어받게 하였다. 게하시의 욕심은 그의 자손들에게까지 나병을 앓게 만드는 역할을 한다(왕하 5:27). 욕심은 죄를 낳고 한 사람의 삶을 파멸로 이끈 셈이다.

야고보는 "욕심," "죄," "사망"을 구원론적 신학의 관점에서 설명하지 않고 도덕적 삶의 관점에서 설명한다.[71] 욕심이 시작되어 많아지면 죄를 지을 수밖에 없는 상황에 다다르고, 죄는 당연히 사망으로 이어지게 된다. 바울(Paul)은 "죄의 삯은 사망이요"(롬 6:23)라고 말한다. 그런데 야고보는 그 사망의 시작이 "욕심"으로부터 임을 밝히고 있는 것이다. 야고보는 본 절(약 1:15)에서 욕심이 어떻게 생기는지에 대해서는 명확하게 언급하고 있지 않지만, 야고보서 4:7에서는 인간의 악한 생

---

71 H. Hübner, "ἐπιθυμία, ἐπιθυμέω," *Exegetical Dictionary of the New Testament*, Vol. 2 (Grand Rapids: Eerdmans, 1991), p. 28.

각과 행동에 마귀의 역할이 있음을 함축하여 언급하고 있다. 욕심 즉 욕망은 여러 가지 방면으로 표현되고 있음을 볼 수 있다. 성적 욕망이 있고, 물질에 대한 욕망이 있고, 다른 사람의 소유를 탐하는 욕망이 있다(롬 1:24; 딤전 6:9; 딛 3:3; 갈 5:16-21 참조). 욕망은 사람의 관심을 완전히 지배하여 그 사람을 욕망의 지배 아래 예속시키는 역할을 한다. 바울 사도가 "너희는 죄가 너희 죽을 몸을 지배하지 못하게 하여 몸의 사욕(욕심 혹은 욕망)에 순종하지 말고"(롬 6:12)라고 쓴 것은 욕심 때문에 죄가 사람을 지배한다는 사실을 확인하는 것이다.[72] 바울은 탐심을 하나님의 진노의 대상으로 묘사했고(골 3:5-6), 탐심을 가진 자는 하나님 나라(the Kingdom of God)에 속할 수 없다고 했으며(고전 6:10; 엡 5:5), 그들을 저주받은 자라고 불렀다. 바울과 같은 관점으로 야고보는 이런 악한 욕심이 시작되면 죄를 짓게 되고 결국 사망에 이르게 됨을 확인하는 것이다. 박윤선은 "인간이 시험 받는 이유는 그의 욕심 때문이다. 시험의 제1보는, 죄악의 충동력이 그를 끌어냄이고, 제2보는, 그것이 그를 혼미 시켜 정사(正邪)를 분별하지 못하게 하여 악한 것을 옳은 줄로 아는 것이다. 그것은 점차 악화하여 사망을 가져온다."[73]라고 해석한다.

야고보는 두 번째로 "내 사랑하는 형제들아"(약 1:16; 참조 약 1:2)라는 말로 새로운 단락을 시작한다. 야고보는 믿음을 가지고 시련을 참으면서 어렵게 살고 있는 흩어져 있는 열두 지파(약 1:1)에게 "내 사랑하는

72　H. Schönweiss, "Desire, ἐπιθυμία," *The New International Dictionary of New Testament Theology*, Vol. 1 (Grand Rapids: Zondervan, 1975), p. 457.

73　박윤선, 『히브리서·공동서신』 (서울: 영음사, 1965), p. 185.

형제들아 속지 말라"(약 1:16)라고 명령하고 있다.74 야고보는 지금 사랑
하는 형제들의 관심을 시험을 받고 죄를 지을 수밖에 없는 인간으로부
터 온갖 좋은 것으로 그의 백성을 기쁘게 하시는 하나님에게로 돌리고
있는 것이다. 욕심은 죄를 낳고 사망을 낳지만 하나님은 진리의 말씀
으로 그의 백성을 낳으신 것이다(약 1:15과 약 1:18 비교). 야고보는 "속지
말라"라고 명령한 후 곧바로 속지 말아야하는 이유를 설명한다. 그런
데 흥미롭게도 야고보는 속지 말아야 할 이유를 설명하면서 하나님이
어떤 분이시고 어떤 일을 하고 계신지를 소개한다(약 1:17-18). 하나님
은 "온갖 좋은 은사와 온전한 선물"(약 1:17)을 주시는 분이시다. 하나님
은 창조주이시기 때문에 이 세상에 존재하는 어떤 것도 하나님의 소유
가 아닌 것이 없다. 그러므로 하나님은 좋은 것으로 그의 백성의 삶을
풍요하게 채워주신다. 그런데 야고보가 여기서 이 모든 좋은 것들이
"빛들의 아버지께로부터 내려오나니"(약 1:17)라고 하며 "하나님"이라는
명칭대신 "빛들의 아버지"(πατρός τῶν φώτων)라는 표현을 쓴다. 그 이
유는 "하나님"은 근엄한 느낌을 주지만, "아버지"는 친근한 느낌을 주
기 때문이다. 야고보는 하나님이 창조주로서 빛(Light)까지도 창조하신
분으로 "변함도 없으시고 회전하는 그림자도 없으신"(약 1:17) 영적인
존재이시지만 그의 백성들에게 좋은 것으로 채워주시는 친근한 아버
지를 연상시키고 있는 것이다. 하나님은 그의 백성을 용납하시고 품어
주시는 자상한 "아버지"이시다.

---

74 "속지 말라"(μὴ πλανᾶσθε)라는 표현은 바울도 고전 6:9; 15:33; 갈 6:7에서 똑같은 표현
으로 사용했고, 요한(John)은 "아무도 너희를 미혹하지 못하게 하라"(μηδεὶς πλανάτω
ὑμᾶς)(요일 3:7)라고 비슷하게 표현했다.

야고보는 그 자상하신 아버지가 "피조물 중에 우리로 한 첫 열매가 되게 하시려고 자기의 뜻을 따라 진리의 말씀으로 우리를 낳으셨느니라"(약 1:18)라고 설명한다. 야고보가 여기서 사용한 "첫 열매"(ἀπαρχή)는 상징적으로 사용되어 복음으로 구원받아 하나님의 백성이 된 성도를 가리킨다(롬 11:16; 16:5; 고전 15:20; 16:15). 하나님의 백성인 성도가 되기 위해서는 하나님의 아들이신 예수 그리스도가 나를 위해 십자가 상에서 죽으시고 사흘 만에 부활하셨다는 복음을 먼저 들어야 한다(롬 10:17). 우리는 이 복음을 듣고 하나님께서 선물로 주신 믿음(faith)으로 (엡 2:8) 예수 그리스도를 주(Savior)로 시인하고(고전 12:3) 하나님께서 예수님을 죽은 자 가운데서 살리신 것을 진심으로 믿을 때 구원을 받게 된다(롬 10:9-10). 야고보는 하나님의 구원계획을 정확하게 이해한 가운데 하나님이 "자기의 뜻을 따라 진리의 말씀으로 우리를 낳았다"(약 1:18)라고 확인하는 것이다. 그러므로 야고보는 "우리"(ἡμᾶς)를 사용하여 자신을 포함한 수신자들을 하나님이 진리의 말씀으로 낳으신 첫 열매라고 설명하는 것이다. 야고보서를 받는 수신자들은 물론 모든 구원받은 성도들이 하나님이 계획하신 구원받을 하나님의 백성의 총수인 144,000(완전수)의 일부분으로 첫 열매인 것이다(계 14:1-5; 살후 2:13; 참조, 계 7:4).[75] 요한 사도는 십사만 사천(144,000)이 하나님과 어린양에게

---

[75] 살후 2:13의 "하나님이 너희를 첫 열매로 선택하셨다"(ὅτι εἵλατο ὑμᾶς ὁ θεὸς ἀπαρχὴν)의 말씀 중 "첫 열매"를 번역하는데 견해의 차이가 있다. 한글번역의 경우 개역, 개역개정은 "처음부터 너희를 택하사"로 번역했고, 바른성경은 비슷하게 "너희를 처음부터 택하셔서"로 번역했으며, 표준새번역과 표준새번역개정은 "처음부터 여러분을 택하여 주셨기 때문입니다"로 번역했다. 영어번역은 대부분이 "from the beginning God chose you"(NIV), "God chose you from the beginning"(RSV), "God has chosen you from the beginning."(NASB), "God hath from the beginning chosen you."(AV), "God from

속한 첫 열매(ἀπαρχή)임을 분명히 밝힌다(계 14:4). 야고보는 이처럼 수
신자들을 하나님이 첫 열매인 하나님의 백성으로 삼아 주셨으니 성도의
정체성을 명심하고 죄의 유혹에 빠져서는 안 된다고 권고하는 것이다.

6. 말씀을 행하는 성도(약 1:19-27)

[19] 내 사랑하는 형제들아 너희가 알지니 사람마다 듣기는 속히 하고
말하기는 더디 하며 성내기도 더디 하라 [20] 사람이 성내는 것이 하
나님의 의를 이루지 못함이라 [21] 그러므로 모든 더러운 것과 넘치는
악을 내버리고 너희 영혼을 능히 구원할 바 마음에 심어진 말씀을
온유함으로 받으라 [22] 너희는 말씀을 행하는 자가 되고 듣기만 하여
자신을 속이는 자가 되지 말라 [23] 누구든지 말씀을 듣고 행하지 아
니하면 그는 거울로 자기의 생긴 얼굴을 보는 사람과 같아서 [24] 제
자신을 보고 가서 그 모습이 어떠한 것을 곧 잊어버리거니와 [25] 자

the beginning chose you"(NKJV)로 번역했는데, 이와는 다르게 "God chose you as the
first fruits."(ESV, NRSV)로 "첫 열매"를 살려서 두 번역서가 처리했다. 이런 차이가 발생
하게 된 이유는 사본 상 차이가 있기 때문이다. 어떤 사본은 본문을 ἀπ᾽ ἀρχῆς (from the
beginning)로 읽는다(D, K, L, Y, etc.). 반면 다른 사본은 본문을 ἀπαρχήν (first fruits)
으로 읽는다(B, F, Gᵍʳ, P, 33, etc.). 두 표현의 철자가 비슷한 것으로 보아 사본 복사자가
ἀπαρχήν 이 본문의 맥락에 자연스럽지 않기 때문에 ἀπ᾽ ἀρχῆς 으로 처리했을 가능성이
크다. United Bible Societies의 위원회는 **첫째**, ἀπ᾽ ἀρχῆς가 바울서신에 나타나지 않고, **둘
째**, ἀρχή를 빌 4:15을 제외하고는 바울이 항상 "권능," 혹은 "능력"으로 사용하였으며, **셋
째**, 바울이 ἀπαρχή를 여섯 번이나 그의 서신에서 사용하였다는 등의 이유로 ἀπαρχή 를 본
문으로 택했다. Bruce M. Metzger, *A Textual Commentary on the Greek New Testament*
(London. New York: United Bible Societies, 1971), p. 636.

유롭게 하는 온전한 율법을 들여다보고 있는 자는 듣고 잊어버리는 자가 아니요 실천하는 자니 이 사람은 그 행하는 일에 복을 받으리라 26 누구든지 스스로 경건하다 생각하며 자기 혀를 재갈 물리지 아니하고 자기 마음을 속이면 이 사람의 경건은 헛것이라 27 하나님 아버지 앞에서 정결하고 더러움이 없는 경건은 곧 고아와 과부를 그 환난 중에 돌보고 또 자기를 지켜 세속에 물들지 아니하는 그 것이니라 (약 1:19-27)

약 1:19-25 야고보는 "내 사랑하는 형제들아"라는 애정이 담긴 표현으로 새로운 단락을 시작한다. 야고보는 "너희가 알지니"(Ἴστε)[76]를 이 단락의 처음 용어로 사용한다(약 1:19). "너희가 알지니"는 직설법으로도 사용되고 명령형으로도 사용될 수 있지만 본 구절에서는 명령형으로 받는 것이 더 타당하다. 야고보는 "내 사랑하는 형제들아"라고 수신자들을 부른 다음 관행적으로 명령형을 사용하곤 한다(참조, 약 1:16; 2:5). "너희가 알지니"를 명령형으로 받을 경우 본 절의 의미는 이전 구절의 교훈, 즉 "진리의 말씀"(약 1:18)을 근거로 야고보가 "내가 지금 말하려고 하는 내용을 잘 알도록 하라"라고 권고하는 것으로 이해해야

---

[76] "너희가 알지니"(Ἴστε)는 οἶδα의 완료, 능동태, 2인칭, 복수로 직설법(indicative)도 되고 명령형(imperative)도 된다. 약 1:19의 "너희가 알지니"(Ἴστε) 대신 "그러므로"(therefore: ὥστε)를 택하는 사본들도 있다. 그렇게 하는 의도는 약 1:19를 약 1:18과 더 밀접하게 연결시키기 위해서이다. 하지만 ὥστε를 지지하는 사본들(K, P², y, 614, etc.)보다 Ἴστε를 지지하는 사본들(ℵ° B, C, 1739, etc.)이 월등하기 때문에 Ἴστε를 본문으로 택하는 것이 더 타당하다. UBS위원회도 Ἴστε를 (B) 등급을 매겨 본문으로 택했다. Cf. Bruce Metzger, *A Textual Commentary on the Greek New Testament*, p. 680. 참고로, James Adamson (*The Epistle of James. (NICNT)* (Grand Rapids: Eerdmans, 1976, p. 78, n. 132)은 "ὥστε quite effectively carries on the thought of the righteousness of God (v. 13) and the Word of the truth (v. 18)....."라고 ὥστε를 본문으로 택했다.

한다. 야고보가 명령하는 말씀의 내용은 "사람마다 듣기는 속히 하고 말하기는 더디 하며 성내기도 더디 하라"(약 1:19)라는 말씀이다.

야고보는 성도들이 어떤 마음 자세로 살아야 할 것인지를 분명히 한다. 성도들은 "듣기는 속히 하고 말하기는 더디 하며 성내기도 더디"(약 1:19) 해야 한다. 보통 사람들은 듣기보다 말하기를 더 좋아한다. 특별히 성도들은 하나님의 말씀 즉 진리의 말씀을 계속적으로 잘 들어야 한다. 바울(Paul)은 "믿음은 들음에서 나며 들음은 그리스도의 말씀으로 말미암았느니라"(롬 10:17)라고 가르친다. 키스터마커(Kistemaker)는 "듣는 것은 극복하기 어려운 기술(art)이다. 왜냐하면 그것은 말하는 사람에 대해 강렬한 관심을 갖는 것을 뜻하기 때문이다. 듣는 것은 자신의 입을 꼭 다물고 있는 기술이요, 자신의 귀와 마음을 열어 놓는 기술이다. 듣는 것은 자신처럼 이웃을 사랑하는 것이요, 이웃의 관심들과 문제들이 충분히 귀담아 들어야 할 중요한 것임을 인정하는 것이다."[77]라고 함으로 듣는 일의 중요함을 설명한다. 성경은 듣는 것의 중요함을 강조한다. "내 아들아 내 말에 주의하며 내가 말하는 것에 네 귀를 기울이라"(잠 4:20)라는 말씀이나 "말이 많으면 허물을 면하기 어려우나 그 입술을 제어하는 자는 지혜가 있느니라"(잠 10:19)라는 말씀은 "듣기는 속히 하고 말하기는 더디하며"(약 1:19)라는 말씀과 그 궤를 같이 한다. 야고보가 "듣기는 속히 하고"라고 말한 것은 듣는 것으로 끝내라는 의미가 아니요, 특히 하나님의 말씀을 들을 때는 듣고 그 말

---

77   Simon Kistemaker, *James and I-III John*, pp. 56-57.

씀대로 행하는 자가 되어야 한다고 강조한다.[78] 야고보의 이 말씀은 모든 사람에게 해당되지만 특히 성도들은 하나님의 말씀을 듣는 일에 충실해야 한다. 성도들이 하나님이 요구하시는 의로운 삶을 살기 위해서는 하나님의 말씀을 잘 듣고 순종해야 한다.

야고보는 "듣기는 속히 하고"라고 말한 후 "말하기는 더디 하며"(약 1:19)라고 권고한다. 야고보가 "말하기는 더디 하며"라고 권고하는 것은 모든 일에 침묵을 지키라는 뜻은 아니다. 야고보는 성도들이 말할 때 부정적인 말 보다는 긍정적인 말을 많이 해야 하며, 사람을 넘어뜨리는 말보다는 사람을 세우는 말을 해야 한다고 가르치는 것이다. 야고보는 성도들이 말을 할 때 지혜로운 말을 해야 한다고 권고하고 있다. 성경은 "미련한 자라도 잠잠하면 지혜로운 자로 여겨지고 그의 입술을 닫으면 슬기로운 자로 여겨지느니라"(잠 17:28)라고 천명한다. 야고보는 사람의 말이 분열을 일으키고, 투쟁을 불러오며, 분노를 발하게 하는 역할을 한다는 사실을 잘 알고 성도들에게 지혜로운 말을 하도록 가르치고 있는 것이다. 시편 기자가 "나의 혀가 주의 의를 말하며

---

[78] 류태영의 사랑편지가 2022년 5월 16일에 제공한 "입(口)을 열기 전에 귀(耳)를 열어라"라는 제목의 글 중 한 대목을 소개한다. 신자나 불신자나 음미해 볼만한 내용이다. "성(聖) 자를 보라. 참으로 뜻이 깊다. '귀 이' 자와 '입 구' 자와 '임금 왕' 자의 세 요소가 합(合)한 글자다. 성인은 먼저, 남의 이야기와 역사의 소리와 진리의 소리를 조용히 듣는다. 다 듣고 난 후에 입을 열어 말씀을 한다. 듣고 말씀하는데 가장 뛰어난 존재가 성인이다. 그래서 성(聖) 자는 귀(耳)와 입(口)과 왕(王)의 세 글자의 요소로 구성된다. 듣는 것이 먼저이고, 말씀을 하는 것은 나중의 일이다. '귀 이' 자를 먼저 쓰고 '입 구' 자를 나중에 쓰는 것은 결코 우연한 일이 아니다. 성(聖)자는 의미심장하다. 남의 이야기를 바로 듣고 깊이 이해하려면, 많은 지혜와 체험과 사색이 필요하다. 지혜와 체험과 사색이 부족한 사람은, 피상적으로 듣고 또 느낄 뿐이다. 귀가 있다고 들리는 것은 아니다. 들을 줄 아는 귀를 가져야만 들린다." [본 저자 첨가: "귀 있는 자는 성령이 교회들에게 하시는 말씀을 들을지어다"(계 2:7, 11, 17, 29; 3:6, 13, 22)] .

73

종일토록 주를 찬송하리이다"(시 35:28)라고 고백하는 것은 지혜롭게 말하는 방법이다.

야고보는 "성내기도 더디 하라"(약 1:19)라고 가르친다. 성내는 것, 즉 분노하는 것은 범죄하는 것이다(시 4:4; 마 5:22; 엡 4:26; 골 3:8; 딛 1:7). 그래서 잠언의 말씀은 "노하기를 속히 하는 자는 어리석은 일을 행하고"(잠 14:17; 참조, 잠 18:11), "분을 쉽게 내는 자는 다툼을 일으켜도 노하기를 더디 하는 자는 시비를 그치게 하느니라"(잠 15:18), "노하는 자는 다툼을 일으키고 성내는 자는 범죄함이 많으니라"(잠 29:22)라고 가르친다. 분노하는 것이 얼마나 심각한 잘못인지를 우리는 모세(Moses)의 삶의 과정에서 찾아볼 수 있다. 이스라엘 백성이 출애굽하여 광야 생활을 하는 동안 물이 없어 불평과 불만을 토로할 때, 여호와 하나님께서 "너희는 반석에게 명령하여 물을 내라"(민 20:8)라고 모세와 아론(Aaron)에게 지시했지만, 모세는 이스라엘 백성들의 행동에 분노를 느껴 "그의 지팡이로 반석을 두 번 쳐서"(민 20:11) 물을 내게 한다. 이 사건으로 여호와께서 모세에게 "이스라엘 자손의 목전에서 내 거룩함을 나타내지 아니한 고로 너희는 이 회중을 내가 그들에게 준 땅으로 인도하여 들이지 못하리라"(민 20:12)라고 책망하신다. 결국 모세는 하나님의 거룩함을 나타내지 않은 이 사건으로 말미암아 약속의 땅 가나안(Canaan)에 들어가지 못했다(신 34:1-8). 이처럼 성내는 것은 성도의 삶의 궤도를 잘못된 방향으로 이끄는 역할을 하기 때문에 야고보는 "사람이 성내는 것이 하나님의 의를 이루지 못함이라"(약 1:20)라고 말하는 것이다. 본 구절에 사용된 "이룬다"라는 동사가 하나님이 의롭다고 인정해 주시는 성도들의 행동을 가리키고 있음을 증거한다.[79] "하나님의 의"(δικαιοσύνην θεοῦ)는 사람이 예수님을 믿음으로 의롭다 칭함을 받는 칭의(justification by faith)를 가리키지 않고, 하나님이 의롭다고 인정하시는 성도들의 행동의 일반적인 원리를 가리킨다. 박윤선은 "'성내는 것'은, 벌써 자기 자신의 정신상 혼란을 일으켜 자기 영혼을 더럽힌다. 따라서 그런 때의 기도는 하나님께 상달되지 않는다(딤전 2:8)."[80]라고 설명한다. 성내는 것은 성도들의 기도 생활에도 크게 부정적인 역할을 미친다. 성내는 것은 성도 상호 간의 교제 관계를 깨뜨린다. 보스(Vos)는 "우리가 어떤 사람을 향해 분노를 느낄 때는 우리 속에 그를 향한 호의의 자리가 없다. 자기중심적인 인간의 분노는 호의와 공존할 수 없다. 우리들의 분노는 '하나님의 의를 이루지 못한다'(약 1:20). 그것은 정확하게 분노가 우리의 전체 심령을 점령하고 격렬한 감정의 안개로 우리의 비전을 흐리게 함으로 우리는 더 이상 공평하게 볼 수도 없고 판단할 수도 없기 때문이다."[81]라고 설명한다.

야고보는 야고보서 1:21의 말씀을 통해 야고보서 1:20의 "하나님의 의"가 구원에 필요한 칭의를 가리키지 않고, 성도들의 행동의 바름을 인정하는 것임을 분명히 한다. "그러므로"(διό: Therefore)는 이미 이야기한 내용을 근거로 논리를 전개하기 위해 사용되었다. 그래서 야고보

---

79 R.C.H. Lenski, *The Interpretation of the Epistle to the Hebrews and the Epistle of James* (Minneapolis: Augsburg Publishing House, 1966), p. 550.

80 박윤선, 『히브리서 · 공동서신』 (1965), p. 188.

81 G. Vos, *Reformed Dogmatics* (Christology), Vol. 3 (Bellingham: Lexham Pres, 2014), p. 115.

는 성도가 하나님의 의를 이루기 위해서는 "모든 더러운 것과 넘치는 악을 내버리고 너희 영혼을 능히 구원할 바 마음에 심어진 말씀을 온유함으로 받으라"(약 1:21)라고 말하는 것이다.

성도들의 삶이 하나님의 인정을 받으려면 "모든 더러운 것"을 버리고, "넘치는 악"을 버리고, 하나님의 말씀을 온유함으로 받아야 한다(약 1:21). 박윤선은 야고보서 1:21의 "더러운 것"을 "마음에 내재(內在)한 악"으로 해석하고, "넘치는 악"을 "그 내재한 죄악의 외적 유출(外的 流出)"이라고 해석한다.[82] 성도들은 "모든 더러운 것"과 "넘치는 악"을 버리는 것으로는 하나님의 의를 이루지 못한다. 하나님의 의를 이룰 수 있는 길은 하나님의 말씀으로 마음을 채우는 것이다. 야고보가 야고보서 1:21에서 사용한 "마음에 심어진 말씀"(τὸν ἔμφυτον λόγον)이라는 표현은 말씀이 태어날 때부터 우리 속에 내재되어 있다는 뜻이 아니요, 성도들이 하나님의 말씀의 선포를 듣고 예수님을 구주로 인정할 때 성도 안에 내재하기 시작한 말씀을 뜻한다. 성도들은 그 말씀을 듣고 구원에 이른 것이다(롬 10:17; 벧전 1:23; 히 4:12). 성도들은 이 말씀이 마음을 주관하게 하여야 한다. 성도들은 예수님께서 더러운 귀신이 사람에게서 나간 후 쉴 곳을 찾다가 자기가 나온 사람에게 다시 가 보니 "그 집이 비고 청소되고 수리되었거늘 이에 가서 저보다 더 악한 귀신 일곱을 데리고 들어가서 거하니 그 사람의 나중 형편이 전보다 더욱 심하게 되느니라"(마 12:43-45)라고 가르치신 말씀을 기억해야 한다. 성도들은 마음이 바른 하나님의 말씀으로 채워지지 않고 비어 있으면 더

---

82   박윤선, 『히브리서 · 공동서신』(1965), p. 189.

큰 화를 당할 수도 있음을 기억해야 한다. 마음이 하나님의 말씀으로 채워진 사람은 당연히 그 말씀대로 행하고 살아야 한다.

그래서 야고보는 "너희는 말씀을 행하는 자가 되고 듣기만 하여 자신을 속이는 자가 되지 말라"(약 1:22)라고 가르치고 있는 것이다. 야고보는 "말씀을 행하는 자가 되어라"(Γίνεσθε δὲ ποιηταὶ λόγου)라고 명령형을 사용하여 말씀을 듣는 것만으로는 충분하지 않고 말씀을 행하는 자가 되어야 한다고 강조한다. 그런데 야고보는 "말씀을 행하지 않고 듣기만 하는 것"은 "자신을 속이는 자가 된다"(약 1:22)라고 말한다. 어떻게 말씀을 행하지 않는 것이 자신을 속이는 것이 되는가? 야고보가 사용한 "속인다"(παραλογίζομαι)라는 용어는 신약성경에서 두 번 사용된 특별한 용어이다(골 2:4; 약 1:22).[83] 그런데 이 용어가 사용된 골로새서 2:4의 맥락을 살펴보면 "속인다"라는 이 용어는 성도가 "하나님의 비밀인 그리스도"(골 2:2)를 믿지 않고, "교묘한 말"(골 2:4)을 믿고 따르면 결국 자신을 속이는 결과가 뒤따른다는 뜻으로 사용되었다. 마찬가지로 야고보도 성도가 말씀을 듣는 것으로 모든 책임을 다 한 것으로 생각하고 듣기만 한다면 그것은 말씀을 듣는 목적을 이루는 것이 아님으로 "자기를 속이는 자"(약 1:22)가 된다고 말하는 것이다. 렌스키(Lenski)는 "단순히 듣는 자들은 '거짓 논리로 자신들을 속이는 것'으로 묘사되었다. 그들은 '파라'(παρά)의 의미 즉, '겨냥이 빗나간 것'을 추론하고 논의한다. 그들의 생각은 궤도를 벗어난 것이다. 듣는 것은 가장

---

83   J. B. Smith, *Greek-English Concordance to the New Testament* (Scottdale: Herald Press, 1974), p. 276 (section 3784).

본질적인 수단이지만 목적은 아니다."[84]라고 설명한다. 야고보는 성도들이 말씀을 들으면 행하는 것이 목적인데 듣는 것으로 멈추면 그것은 자신을 속이는 것과 같다고 말하는 것이다. 예수님은 말로만 "주여, 주여"하는 자들을 알지 못한다고 말씀하시면서 "누구든지 나의 이 말을 듣고 행하는 자는 그 집을 반석 위에 지은 지혜로운 사람 같으리니"(마 7:24)라고 가르치신다. 야고보가 본 절에서 "듣기만 하여"라고 말하는 것은 사실상 하나님의 말씀에 불순종한다는 뜻이다. 칼빈(Calvin)은 말씀이 우리 속에 뿌리를 내리면 열매를 맺게 된다는 뜻으로 설명한다.[85] 야고보는 말씀을 듣기만 하여 자신을 속이는 자가 되지 말고 행하는 자가 되라고 권고하고 있다.

야고보는 이제 야고보서 1:23에서 "말씀을 행하는 것"과 사람이 "거울로 자기의 생긴 얼굴을 보는 것"을 비교한다. 바울도 거울을 예로 들어 성도들의 삶의 정황을 설명한다. 바울은 "우리가 지금은 거울로 보는 것같이 희미하나 그때에는 얼굴과 얼굴을 대하여 볼 것이요 지금은 내가 부분적으로 아나 그때에는 주께서 나를 아신 것같이 내가 온전히 알리라"(고전 13:12)라고 가르친다. 바울의 교훈은 선명성의 대조로 우리의 아는 것이 지금은 선명하지 않지만 예수님이 재림하시면 선명하게 될 것이라는 것이다. 그러나 야고보는 거울의 예를 다른 뜻으로 사

---

84 Lenski, *The Interpretation of the Epistle to the Hebrews and the Epistle of James* (1966), p. 555.

85 John Calvin, *A Harmony of the Gospels Matthew, Mark and Luke, Vol. III and The Epistles of James and Jude* (1975), p. 273.: "We conclude, that we must try to get the Word of God to take root in us, so as to bring on its fruit."

용한다. 야고보에게는 거울이 얼굴을 선명하게 보여주고 얼굴을 선명하게 보여주지 않는 것은 관심의 밖이다. 야고보는 여기서 거울 자체의 선명성의 문제를 다루지 않는다. 데이빗즈(Davids)는 야고보의 "요점은 거울 속의 인상이 단지 잠시라는 것이다. 자신의 머리를 빗으면서 거울을 보는 것은 잠시 열중하는 것이지만 그것은 하루의 일과를 진행해 나갈 때 일반적으로 실제적인 결과를 산출하지 못한다. 그것은 무용한 것이다. 다른 종류의 거울의 비교가 아니요, 다른 방법으로 보는 것을 비교하는 잠시성과 진정한 효과의 결여가 비유의 요점이다."[86] 라고 잘 정리한다. 이처럼 야고보는 거울의 성능에 관심을 두는 것이 아니요 사람의 행동에 관심을 두는 것이다.

야고보는 이제 다음 두 절(약 1:24-25)에서 이 사실을 더 분명하게 설명한다. 야고보는 성도들이 거울을 통해 "제 자신을 보고 가서 그 모습이 어떠했는지를 곧 잊어버리거니와"(약 1:24)라고 보는 행동의 잠시성을 강조한다. 사람은 아침에 거울을 통해 자신의 얼굴을 본 후 하루의 일과를 시작하면 자신의 얼굴은 잊어버린다. 그리고 사람은 필요가 있을 때 다시 거울을 통해 자신의 얼굴을 보지만 역시 다른 일에 몰두하면 자신의 얼굴을 생각하지 않는다. 야고보는 이처럼 얼굴을 보는 것의 일시성을 강조하고 있는 것이다. 그리고 야고보는 얼굴 보는 행동의 일시성을 율법을 들여다보는 것과 비교한다(약 1:25). 야고보는 먼저 "온전한 율법"(νόμον τέλειον)이 사람을 자유롭게 한다고 확인한다. 다윗(David)은 "여호와의 율법은 완전하여 영혼을 소성시키며 여호와의

---

86   Peter Davids, *Commentary on James (NIGTC)* (1982), p. 98.

증거는 확실하여 우둔한 자를 지혜롭게 하며"(시 19:7)라고 고백한다. 예수님은 "그러므로 하늘에 계신 너희 아버지의 온전하심과 같이 너희도 온전하라"(마 5:48)라고 가르치신다. 그리고 예수님은 "진리를 알지니 진리가 너희를 자유롭게 하리라"(요 8:32)라고 가르치시고, "아들이 너희를 자유롭게 하면 너희가 참으로 자유로우리라"(요 8:36)라고 선언하신다. 야고보가 여기서 "온전한 율법"이라고 언급한 것은 단순히 구약의 율법을 일차적으로 가리킨 것이 아니요, 예수님의 십자가상의 죽음과 죽은 자 가운데서의 부활을 통해 완성하신 구속의 복음을 일차적으로 가리킨다고 사료된다. 야고보는 "온전한 율법" 즉 예수님의 희생을 통해 성취된 구속의 복음, 화목의 복음, 생명의 복음을 듣고 실천하는 사람이 복된 사람이라고 가르친다.

약 1:26-27 야고보는 이제 경건과 혀의 역할을 비교하여 성도들이 어떻게 살아야 할 것인지를 가르친다(약 1:26-27). 야고보는 야고보서 1:26에서는 부정적인 관점에서 경건하게 살지 않는 것이 어떻게 사는 것인지를 설명하고, 야고보서 1:27에서는 긍정적인 관점에서 경건하게 사는 것이 어떻게 사는 것인지를 설명한다. 야고보가 "누구든지 스스로 경건하다 생각하며"(약 1:26)의 구절에서 사용한 "경건하다"(θρησκός)라는 용어는 특별한 의도로 사용되었음에 틀림없다. 이 용어는 신약성경에서 유일하게 본 절에서만 사용된다(hapax legomenon). 그리고 "이 사람의 경건은 헛것이라"(약 1:26)의 구절에서 사용한 "경건"(θρησκεία)이라는 용어는 신약성경에서 네 번 사용되는데 야고보서에서 두 번 나타난다(행 26:5; 골 2:18; 약 1:26, 27). 두 용어 모두 "하나님을 두려워하는," "경건한," "종교적" 등의 뜻으로 비슷하게 사용된다.[87] 야고보가 경건을 혀의 기능과 연계시켜 설명하는 것은(약 1:26) 경건의 의미가 단순히 의식적인 종교 행위에 그치지 않고 하나님과 이웃 사람들을 기쁘게 하는 내면적인 삶의 방법을 뜻하는 것으로 볼 수 있다.[88] 야고보는 경건한 삶을 지속하기 위해서는 말을 조심해야 한다고 가르친다. 야고보는 이미 혀의 기능에 대해 "말하기는 더디 하며"(약 1:19)라고 경고하였으며, 야고보서 3장에서 상당히 구체적으로 혀의 기능과 혀를 잘못 사용하는 데서 오는 폐해를 설명한다(약 3:1-12). 그리고 야고보서 4장에서는 직접적인 혀의 기능과 역할에 대한 것은 아니지만 "서로 비방하지 말라"(약 4:11)라는 권고를 통해 혀를 바로 사용해야 함을 강조한다. 이처럼 야고보는 행위(works)를 강조하면서 혀를 제어하고 사람을 세우고 살리는 말을 하는 것이 경건이요 순종이라고 가르친다. 혀는 제어만 잘하면 좋은 일을 많이 할 수 있고 생명을 살리는 역할을 할 수 있다. 하지만 스스로 경건하다고 생각하면서 자기 혀를 재갈 물리지 아니하면 그 사람의 경건은 헛것이요 무용한 것이 되고 만다(약 1:26).[89] 야고

87 K. L. Schmidt, "θρησκεία, θρησκός," *Theological Dictionary of the New Testament*, Vol. III (Grand Rapids: Eerdmans, 1972), p. 156.; K. Hess, "λατρεύω," *The New International Dictionary of New Testament Theology*, Vol. 3 (Grand Rapids: Zondervan, 1979), p. 551.

88 Ceslas Spicq, "θρησκεία, θρησκός," *Theological Lexicon of the New Testament*, Vol. 2 (Peabody: Hendrickson Publishers, 1996), pp. 200-204.

89 탈무드는 "혀는 처음에 거미줄 같다가 마지막에는 배의 동아줄같이 강하다"(p. 288), "혀에게 '나는 잘 모릅니다'를 가르쳐라. 남의 말보다 내 말을 잘 들어야 한다. 고약한 혀는 고약한 병보다 나쁘다. 몸의 고통은 곧 사라져도 모욕적인 말은 영원히 남는다."(p. 289)라고 가르친다. 참고, 전재동 편역, 『누구나 한 번은 꼭 읽어야 할 탈무드』(서울: 북허브, 2018), p. 289.

보는 성도가 혀를 제어하지 못하면서 스스로 경건하다고 생각하면 혀의 파괴적인 역할로 인해 성도가 생각하는 경건은 말로만의 경건이 되기 때문에 스스로 속임을 당하고 있다고 가르친다.

야고보는 이제 마지막 절(약 1:27)에서 진정한 경건이 무엇인지를 가르친다. 야고보는 "하나님 아버지 앞에서 정결하고 더러움이 없는 경건"(약 1:27)이라고 표현함으로 성도들이 지켜야 할 경건은 하나님 아버지의 인정함을 받는 것이어야 함을 강조한다. 진정한 경건은 사람의 기준이 아니라 하나님의 기준에 맞는 것이어야 한다. 야고보는 하나님 아버지가 인정하는 경건을 두 가지로 설명한다.[90]

첫째, 진정한 경건은 "고아와 과부를 그 환난 중에 돌보는 것"(약 1:27)이다. 야고보는 야고보서에서 유일하게 등장하는 "돌본다"($\dot{\epsilon}\pi\iota\sigma\kappa\dot{\epsilon}\pi\tau\epsilon\sigma\theta\alpha\iota$)[91]라는 용어를 사용하여 고아와 과부를 돌보아야 한다고 말한다(마 25:36, 43; 눅 1:68, 78; 7:16; 행 6:3; 7:23; 15:14, 36; 딤전 5:3-16; 히 2:6; 약 1:27). 진정한 경건은 의지할 곳 없는 사람을 돕는 것이다. 왜냐하면 하나님은 소망이 없는 사람들의 권리를 보장해 주시는 사랑의 하나님이시기 때문이다. 예수님은 자신의 재림을 설명하시면서 인자(the Son of Man)가 영광의 보좌에 앉을 때에 양은 오른편에, 염소는 왼편에 둘 것이라고 설명하신다. 그런데 예수님은 오른편에 있는 양들이 인자가 "헐벗었을 때에 옷을 입혔고 병들었을 때에 돌보았다"(마 25:36)라고 말하고, 왼편에 있는 자들은 인자가 "병들었을 때와 옥에 갇혔을 때에 돌보지 아니

---

90 Ralph P. Martin, *James* (*Word Biblical Commentary*), Vol. 48 (Waco: Word Books, 1988), p. 52.; Peter Davids, *The Epistle of James* (*NIGTC*) (1982), p. 103.

91 "돌본다"($\dot{\epsilon}\pi\iota\sigma\kappa\dot{\epsilon}\pi\tau\circ\mu\alpha\iota$)의 현재, 중간태, 부정사.

하였다"(마 25:43)라고 설명하시면서 "돌본다"라는 바로 이 용어를 사용
하셨다. 예수님은 공생애 기간 중 고아와 과부를 돌보아야 할 것을 강
조하셨다(막 12:40; 눅 18:2-8). 그런데 야고보는 "고아와 과부를 그 환난
중에 돌보고"라고 하며 "환난"(θλίψει)을 강조함으로 예수님의 재림을
소망하며 사는 성도들의 고난과 고통을 생각했을 수 있다(참조, 마
24:21; 롬 5:3). 슈리에(Schlier)는 신약에 사용된 환난(θλίψει)의 본질이
이 세상에서의 기독교인의 삶과 분리시킬 수 없고, 그의 백성과 연계
된 그리스도의 고난을 의미하며, 종말론적인 고난의 특성과 연계되어
있다고 정리한다.[92] 그러므로 야고보는 예수님의 재림을 바라다보며
사는 성도들이 반드시 해야 할 일로 고아와 과부를 그들의 고난에서
벗어날 수 있도록 돌보는 것이 진정한 경건이라고 가르친다. 야고보는
야고보서 5:1-11에서 예수님의 초림과 재림 사이의 긴장 속에서 사는
성도들에게 인내하면서 살아야 한다고 자세하게 권고하고 있다.

둘째, 진정한 경건은 "자기를 지켜 세속에 물들지 아니하는 것"(약
1:27)이다. 야고보는 "돌본다"(ἐπισκέπτεσθαι)라는 용어와 병행으로 "지
킨다"(τηρεῖν)[93]라는 용어를 사용한다. "돌보는 것"은 교회 공동체 내에
있는 연약한 자들을 보살피는 것을 강조하는 반면, "지키는 것"은 자기
자신이 세속에 물들지 않도록 지키는 것이다. 박윤선은 야고보서 1:27
의 "자기를 지켜 세속에 물들지 아니하는 그것"(약 1:27)은 "하나님 앞에

---

92 Heinrich Schlier, "θλίβω, θλῖψις in the New Testament," *Theological Dictionary of the New Testament*, Vol. III (Grand Rapids: Eerdmans, 1972), p. 144.
93 "지킨다"(τηρέω)의 현재, 능동태, 부정사.

서 정결히 살고 이 세상 죄악과 타협하지 않음을 가리킨다.”[94]라고 해
석한다. 야고보가 하나님이 인정하시는 경건은 “자기를 지켜 세속에
물들지 아니하는 그것”(약 1:27)이라고 말한 표현은 문자적으로 번역하
면 “세상으로부터 자기 자신을 흠 없도록 지킨다”는 의미이다. 어떤 해
석자는 “세상으로부터 자기 자신을 지킨다”는 표현 때문에 야고보가
AD 66에 있었던 열심당원들(zealots)과 유대 민족주의자들(Jewish
nationalists)이 로마(Rome)를 대항해서 봉기를 한 행위에 대해 경고를
한 것으로 해석한다.[95] 하지만 본문은 그 당시 사회적 문제를 다루고
있지 않고 성도들의 도덕적 문제를 다루고 있다. 야고보는 본 절에 사
용된 “세상”(κόσμος)을 도덕적 의미를 함의시켜 사용하고 있다. 세상은
하나님이 선하게 창조하셨지만(창 1:31) 인간의 죄로 인해 오염된 상태
에 있다. 야고보는 성도들이 세상의 이 오염된 상태에 빠져 들어가서
는 안 된다고 권고하고 있다. 스립퍼(Sleeper)는 “기독교인들은 앞으로
야고보서 4:4에서 알게 될 것처럼 이 세상의 가치체계를 채용하지 않
고 이 세상에서 사는 방법을 찾아야만 한다. 그것이 야고보가 야고보
서 제일장 전체를 통해 묘사해온 기독교인 성격의 표지이다.”[96]라고 해
석한다. 성도들은 그리스도의 구속으로 하나님 나라의 시민권을 소유
하고 이 세상에서 살고 있기 때문에 “세속에 물들지 않도록” 경건한 삶

94 박윤선, 『히브리서 · 공동서신』 (1965), p. 192.

95 Bo Reicke, *The Epistles of James, Peter, and Jude* (Garden City: Doubleday, 1964), pp. 23-24.

96 C. Freeman Sleeper, *James* (*Abingdon New Testament Commentaries*) (Nashville: Abingdon Press, 1998), p. 67.

을 유지해야 한다. 성도들은 이 세상에 속한 사람들은 아니지만 하나님이 기뻐하시는 원리에 따라 혀를 재갈 물리고, 고아와 과부를 보살피는 등 "정결하고 더러움이 없는 경건"을 유지해야 한다(요 17:14, 16).

제2장 주해

야고보서 2장 요약

야고보서 2장은 두 부분으로 나누어 생각할 수 있다. 첫째 부분은 야고보서 2:1-13이요, 둘째 부분은 야고보서 2:14-26까지로 각각 13절로 구성되어 있다. 야고보는 첫째 부분도 "내 형제들아"(약 2:1)로 시작하고, 둘째 부분도 "내 형제들아"(약 2:14)로 시작한다. 첫째 부분의 주요 내용은 사람을 차별하여 대하지 말라는 것이요, 둘째 부분은 믿음과 행위의 관계를 주요 내용으로 하고 있다. 그러나 전체의 내용을 일별하면 야고보는 예수를 믿는 성도들의 행위를 강조하고 있다고 할 수 있다. 야고보는 "네 이웃 사랑하기를 네 몸과 같이 하라"(약 2:8; 참조, 마 19:19)라는 성경말씀을 "최고의 법"으로 규정하고 그 사랑의 법을 지키면 잘 하는 것이라고 가르친다. 야고보는 온 율법을 지키다가도 율법의 하나만 범하면 범죄자가 된다고 말한다(약 2:10). 그리고 야고보는 믿음과 행함의 관계를 설명하면서 "행함이 없는 믿음은 그 자체가 죽은 것이라"(약 2:17)고 말하고, "행함으로 믿음이 온전하게 되었느니라"(약 2:22)라고 가르친다. 그리고 야고보는 "영혼 없는 몸이 죽은 것같이 행함이 없는 믿음은 죽은 것이니라"(약 2:26, 개역개정)라고 말함으로 진실한 믿음은 반드시 행위를 수반하게 된다고 가르친다. 그러므로 믿음을 강조한 바울과 행위를 강조한 야고보가 서로 상충되는 교훈을 가르친다고 말하는 것은 잘못된 주장이다. 성도에게 믿음과 행위는 떼어 놓을 수 없는 것이다. 칼빈(Calvin)은 "선한 행위의 증거가 없는 믿음을 선포하는 것은 무익한 것이다. 왜냐하면 열매는 항상 선한 나무의 살아있는 뿌리로부터 오기 때문이다."[97]라고 하며 살아 있는 믿음은 열매를 맺게 되어 있다고 말한다.

---

[97] Calvin, *A Harmony of the Gospels Matthew, Mark and Luke,* Vol. III *and The Epistles of James and Jude* (1975), p. 284.: "He only wants to say that preaching faith without the testimony of good works is useless, for fruits always come from the living root of the good tree."

1. 성도의 정체성과 사랑의 법칙(약 2:1-13)

¹ 내 형제들아 영광의 주 곧 우리 주 예수 그리스도에 대한 믿음을
너희가 가졌으니 사람을 차별하여 대하지 말라 ² 만일 너희 회당에
금 가락지를 끼고 아름다운 옷을 입은 사람이 들어오고 또 남루한
옷을 입은 가난한 사람이 들어올 때에 ³ 너희가 아름다운 옷을 입은
자를 눈여겨 보고 말하되 여기 좋은 자리에 앉으소서 하고 또 가난
한 자에게 말하되 너는 거기 서 있든지 내 발등상 아래에 앉으라 하
면 ⁴ 너희끼리 서로 차별하며 악한 생각으로 판단하는 자가 되는 것
이 아니냐 ⁵ 내 사랑하는 형제들아 들을지어다 하나님이 세상에서
가난한 자를 택하사 믿음에 부요하게 하시고 또 자기를 사랑하는
자들에게 약속하신 나라를 상속으로 받게 하지 아니하셨느냐 ⁶ 너
희는 도리어 가난한 자를 업신여겼도다 부자는 너희를 억압하며 법
정으로 끌고 가지 아니하느냐 ⁷ 그들은 너희에게 대하여 일컫는 바
그 아름다운 이름을 비방하지 아니하느냐 ⁸ 너희가 만일 성경에 기
록된 대로 네 이웃 사랑하기를 네 몸과 같이 하라 하신 최고한 법을
지키면 잘하는 것이거니와 ⁹ 만일 너희가 사람을 차별하여 대하면
죄를 짓는 것이니 율법이 너희를 범법자로 정죄하리라 ¹⁰ 누구든지
온 율법을 지키다가 그 하나를 범하면 모두 범한 자가 되나니 ¹¹ 간
음하지 말라 하신 이가 또한 살인하지 말라 하셨은즉 네가 비록 간
음하지 아니하여도 살인하면 율법을 범한 자가 되느니라 ¹² 너희는
자유의 율법대로 심판 받을 자처럼 말도 하고 행하기도 하라 ¹³ 긍
휼을 행하지 아니하는 자에게는 긍휼 없는 심판이 있으리라 긍휼은
심판을 이기고 자랑하느니라 (약 2:1-13)

약 2:1-13　　　야고보는 야고보서 2장의 첫 번째 단락을 "내 형제들
아"(ἀδελφοί μου)라는 표현을 사용함으로 수신자들에 대한 애정을 다시

확인한다. 또한 야고보가 "내 형제들아"라고 부른 것은 수신자들이 예수님을 구주로 믿는 성도들임을 확인하는 것이다. 야고보는 우리 모두 믿는 자들이 "영광의 주 곧 우리 주 예수 그리스도에 대한 믿음"(약 2:1)[98]을 가졌으니 사람을 차별하여 대하지 말라고 명령한다.[99] 예수님은 십자가상의 죽음으로 성도들의 죄 문제를 해결하시고 죽은 자들 가운데서 부활하심으로 존귀의 자리, 권세의 자리, 영광의 자리에 계신다. 그래서 요한 사도는 "우리가 그의 영광을 보니 아버지의 독생자의 영광이요 은혜와 진리가 충만하더라"(요 1:14)라고 고백하는 것이다. 헨리(Henry)는 야고보가 예수 그리스도를 "영광의 주 예수 그리스도"(our glorious Lord Jesus Christ)라고 부른 사실은 성도들이 갖는 그리스도와의 관계성과 성도들이 그리스도에게 복종하는 것이 가장 중요한 것이요 다른 것들은 별로 관심의 대상이 될 수 없다는 것을 가르치고 있다고 설명한다.[100] 이제 야고보는 성도들이 이런 귀중한 믿음의 소유자들이기 때문에 사람에 대해 편파적인 행동이나 편견을 갖는 것은 예수를

---

[98] 원래의 헬라어 표현은 "영광의 우리 주 예수 그리스도"(τοῦ κυρίου ἡμῶν 'Ιησοῦ Χριστοῦ τῆς δόξης.)로 번역할 수 있다. 참고로 영어의 번역은 "our glorious Lord Jesus Christ"(NASB, NIV), "Our Lord Jesus Christ, the Lord of glory"(ESV, NKJV, AV)로 되어 있다. 개역과 개역개정 번역은 AV의 영향을 받은 것 같다.

[99] 약 2:1을 수사학적인 표현으로 이해하여 "내 형제들아, 너희의 차별적인 행위로 영광의 주 예수 그리스도를 진정으로 믿는다고 할 수 있느냐?(NRSV: "My brothers and sisters, do you with your act of favoritism really believe in our glorious Lord Jesus Christ?")라고 번역한다. 이렇게 수사학적 질문으로 번역하는 이유는 약 2:1이 약 2:14과 약 3:12의 구문(μή + 직설법)과 그 내용이 비슷하기 때문이다. 하지만 약 2:1은 약 3:1의 구문과 내용이 비슷할 뿐만 아니라 약 3:1은 수사학적 질문으로 받을 수 없기 때문에 약 2:1은 차별하지 말라는 명령으로 받는 것이 더 타당하다. Cf. Dan McCartney, *James (Baker Exegetical Commentary on th New Testament)* (2009), pp. 134-135.

[100] Matthew Henry, *Matthew Henry's Commentary on the Whole Bible*, Vol VI (Old Tappan: Fleming H. Revell Company, n.d.), p. 976.

구주로 믿는 믿음과 상충된다는 것을 분명히 한다. 하나님은 사람을 외모로 판단하시지 않는다(삼상 16:7). 하나님은 "너희는 재판할 때에 불의를 행하지 말며 가난한 자의 편을 들지 말며 세력 있는 자라고 두 둔하지 말고 공의로 사람을 재판할지며"(레 19:15)라고 함으로 차별하는 것이 하나님의 공의를 따르지 않는 것임을 분명히 하신다. 따라서 하나님의 자녀라고 자처하는 성도들은 사람을 차별[101]하여 대해서는 안 된다(약 2:1). 야고보는 지금 믿음의 공동체 안에서는 인종의 차이도, 빈부의 차이도, 성별의 차이도, 지식의 차이도 문제가 되지 않는다고 가르치는 것이다. 칼빈은 부자들에게만 존경을 표시하고 쪼들리는 사람들에게는 멸시의 눈길을 보임으로 그들에게 수치심을 갖게 하는 것은 심각한 죄를 범하는 것이라고 말한다.[102] 야고보는 믿음의 공동체 안에서는 유대인과 이방인, 부자와 가난한 자, 남자와 여자의 차별이 있을 수 없고 삼위일체 하나님을 중심으로 사랑과 평강과 일치의 공동체만 있을 뿐임을 가르친다. 성도들은 세상이 정해놓은 차별의 이유를 근거로 사람을 대할 것이 아니요 오직 예수 그리스도가 설립해 놓으신 하나님 나라의 백성으로 하나님 나라의 삶의 특징을 구현하면서 살아야 한다.

---

101 "차별"(favoritism)이란 용어는 προσωπολημψίαις로 "얼굴"(face)과 "받아들인다"(I receive)의 합성어로 되어 있다. Robertson은 이 용어를 "독특한 복수 명사"(idiomatic Plural in Nouns)로 정리한다. Cf. A. T. Robertson, *A Grammar of the Greek New Testament in the Light of Historical Research* (Nashville: Broadman Press, 1934), p. 408.

102 Calvin, *A Harmony of the Gospels Matthew, Mark and Luke, Vol. III and The Epistles of James and Jude* (1975), p. 276.

야고보는 이제 한 가상적인 예를 들어[103] 사람을 차별하는 것이 얼마나 잘못된 죄인지를 설명한다(약 2:2-9). 야고보가 설정한 가상적인 예는 부자의 형색과 가난한 자의 형색을 비교 판단하는 것이다. 야고보는 "만일 너희 회당에 금가락지를 끼고 아름다운 옷을 입은 사람이 들어오고 또 남루한 옷을 입은 가난한 사람이 들어올 때에"(약 2:2)라고 말함으로 믿음의 공동체 안에서 일어날 수 있는 예를 든다. 야고보가 "너희 회당"이라고 언급한 것은 그 당시 기독교인들이 얼마 동안 유대인의 회당을 사용한 경우도 있었기 때문에 야고보가 유대인의 회당을 생각하고 "회당"(synagogue)이라는 용어를 사용했었을 것으로 이해할 수 있지만 가상적으로 설명하는 이야기임으로 야고보는 기독교인들의 모임을 생각하고 이 용어를 썼을 것으로 이해하는 것이 더 타당하다. 외모로 판단할 때 두 사람의 차이가 현격하다. 한 사람은 잠시 보아도 번쩍거리는(λαμπρός) 옷[104]을 입은 부자이고, 다른 한 사람은 남루한 (ῥυπαρός) 옷[105]을 입은 가난한 사람이다. 야고보는 부자와 가난한 자의 외모의 문제를 다루지 않고 자신이 선호하는 외모를 가진 사람을 우대함으로 다른 외모를 가진 사람에 대한 차별이 있어서는 안 된다고 가르치는 것이다(약 2:1). 야고보는 차별의 구체성을 너희가 아름다운 옷을 입은 자에게 좋은 자리를 내어 주고, 가난한 자에게는 "거기 서 있

---

103 신약성경은 주로 ἐάν + 가정법을 사용하여 가상적인 상황을 묘사한다.

104 Ceslas Spicq, "λαμπρός," *Theological Lexicon of the New Testament*, Vol. 2 (Peabody, MA: Hendrickson Publishers, 1996), p. 365.: "The accent is on beauty, richness, and magnificence, as is the case in Jas. 2:2-3."

105 J. I. Packer, "ῥύπος, ῥυπαρός," *The New International Dictionary of New Testament Theology*, Vol. 1 (Grand Rapids: Zondervan, 1975), p. 479.

든지 내 발등상 아래에 앉으라"라고 천대하는 것은 교회 공동체 안에서는 있을 수 없는 일이라고 가르친다(약 2:3). 교회 공동체의 예배나 모임은 모든 사람에게 공개된 모임이다.[106] 그런데 교회 공동체의 모임에 참석하러 온 사람을 차별하는 것은 예수 그리스도의 희생의 의미를 무효화시키는 것이나 다름없다.

그래서 야고보는 "너희끼리 서로 차별하며 악한 생각으로 판단하는 자가 되는 것이 아니냐"(약 2:4)라고 하며 해서는 안 될 악한 일을 하고 있다고 지적하고 있는 것이다. 야고보는 질문 형식으로 차별의 잘못됨에 대한 답을 하고 있는 셈이다. 그들은 차별을 했고 그들 스스로 판단하는 자가 되었다. 따라서 그들은 죄를 범한 것이다. 야고보는 예수님은 모든 사람을 공평하게 대해 주셨는데 예수를 구주로 모시는 성도들이 사람의 외모를 보고 차별 대우를 하는 것은 중대한 죄라고 선언하고 있는 것이다. 야고보는 다시 한 번 수신자들을 "내 사랑하는 형제들아"(약 2:5)라고 부름으로 자신을 수신자들과 동일시하며 그들에게 애정을 표현한다. 그리고 야고보는 명령형을 사용하여 형제를 차별해서는 안 되는 이유를 설명한다. 야고보는 "내 사랑하는 형제들아 들을지어다 하나님이 세상에서 가난한 자를 택하사 믿음에 부요하게 하시고 또 자기를 사랑하는 자들에게 약속하신 나라를 상속으로 받게 하지 아니하셨느냐"(약 2:5)라고 말함으로 하나님이 가난한 자들을 차별하시지 않는다는 것을 분명히 한다. 우리는 이 말씀을 읽을 때 하나님이 가난

---

106   어떤 학자는 야고보가 언급하는 회당의 모임은 법률적인 문제를 다루는 모임으로 해석한다. Peter Davids, *The Epistle of James* (NIGTC) (1982), pp. 109.: "The assembly is a judicial assembly of the church and both litigants are strangers to the process." 그러나 문맥은 교회 예배 모임이나 다른 성격의 모임을 지지한다(약 2:4 참조).

한 자를 좋아하시고 부자를 미워하시는 것처럼 오해할 수 있다. 야고보가 야고보서 2:5에서 마치 하나님께서 부자를 경멸하시고 가난한 자를 고양하시는 것처럼 묘사한 것으로 보일 수 있지만 실제로 야고보는 바로 전절인 야고보서 2:4에서 "너희끼리 서로 차별하며"라고 언급한 것처럼 부자들이 내세운 파벌과 파당을 지양하고 교회 공동체의 평강과 연합과 공평을 위해 말하고 있는 것이다.[107] 하나님이 부자보다 가난한 자를 선호하신다는 생각은 본문을 잘못 이해하는 것이며 야고보의 뜻도 아니고 하나님의 뜻도 아니다. 왜 야고보가 아고보서 2:5에서 부자를 심판하신다는 말은 하지 않았겠는가? 그 이유는 야고보가 사람을 차별하는 성도들의 죄악이 엄중함을 상기시키면서 하나님은 결코 차별하시지 않고 가난한 자에게도 특별한 관심을 가지고 계신다는 사실을 밝히기 위해서이다.

하나님은 외모를 근거로 사람을 차별하시지 않고 부자이건 가난한 자이건 하나님의 뜻대로 선택하셔서 그의 백성으로 삼으신다. 그래서 야고보는 "하나님이 세상에서 가난한 자를 택하사 믿음에 부요하게 하시고"(약 2:5)라고 강조해서 천명하는 것이다. 부자들은 하나님 대신 재물을 더 믿었지만 가난한 자들은 하나님을 의지하고 믿었다. 예수님은 재물(wealth)이 많은 한 청년이 영생(eternal life)에 관심이 있어서 "내가 무슨 선한 일을 하여야 영생을 얻으리이까"(마 19:16)라고 묻자, "가서 네게 있는 것을 다 팔아 가난한 자들에게 주라"(막 10:21)라고 가르치신다. 그런데 마가(Mark)는 "그 사람은 재물이 많은 고로 이 말씀으로 인

---

107 Bo Reicke, *The Epistles of James, Peter, and Jude* (*The Anchor Bible*)(Garden City, New York: Doubleday & Company, Inc., 1964), p. 28.

하여 슬픈 기색을 띠고 근심하며 가니라"(막 10:22)라고 설명함으로 그 사람이 재물을 택하고 영생을 버렸다고 전한다. 예수님은 "화 있을진 저 너희 부요한 자여 너희는 너희의 위로를 이미 받았도다"(눅 6:24)라 고 말씀하심으로 부자들은 이 세상의 재물에 의존하고 즐기면서 살았다 고 지적하신다. 반면 가난한 자들에 대해서 예수님은 나사렛(Nazareth) 회당에서 가르치시면서 "주의 성령이 내게 임하셨으니 이는 가난한 자 에게 복음을 전하게 하시려고 내게 기름을 부으시고 나를 보내사"(눅 4:18)라고 말씀하심으로 예수님이 성육신하시고 구속을 성취하신 목적 이 가난한 자들을 제외시키지 않는 것임을 분명히 한다. 예수님은 계 속해서 "가난한 자에게 복음이 전파된다 하라"(마 11:5; 눅 7:22)라고 말 씀하시고, "너희 가난한 자는 복이 있나니 하나님의 나라가 너희 것임 이요"(눅 6:20)라고 가르치신다.

야고보는 지금 인간의 차별적인 행위와 하나님의 공평하신 사랑을 비교하고 있다. 사람은 성도까지라도 인간의 외모에 따라 사람을 차별 할 수 있지만 하나님은 사람의 공로나 외모에 의존하지 않고 그의 구 속계획을 진행하신다. 야고보는 가난한 자들이 재물을 의존하지 않고 하나님을 믿고 하나님을 사랑했기에 그들에게 "약속하신 나라를 상속 으로 받게 하셨다"(약 2:5)라고 확인하는 것이다. 야고보서에서 왕국 혹 은 나라(βασιλεία)라는 용어는 오로지 1회 사용된다(약 2:5). 하나님 나 라는 예수님의 초림으로 시작되었고 예수님의 재림으로 완성될 것이 다. 본문에서 야고보는 하나님이 "자기를 사랑하는 자들에게 약속하신 나라"(τῆς βασιλείας ἧς ἐπηγγείλατο τοῖς ἀγαπῶσιν αὐτόν)[108]를 상속해 주셨다고 말함으로, 그 나라는 인간의 노력으로 이룰 수 있는 나라가 아니요 하나님이 값없이 주셨다는 사실을 분명히 한다. 상속개념은 공로개념에 속하지 않고 은혜개념에 속한다. 상속은 받는 것이지 노력해서 획득하는 것이 아니다. 야고보는 이 사실을 분명히 한다. 박윤선 박사는 야고보서 2:5의 상속의 개념을 해석하면서 "거듭난 신자들은 하나님의 자녀니 만큼, 하나님의 복된 소유, 곧, 천국을 거저 받는다. 그것은 영생이라고도 하고 구원이라고도 한다(마 19:29; 딛 3:7; 히 1:14)."[109] 라고 설명한다.

사람은 선한 행위로 구원을 받지 못하지만 진실한 믿음은 반드시 상응하는 행위를 수반(隨伴)하는 것이다. 윙클러(Winkler)는 야고보서 2:5의 "약속하신 나라"를 해석하면서 "이들 신실한 사람들에게 약속된 하나님의 왕국은 그리스도가 하늘로부터 장엄하게 재림하실 때 만물의 완전한 질서(perfect order of things)가 뒤따르게 될 것이다. 그 때는 죽은 자들이 생명으로 회복되는 때이며, 현재의 삶을 억누르는 모든 슬픔이 제거되는 때이며, 그리고 하나님을 적대하는 모든 세력이 정복되는 때이다."[110]라고 설명한다. 야고보서의 하나님 나라 개념은 "이미 실현된 하나님 나라"와 "앞으로 완성될 하나님 나라"의 구도로 정리된다. 야고보는 성도들이 이미 하나님 나라에 속해 있기 때문에 예수님의 재림으로 완성될 하나님 나라를 고대하면서 서로 차별을 해서는 안된다고 권면하고 있다.

---

108   πλουσίους ἐν πίστει καὶ κληρονόμους τῆς βασιλείας ἧς ἐπηγγείλατο τοῖς ἀγαπῶσιν αὐτόν;(약 2:5).

109   박윤선, 『히브리서 · 공동서신』(1965), p. 197.

110   Edwin T. Winkler, "Commentary on the Epistle of James," *An American Commentary on the New Testament* (Valley Forge: Judson Press, 1890), p. 35.

야고보는 이제 1세기 당시의 실제적인 상황을 근거로 성도들을 권면한다. 예수님이 초림 하셨을 때 예수님을 구세주로 믿는 사람들 중 부자보다는 가난한 자가 더 많았다. 오히려 그 당시 부자들 가운데는 로마 정부에 빌붙어 살면서 권세와 재물을 누렸던 사람들이 더 많았다. 세리장인 삭개오(Zacchaeus)가 이런 종류의 사람이라고 할 수 있다(눅 19:1-10). 감사하게도 삭개오는 예수님을 만난 후 자신의 과거를 회개하고 하나님의 백성이 되었다. 야고보는 본문에서 부자가 누구인지 또 어떤 사람인지 구체적으로 언급하지 않는다. 물론 야고보서 2:6에서 언급된 부자들이 믿음의 공동체에 속하지 않고 외부인일 가능성이 있지만[111] 문맥은 부자가 예수 믿는 성도인지, 예수 믿지 않는 불신자인지를 밝히지 않는다. 그 이유는 야고보가 재물 자체를 악한 것으로 생각하고 있지 않기 때문이다. 다만 야고보서 2:5에서 "내 사랑하는 형제들아"라고 표현했고, 야고보서 2:6-7에서는 "너희는"이라고 표현한 것으로 보아, 야고보의 강조는 믿는 성도들에게 가난한 자의 귀중함을 권면하고 있다고 보는 것이 타당하다. 그래서 야고보는 "하나님이 세상에서 가난한 자를 택하사 믿음에 부요하게 하시고 또 자기를 사랑하는 자들에게 약속하신 나라를 상속으로 받게 하지 아니하셨느냐"(약 2:5)라고 질문하고 부자들이 가난한 자를 업신여기고 억압하고 법정으로 끌고 갔다고 말하는 것이다(약 2:6). 야고보는 성도들이 사람을 외모로 판단하여 차별의식을 가지고 대하는 것이 잘못된 행동이라고 지적하고 있다.

---

111   Todd C. Penner, *The Epistle of James and Eschatology* (Sheffield: Sheffield Academic Press, 1996), p. 271.

　　야고보는 하나님의 나라 원리는 외모 때문에 차별하지 않는 것이고 하나님은 가난한 자의 믿음을 귀하게 여기셨는데 그들은 오히려 가난한 자를 차별하고 업신여겼다고 말한다. 그런데 그들이 업신여긴 가난한 자는 그들에게 아무런 해도 입히지 않았지만 그들이 선호하는 "부자는 너희를 억압하며 법정으로 끌고 가지 아니하느냐"(약 2:6)라고 하며 질문형식으로 권면하고 있다. 실제로 누가(Luke)는 유력한 유대인들이나 이방인들이 사도들을 강제로 끌어다가 회당이나 법정에 세운 예를 전한다(행 5:27; 16:19; 18:12). 누가는 헤롯 아그립바 1세가 야고보 사도를 죽이고 베드로 사도를 옥에 가두는 일을 행했다고 전한다(행 12:1-4). 이처럼 가난한 자들은 성도들을 억압할 수도 없고 법정으로 끌고 갈 수도 없지만 부자들이나 권세 잡은 자들은 성도들을 핍박하고 법정에 세울 수도 있다.

　　야고보는 부자들이나 권세 잡은 자들이 "그 아름다운 이름을 비방"(약 2:7)까지 했다고 더 구체적으로 지적하며 그들을 선호하고 가난한 자들을 차별하는 것이 납득할 수 있는 일이냐고 반문하는 것이다. 야고보가 사용한 "아름다운 이름"(τὸ καλὸν ὄνομα)이란 표현은 문자적으로 번역하면 "그 좋은 이름"이라는 뜻이다. 야고보가 언급한 "그 아름다운 이름"의 소유자는 예수 그리스도이시다. "그 아름다운 이름"이 그리스도를 가리킨다는 주장에는 거의 이론이 없다.[112] 성도들은 예수

112　　Calvin, *A Harmony of the Gospels Matthew, Mark and Luke, Vol. III and The Epistles of James and Jude* (1975), p. 278.; Kistemaker, *James and I-III John*, pp. 79.; Moo, *James* (1990), p. 93.; McCartney, *James* (2009), p. 143.; Ross, *The Epistles of James and John* (1970), p. 48.; Adamson, *The Epistle of James* (1976), p. 112.; Lenski, *The Interpretation of the Epistle to the Hebrews and the Epistle of James* (1966), p. 569.; Davids, *The*

그리스도의 이름을 경외하고 높인다. 크리스찬(Christian)이란 명칭은 그리스도에게 속한 사람들 혹은 그리스도를 닮은 사람들을 가리킨다 (행 11:26). 그런데 부자들이나 권세 잡은 자들이 그리스도의 이름을 비방하기까지 한 것이다(약 2:7).

그런데 야고보가 사용한 "너희에게 대하여 일컫는 바 그 아름다운 이름을"(약 2:7)[113]이란 표현을 번역하기가 쉽지 않다. 본 구절을 "너희를 부르는데 사용된 그 아름다운 이름"으로 이해하거나, 혹은 "너희를 부르는데 사용된 그 좋은 이름"으로 이해하면 본문의 뜻에서 크게 빗나가지 않는다고 사료된다. 이 말씀은 그리스도와 성도들의 연합을 지지해 준다(롬 6:3-5). 그러므로 성도들은 그 좋은 이름이 훼방을 받거나 비방을 받을 때 그 좋은 이름이 더럽혀지지 않도록 노력해야 한다. 부자들과 권세 잡은 자들은 성도들이 영예롭게 생각하고 위해서 순교까지 할 수 있는 그 아름다운 이름을 비방한 것이다. 성도들은 그리스도가 비방을 받을 때 침묵을 지키는 것만이 능사가 아님을 알아야 한다.

Epistle of James, p. 113.; Ropes, *A Critical and Exegetical Commentary on the Epistle of James* (1961), p. 196.; Martin, *James (Word Biblical Commentary)*, (1988), p. 52.; Peter Davids, *The Epistle of James (NIGTC)* (1982), p. 67.; Winkler, "Commentary on the Epistle of James," p. 35.; 이복우,『주는 가장 자비하시고 긍휼히 여기시는 이시니라』 (2022), p. 183.

[113] 참고로 "너희에게 대하여 일컫는 바"(τὸ ἐπικληθὲν ἐφ' ὑμᾶς)의 여러 가지 번역을 참조하면 본문 이해에 도움이 된다. NASB: "by which you have been called."; ESV: "by which you called."; NKJV: "by which you are called."; AV: "by the which ye are called."; NIV: "to whom you belong."; RSV: "which was invoked over you."; 개역: "저희는 너희에게 대하여 일컫는 바"; 개역개정: "그들은 너희에게 대하여 일컫는 바"; 바른성경: "그들은 너희에게 주어진"; 표준새번역: "하나님께서 여러분에게 주신"; 표준새번역개정: "여러분이 받드는"; 우리말 성경: "그들은 여러분이 받은" 등이다. NASB, NKJV, 표준새번역 등이 본문 이해를 쉽게 한다. 본문은 "너희를 부르는데 사용된 그 이름"(행 11:26 참조)으로 이해하면 무난하리라 사료된다.

때때로 침묵은 발생하고 있는 사건에 대해 동조하는 뜻으로 이해되기도 하기 때문이다.

야고보는 야고보서 2:8을 "그러나"(μέντοι)로 시작하는데 이 용어는 신약에서 8회 사용된다. 요한복음에서 5회 사용되고(요 4:27; 7:13; 12:42; 20:5; 21:4) 나머지 3회는 디모데후서, 야고보서, 그리고 유다서에서 각각 1회 사용된다(딤후 2:9; 약 2:8; 유 1:8). 야고보서 이외의 멘토이(μέντοι)가 등장하는 다른 일곱 구절을 연구해 보면 모든 경우 "멘토이"는 "그러나"(but, however)의 뜻으로 사용되었다. 그러므로 야고보서 2:8의 경우도 "그러나"의 의미로 받는 것이 타당하다. 그러므로 야고보는 지금까지의 논리의 방향을 전환시켜 야고보서 2:8-13 사이에서 여러 가지 종류의 차별행위가 최고의 법을 범하는 것임을 증명하기 원하는 것이다. "최고의 법"(νόμον βασιλικόν)은 원래 "왕의 법"(the royal law)으로 이해할 수 있다. 그러면 "왕의 법"이란 어떤 법을 가리키는가? 우선 야고보가 십계명(the Ten Commandments)의 일부를 언급한 것으로 보아 구약의 율법 전체를 생각했을 것으로 짐작된다(출 20:1-17; 신 5:7-21; 약 2:10-11). 또한 야고보가 "최고의 법"을 묘사하면서 "네 이웃 사랑하기를 네 몸과 같이 하라 하신 최고의 법"(약 2:8)이라고 설명한 것은 모세(Moses)가 "네 이웃 사랑하기를 네 자신과 같이 사랑하라 나는 여호와이니라"(레 19:18; 참조, 신 6:5)라고 기록한 말씀을 인용한 것으로 확인되기 때문에 야고보는 "최고의 법"을 구약 전체의 율법으로 생각했을 가능성이 크다. 구약의 십계명도 정당하게 왕의 법으로 칭할 수 있는

데 그 이유는 하늘의 왕께서 주셨기 때문이다.[114]

그런데 우리는 본 구절의 맥락에서 야고보의 시야가 넓혀진 것을 볼 수 있다. 야고보가 구약의 전체 율법을 생각하면서도 곧바로 "자유의 율법"(약 2:12)을 언급하고 "자유의 율법"을 구약의 율법과 연계시킨다. 자유의 개념은 예수 그리스도의 구속과 직결된다. 예수님의 구속 성취가 없었다면 성도들은 자유할 수가 없다. 예수님이 친히 "아들이 너희를 자유롭게 하면 너희가 참으로 자유로우리라"(요 8:36)라고 가르치시고, "진리를 알지니 진리가 너희를 자유롭게 하리라"(요 8:32)라고 말씀하셨다(참조, 고전 7:22; 고후 3:17; 갈 5:1, 13). 성도가 진정으로 자유하려면 그리스도 안에 있어야 한다. 그러므로 야고보가 "너희는 자유의 율법대로 심판 받을 자처럼 말도 하고 행하기도 하라"(약 2:12; 참조, 약 1:25)라고 말한 것은 예수님의 구속을 통한 구약 율법의 완성을 직접적으로 생각하고 있었을 것으로 추정할 수 있다. 그러므로 야고보가 언급한 "최고의 법"은 예수님이 가르치신 사랑의 법을 뜻하는 것으로 사료된다. 박윤선은 야고보서 2:12의 "'자유의 율법'($\nu\acute{o}\mu o\upsilon$ $\acute{\epsilon}\lambda\epsilon\upsilon\theta\epsilon\rho\acute{\iota}\alpha\varsigma$)은, 정죄에서 해방해 주는 신약의 복음을 이름이다."[115]라고 설명한다. "'자유의 율법'은 우리들을 율법의 저주에서부터 자유롭게 만드신 하나님의 자비(God's clemency)와 동등한 것이다."[116] 하나님은 우리를 예수 그리스도 안에서 자유롭게 하셨다. 특히 야고보는 예수님의 동생으로

114 Moo, *James* (1990), p. 93.

115 박윤선, 「히브리서 · 공동서신」 (1965), p. 200.

116 Calvin, *A Harmony of the Gospels Matthew, Mark and Luke, Vol. III and The Epistles of James and Jude* (1975), p. 281.

서 예수님이 성육신 상태로 있을 때에는 예수님을 구세주로 받지 못했지만 예수님의 부활 이후 회심한 것으로 볼 때 그렇게 생각할 타당성이 크다.

야고보는 차별하는 것과 편애하는 것이 예수님의 사랑의 법을 범하는 것임을 분명히 한다. 예수님은 "네 이웃을 제 자신과 같이 사랑하라 하신 것이니라"(마 19:19)라고 가르치시고, "네 마음을 다하고 목숨을 다하고 뜻을 다하여 주 너희 하나님을 사랑하라 하셨으니 이것이 크고 첫째 되는 계명이요 둘째도 그와 같으니 네 이웃을 네 자신같이 사랑하라 하셨으니 이 두 계명이 온 율법과 선지자의 강령이니라"(마 22:37-40; 참조, 막 12:30-31; 눅 10:27)라고 가르치셨다. 그런데 "사람을 차별하여 대하면 죄를 짓는 것"(약 2:9)이기 때문에 최고의 법이 차별하는 자를 범법자로 정죄할 것이다. 사람을 차별하는 것은 예수님의 사랑의 법을 어기는 것이다. 예수님은 외모를 근거로 편애하시지 않는다(롬 2:11; 잠 28:21 참조). 사람들은 "차별의 죄"를 심각한 죄로 여기지 않을 것이다. 사람들은 심각한 죄와 심각하지 않은 죄를 구별하려고 한다. 유대인들도 "맹세하는 것"보다는 "안식일을 지키지 않은 죄"를 더 심각하게 생각했다.[117] 칼빈(Calvin)은 야고보서 2:10을 해석하면서 "만약 우리가 어떤 것이 우리에게 불편하다고 해서 하나님의 율법에 예외를 만든다면, 비록 다른 문제에서 우리 스스로 순종을 보일지라도, 그 한 문제 때문에 율법 전체를 위반했다는 정죄를 받게 된다."[118]라고 설명

---

117   Adamson, *The Epistle of James* (1976), p. 117.

118   John Calvin, *A Harmony of the Gospels Matthew, Mark and Luke, Vol. III and The Epistles of James and Jude* (1975), p. 280.

한다. 그래서 야고보는 "누구든지 온 율법을 지키다가 그 하나를 범하면 모두 범한 자가 되나니"(약 2:10)라고 설명하는 것이다. 키스터마커 (Kistemaker)는 "야고보서의 모든 독자들은 하나님의 법의 통일성에 주목하여야 한다. 우리는 '살인하지 말라'라는 계명을 지키는 것이 '탐내지 말라'라고 말하는 것보다 더 중요하다고 주장할 수 없다(약 2:11). 성경은 우리로 하여금 계명들에 대해서 가치 판단을 할 수 있도록 허락하시지 않는다."[119]라고 함으로 하나님의 율법의 통일성을 강조한다. 하나님은 사람이 어떤 한 율법을 범하면 하나님의 모든 율법을 범한 것으로 간주하실 것이다. 그는 하나님 앞에서 죄인이다.

야고보는 이제 성도들이 예수님의 사랑의 법의 심판을 받게 되어 있기 때문에 그런 심판석에 서 있는 사람처럼 "말도 하고 행하기도 하라"(약 2:12)라고 권면하고 있다. 야고보는 성도들이 마지막 심판의 일정이 잡혀있는 사람들처럼 자신들의 삶을 돌아보고 예수님의 사랑의 법을 실천하라고 권고하고 있는 것이다. 성도들은 항상 자신이 하나님의 심판대 앞에 서 있다는 생각으로 말과 행동을 바르고 유익하게 하면서 살아야 한다. 히브리서 저자는 "지으신 것이 하나도 그 앞에 나타나지 않음이 없고 우리의 결산을 받으실 이의 눈 앞에 만물이 벌거벗은 것 같이 드러나느니라"(히 4:13)라고 말한다. 그러므로 성도들은 코람 데오 (Coram Deo)의 의식을 가지고 말도 하고 행하기도 해야 한다(약 2:12). 야고보는 본 절에서 "말도 하고"(λαλεῖτε), "행하기도 하라"(ποιεῖτε)라는 표현을 현재 시상의 동사를 사용함으로 성도들의 매일 매일의 삶이 하

---

119   Kistemaker, *James and I-III John* (1986), p. 82.

나님의 사랑의 법을 실천하도록 강조하고 있다. 야고보는 야고보서 2:13에서 자유의 율법 즉 사랑의 법의 심판을 기다리고 사는 사람들이 어떻게 살아야 할 것을 권고한다. 성도들은 매일 매일 "긍휼"을 행하면서 살아야 한다. 왜냐하면 "긍휼을 행하지 아니하는 자에게는 긍휼 없는 심판"(약 2:13)이 기다리고 있기 때문이다. 예수님은 "긍휼히 여기는 자는 복이 있나니 그들이 긍휼히 여김을 받을 것임이요"(마 5:7)라고 가르치시고, "너희 아버지의 자비로우심같이 너희도 자비로운 자가 되라"(눅 6:36)라고 가르치셨다. 야고보의 긍휼과 예수님의 자비는 같은 뜻을 가진 것으로 이해된다. [120]

예수님은 "용서할 줄 모르는 종의 비유"(마 18:21-35)를 통해 용서의 개념을 묻는 베드로(Peter)에게 "일곱 번을 일흔 번까지라도 할지니라"(마 18:22)라고 가르치신다. 그리고 예수님은 한 종이 주인으로부터 많은 빚을 탕감 받았음에도 불구하고 자신에게 적은 빚을 진 동료에게는 자비를 베풀 줄 모르고 그를 옥에 가두었다는 사실을 알게 된 주인이 그를 불러 탕감해준 그의 많은 빚을 다시 갚게 하고 옥에 가두면서 "내가 너를 불쌍히 여김($\dot{\epsilon}\lambda\epsilon\dot{\epsilon}\omega$)과 같이 너도 네 동료를 불쌍히 여김이 마땅하지 아니하냐"(마 18:33)라고 책망한 이야기를 통해 자비를 받은 자의 삶이 자비를 행해야 하는 것임을 분명히 한다. 성도들은 하나님의 자비(긍휼)를 받은 사람들이다. 성도들이 하나님의 자비를 받을 수

---

120   야고보는 "긍휼"($\dot{\epsilon}\lambda\epsilon o\varsigma$)이라는 용어를 사용하고(약 2:13), 예수님은 "자비"($o\dot{i}\kappa\tau\dot{i}\rho\mu\omega\nu$)라는 용어를 사용했다(마 6:36). 그런데 두 용어는 동의어로 사용된다. 불트만(Bultmann)은 "$O\dot{i}\kappa\tau\dot{i}\rho\epsilon\iota\nu$ can thus have the same meaning as $\dot{\epsilon}\lambda\epsilon\epsilon\hat{i}\nu$."(p. 159)라고 정리한다. Cf. R. Bultmann, "$o\dot{i}\kappa\tau\dot{i}\rho\omega$, $o\dot{i}\kappa\tau\iota\rho\mu\dot{o}\varsigma$, $o\dot{i}\kappa\tau\dot{i}\rho\mu\omega\nu$," *Theological Dictionary of the New Testament*, Vol. V (Grand Rapids: Eerdmans, 1973), pp. 159-161.

있었던 것은 예수님이 성도들을 대신해서 공의로운 하나님의 심판을 십자가에서 받으시고 부활하셨기 때문이다(롬 4:25). 그러므로 성도들은 자신이 자비를 받은 것처럼 동료들에게 자비를 베풀면서 살아야 한다. 그런 삶만이 성도의 정체성을 구현하면서 사는 삶이 된다. 성도의 정체성을 구현하는 삶은 사람을 외모로 판단하지 않고 사랑을 실천하며 사는 삶이다. 성도가 이 세상에서 다른 사람들에게 긍휼을 베풀면서 사는 행위는 하나님의 종말론적 법정에서 무죄 변론에 필요한 증거 역할을 한다. "영광의 주 곧 우리 주 예수 그리스도"(약 2:1)께서 성도들을 위한 변호를 맡을 것이기 때문이다(히 7:25; 9:24). 그래서 야고보는 "긍휼은 심판을 이기고 자랑하느니라"(약 2:13)라는 잠언과 같은 말씀으로 권면하는 것이다.

2. 믿음과 행함과의 관계(약 2:14-26)

14 내 형제들아 만일 사람이 믿음이 있노라 하고 행함이 없으면 무슨 유익이 있으리요 그 믿음이 능히 자기를 구원하겠느냐 15 만일 형제나 자매가 헐벗고 일용할 양식이 없는데 16 너희 중에 누구든지 그에게 이르되 평안히 가라, 덥게 하라, 배부르게 하라 하며 그 몸에 쓸 것을 주지 아니하면 무슨 유익이 있으리요 17 이와 같이 행함이 없는 믿음은 그 자체가 죽은 것이라 18 어떤 사람은 말하기를 너는 믿음이 있고 나는 행함이 있으니 행함이 없는 네 믿음을 내게 보이라 나는 행함으로 내 믿음을 네게 보이리라 하리라 19 네가 하나

님은 한 분이신 줄을 믿느냐 잘하는도다 귀신들도 믿고 떠느니라 [20] 아아 허탄한 사람아 행함이 없는 믿음이 헛것인 줄을 알고자 하느 냐 [21] 우리 조상 아브라함이 그 아들 이삭을 제단에 바칠 때에 행함 으로 의롭다 하심을 받은 것이 아니냐 [22] 네가 보거니와 믿음이 그 의 행함과 함께 일하고 행함으로 믿음이 온전하게 되었느니라 [23] 이 에 성경에 이른 바 아브라함이 하나님을 믿으니 이것을 의로 여기 셨다는 말씀이 이루어졌고 그는 하나님의 벗이라 칭함을 받았나니 [24] 이로 보건대 사람이 행함으로 의롭다 하심을 받고 믿음으로만은 아니니라 [25] 또 이와 같이 기생 라합이 사자들을 접대하여 다른 길 로 나가게 할 때에 행함으로 의롭다 하심을 받은 것이 아니냐 [26] 영 혼 없는 몸이 죽은 것 같이 행함이 없는 믿음은 죽은 것이니라 (약 2:14-26)

약 2:14-19   야고보는 본 구절을 "내 형제들아"(약 2:14)라고 시작함 으로 수신자들이 예수를 믿는 성도들임을 확실히 한다. 바로 전 절(약 2:13)에서 긍휼을 행하는 것을 강조한 야고보는 자연스럽게 "내 형제들 아 만일 사람이 믿음이 있노라 하고 행함이 없으면 무슨 유익이 있으 리요 그 믿음이 능히 자기를 구원하겠느냐"(약 2:14)라고 하며 행함의 중요성을 설명한다. 야고보는 이제 믿음(faith)과 행함(works)과의 관계 를 설명한다. 이 구절은 바울의 강조와 대비되기 때문에 많은 관심의 대상이 된다. 야고보는 "사람이 행함으로 의롭다 하심을 받고 믿음으 로만은 아니니라"(약 2:24, 개역개정)라고 가르치고, 반면 바울은 "사람이 의롭다 하심을 얻는 것은 율법의 행위에 있지 않고 믿음으로 되는 줄 우리가 인정하노라"(롬 3:28, 개역개정)라고 가르치기 때문에 얼핏 보기 에 야고보와 바울이 서로 상충하는 듯 보인다. 하지만 야고보와 바울은 서로 보완적이지 상충하는 것은 아니다. 바울과 야고보가 정면충돌하는 것처럼 해석하는 것은 저자들의 뜻을 잘못 이해하는 것이다. 오히려 이와 같은 차이는 그들의 관심의 차이와 그리고 바울과 야고보가 같은 용어를 다른 방법으로 사용하고 있는 점에서 찾아야 한다. 예레미아스(Jeremias)는 야고보가 공격하고 있는 믿음의 개념은 단순히 "단일신론을 지적으로 수용하는 것"을 가리키지만, 바울이 옹호하고 있는 믿음의 개념은 "그리스도께서 나의 죄를 위해 돌아가셨다는 확신"이라고 말한다.[121] 이처럼 바울과 야고보는 믿음을 다른 전망에서 강조하고 있다. 바울도 믿음과 행위를 강조하고 야고보도 믿음과 행위를 강조한다. 야고보는 "사람이 행함으로 의롭다 하심을 받고 믿음으로만은 아니니라"(약 2:24)라는 논쟁의 대상이 되는 표현을 할 때에도 대단히 조심스럽게 접근하고 있음을 알 수 있다. 야고보는 행위를 강조한 후에 "믿음으로만은 아니니라"(not by faith alone: οὐκ ἐκ πίστεως μόνον)라고 함으로 믿음과 연관하여 "모논"(alone) 즉 "만은"을 강조하여 사용함으로 믿음의 역할을 부인하지 않고 있다. 우리는 여기서 야고보가 모논(μόνον)을 믿음과 연관하여 사용하고 있음을 주목하여야 한다. 야고보서는 바울의 이신칭의 교리를 반대하지 않는다. 야고보는 믿음의 필요성을 부인하지 않으며 바른 믿음은 반드시 행위를 산출하게 되어 있음을 강조한다. 믿음과 행위는 상호 보완적이지 서로 상충되는 것은 아니다.

하르틴(Hartin)은 이 문제에 대해 "야고보와 바울은 둘 다 예수님의

---

[121] Joachim Jeremias, "Paul and James," *Expository Times*, LXVI, 1955, p. 370.

성실성에 초점을 맞춘다. 그러나 그들이 다른 부분은, 바울은 십자가 상의 희생으로 묘사된 예수님의 성실성을 보았고, 반면에 야고보에게 는 예수님의 전체 삶이 성도들이 닮아야 할 성실성의 모본이 된 것이 다."[122]라고 잘 정리한다. 믿음과 행함의 문제에 접근할 때 야고보 (James)와 바울(Paul)은 서로 배타적이 아니다. 믿음과 행함은 이것이냐 혹은 저것이냐의 문제가 아니다. 성도들에게는 하나님의 은혜로 믿음 으로만 구원을 얻는 것도 중요하지만 또한 성도들이 예수님의 삶처럼 거룩하고 성실하게 사는 것도 중요한 것이다. 것스리(Guthrie)는 야고 보와 바울의 관계를 설명하면서 야고보는 믿음의 능동적인 면을 바라 보고 바울은 믿음의 수동적인 면을 바라보았다. 그렇게 함으로 야고보 와 바울은 서로 간의 오해를 교정해 주는 역할을 한다. 야고보와 바울 은 서로 상충될 수 없다고 강조한다.[123] 이복우는 야고보서 2:14을 설 명하면서 "야고보는 이 질문(무슨 유익이 있으리요)을 문장의 맨 앞에 둠 으로써 매우 어색한 문장을 만들었다. 이것은 행위 없는 믿음이 아무 런 유익이 없다는 사실을 강조하기 위해서이다."[124]라고 설명한다. 진 정한 믿음은 행위가 뒤따르기 마련이다. 그런데 이 사람이 말하는 믿 음은 행위를 수반하지 않는다. 그러므로 이 사람이 가졌다고 주장하는 믿음은 죄인을 의롭게 하고 구원할 수 있는 믿음이 아니다. 그래서 야 고보는 "그 믿음이 능히 자기를 구원하겠느냐"(약 2:14)라고 말하는 것

122   Patrick J. Hartin, *James* (*Sacra Pagina Series*), Vol. 14 (2009), p. 129.

123   Donald Guthrie, *New Testament Theology* (1981), p. 599.

124   이복우, 『주는 가장 자비하시고 긍휼히 여기시는 이시니라』 (2022), p. 209.

이다. 무(Moo)는 "야고보는 믿음이 구원하지 못한다고 말하고 있지 않다. 그는 이 사람이 가졌다고 주장하는 믿음, 즉, 행함이 없는 믿음이 구원하지 못한다고 말하고 있는 것이다. 그러므로 믿음에 관한 야고보 자신의 견해는 바울에게서 발견되는 믿음과 나머지 신약에서 발견되는 믿음과 전혀 다르지 않다(참조, 약 1:6; 2:1, 5; 5:15)."[125]라고 설명한다.

이제 야고보는 야고보서 2:15-17에서 행함이 없는 믿음에 대해 실제적인 예를 들어 구체적으로 설명한다. 야고보는 교회 공동체 내에서 "형제나 자매가 헐벗고 일용할 양식이 없는데"(약 2:15) 그에게 필요한 것을 실질적으로 돕지 않고 "평안히 가라, 덥게 하라, 배부르게 하라"(약 2:16)라고 말로만 이야기 하면 무슨 유익이 되겠느냐고 반문한다. 야고보는 믿음이 사랑과 함께 역사 하는데 사랑의 행위가 없는 믿음이 무슨 유익이 되겠느냐고 말하는 것이다. 사도 요한(John)은 예수님께서 "우리를 위하여 목숨을 버리셨으니 우리가 이로써 사랑을 알고 우리도 형제들을 위하여 목숨을 버리는 것이 마땅하니라 누가 이 세상의 재물을 가지고 형제의 궁핍함을 보고도 도와 줄 마음을 닫으면 하나님의 사랑이 어찌 그 속에 거하겠느냐"(요일 3:16-17)라고 하며 예수님의 사랑을 받은 성도는 받은 사랑에 걸맞는 행동을 해야 한다고 가르친다. 그리스도의 사랑을 경험한 초대 예루살렘 교회는 "모든 물건을 서로 통용하고 또 재산과 소유를 팔아 각 사람의 필요를 따라 나눠 주며"(행 2:44-45) 생활했다고 전한다. 성도들의 선행이 온전하게 만족할 수 있는 경지에 도달할 수는 없을지라도 그리스도 안에서 하나님의 무

---

125   Moo, *James* (1990), p. 100.

한한 사랑을 받은 성도라면 순수한 마음으로 선행을 실천해야 한다. 박윤선은 "참된 신자는, 그 선행이 양적(量的)으로 만족하지는 못할지언정 질적(質的)으로 양심적이고, 외식과 간사를 일삼지 않는다. 여기 야고보가 말한 신행 일치(信行 一致)는, 행실의 양을 표준한 것이 아니고 그 질을 표준으로 한 것이다."[126]라고 설명한다. 이제 야고보는 지금까지의 논리를 근거로 "이와 같이 행함이 없는 믿음은 그 자체가 죽은 것이라"(약 2:17)라고 결론을 맺는다. 로스(Ross)는 "몸과 영혼이 분리되면 죽음과 부패가 뒤 따른다: 그래서 만약 믿음이 행위로부터 분리되면 그것은 죽은 믿음이다; 그것은 '그 자체가 죽은 것이다.'(약 2:17). 그런 종류의 믿음은 실제로 모든 영적 생활의 부재를 가리키고, 영적 죽음과 부패가 아직도 통치하고 있음을 보여준다."[127]라고 해석한다. 이승구는 "구원에 이르는 믿음"을 설명하면서 루터와 개혁자들은 "내 존재 전체를 가지고 진짜로 믿어야 구원받는다고 주장한다. 내 존재 전체가 믿는다면 첫 번째, 내 지성이 믿어야 한다. 내가 무얼 믿는지 알아야 한다. 두 번째, 내 감정이 믿어야 한다. 주께서 이루어주신 그것을 볼 때 내가 기쁘고 즐거워야 한다. 주께서 나를 구원해 주셨다는 것 때문에 정말 구원의 감격이, 그런 감정이 있다. 그리고 세 번째, 내 의지가 믿어야 한다. 그래서 주님의 뜻대로 행해나가야 한다. 이런 것을 전인적 믿음, 또는 참된 믿음, 좀 더 구체적으로 '구원에 이르는 믿음'이라고 했고, 그런 믿음으로 의롭다 칭함을 얻는다고 한 것이다. 그러니까

---

126 박윤선, 『히브리서 · 공동서신』 (1965), p. 201.

127 Alexander Ross, *The Epistles of James and John* (NICNT) (1970), p. 56.

오직 믿음으로 칭의를 받는 것이다."[128]라고 정리한다.

믿음으로 의롭게 된 사람은 예수님의 본을 따라 행함을 실천해야 한다. 행함이 없는 믿음은 진정한 믿음이라고 할 수 없으므로 그리스도를 구주로 믿는 믿음과 전혀 다른 것이다. 칼빈(Calvin)은 야고보서 2:17을 해석하면서 "야고보는 선한 행위가 없는 믿음을 생명이 없다고 부른다. 그래서 그 이름을 지킬 수 없는 죽은 상태의 믿음은 실제로 믿음이 아니라고 추론한다."[129]라고 해석한다. 사람을 구원할 수 있는 믿음은 다른 어떤 것을 하기 전에 먼저 그 사람으로 하여금 그리스도를 품게 만들고 뒤따라오는 사랑의 행위를 통해 진정한 믿음이 존재하고 있음을 드러낸다. 키스터마커(Kistemaker)는 "야고보는 그의 독자들에게 그들의 행위를 통해 그들이 하나님과의 평강을 얻을 수 있다고 제안하지 않는다. 대신, 그는 하나님과의 평강을 누리는 마음으로부터 행위가 흘러나온다고 가르친다."[130]라고 진정한 믿음을 가진 자가 행위를 산출할 수 있다고 정리한다. 야고보와 바울은 서로 충돌하지 않고 사실은 두 사람이 등을 맞대고 다른 방향에서 공격해 오는 적을 상대하고 있는 것이다. 윙클러(Winkler)는 "여기서 언급된 행위들은 믿음에 첨가된 것이 아니고, 마치 살아있는 씨앗에서 새싹이 나오는 것처럼 믿음으로부터 솟아 나오는 것이다. 행위들이 없는 믿음은 그 자체로

---

128 이승구, 『1세기 야고보, 오늘을 말하다』 (서울: 도서출판 말씀과 언약, 2022), p. 177. 저자의 허락을 받아 경어체를 문어체로 바꾸고 약간의 수정을 가한 사실을 밝혀둔다.

129 John Calvin, *A Harmony of the Gospels Matthew, Mark and Luke, Vol. III and The Epistles of James and Jude* (1975), p. 283.

130 Kistemaker, *James and I-III John* (1986), p. 90.

죽은 것이다; 그 뿌리 자체가 죽은 것이다."[131]라고 함으로 행위와 믿음이 별개로 존재하는 것이 아니요 행위는 믿음에서부터 나오는 것임을 확인한다.

야고보는 계속해서 행함과 믿음의 관계를 설명한다(약 2:18-19). 야고보는 야고보서 2:18에서 "어떤 사람"(τις)의 견해를 제시한다. 어떤 사람은 "너는 믿음이 있고 나는 행함이 있으니 행함이 없는 네 믿음을 내게 보이라 나는 행함으로 내 믿음을 네게 보이리라"(약 2:18)라고 말한다. 우리가 이 어떤 사람의 견해를 자세히 관찰하면 어떤 사람이 "행위"의 중요성을 주장하는 것은 이해할 수 있으나 이 어떤 사람의 잘못은 사실상 "믿음"과 "행위"를 분리시키고 있다는 점이다. 믿음과 행위는 결코 분리시켜 생각할 수 없다. 야고보는 행함을 강조하지만 행함으로 구원받을 수 있다고 생각하지 않는다. 야고보는 성도들이 믿음으로 "생명의 면류관"을 얻었고(약 1:12), "그리스도에 대한 믿음을 가졌고,"(약 2:1) 하나님의 택함을 받아 하나님 나라를 상속받게 되었다(약 2:5)라고 강조한 바 있다. 그러므로 야고보는 성도가 행함으로 구원 받는 것이 아니요 믿음으로 구원을 받고 하나님의 백성이 된다는 사실을 확고히 믿었다. 다만 야고보는 예수를 진정으로 믿는 성도라면 그에 걸맞는 사랑의 행위를 산출해야 한다고 강조하고 있는 것이다.

야고보는 진정한 믿음은 반드시 행위를 산출하는 믿음이기에 행함 없는 귀신들의 믿음은 진정한 믿음이 아니라고 지적한다. 야고보는 "네가 하나님은 한 분이신 줄을 믿느냐 잘하는도다 귀신들도 믿고 떠

131 Edwin T. Winkler, "Commentary on the Epistle of James," *An American Commentary on the New Testament* (1890), p. 40.

느니라"(약 2:19)라고 함으로 귀신들도 예수 그리스도를 "하나님의 아들"로 고백했음을 밝힌다(참조, 마 8:29; 막 1:24; 5:7; 눅 4:34). 귀신들이 고백하는 믿음은 단순히 지적인 고백이요 순수한 믿음의 고백이 아니다. 그러므로 선한 행위가 귀신들의 믿음의 열매로 산출될 수가 없다. 선한 사랑의 행위가 뒷받침되지 아니한 믿음의 고백은 냉랭한 교리적 고백에 지나지 않는다. "야고보는 행위를 위해 믿음을 포기하지 않는다. 그러나 그는 진정한 믿음은 그 자체로 반드시 행위를 드러내야 한다고 주장한다. 행위는 믿음의 열매이다. 사람이 무엇을 믿느냐는 그가 무엇을 하느냐를 결정한다."[132]

약 2:20-24   야고보는 이렇게 행위를 통해 확인할 수 없고 귀신도 믿는 그런 믿음에 대해 "아아 허탄한 사람아 행함이 없는 믿음이 헛것인 줄을 알고자 하느냐"(약 2:20)라고 하며 전절을 이어받아 다음절로 연결시킨다. 야고보가 "허탄한 사람아"라고 칭한 것은 "어리석은 사람아"(ἄνθρωπε κενέ)라는 뜻이다. 그리고 야고보가 행함이 없는 믿음을 "헛것"(ἀργός)이라고 말한 것은 그런 믿음은 쓸모가 없는 믿음이라는 것이다. 즉, 그런 믿음은 아무런 효과도 창출할 수 없다는 뜻이다. 델링(Delling)은 "이 구절(약 2:20)에 의하면 단지 확신으로만 구성된 믿음은 성도들에게 도움이 되지 않고 가치가 없는 것이다."[133]라고 설명한

---

132   Morton H. Smith, *Systematic Theology*, Vol. two (Greenville: Greenville Seminary Press, 1994), p. 460.

133   G. Delling, "ἀργός, ἀργέω," *Theological Dictionary of the New Testament*, Vol. I (Grand

다. 칼빈(Calvin)은 야고보서 2:20을 해석하면서 야고보는 우리들의 칭의의 원인 문제를 다루는 것이 아니요 행함이 없는 믿음의 고백의 가치와 위치에 대해 말하는 것이라고 설명한다.[134]

이제 야고보는 구약의 인물 중 특별히 두 사람을 소개함으로 행함이 있는 믿음의 삶의 예를 제시한다. 한 사람은 유대인들이 "믿음의 조상"이라고 존경하고 본받기를 원하는 유대인인 아브라함(Abraham)이요(약 2:21-24) 또 한 사람은 그 당시 천대받은 기생이며 이방인인 라합(Rahab)이다. 우리는 여기서 야고보가 유대인인 아브라함과 이방인인 라합을 예로 들어 그들의 행위를 강조한 사실에 대해 주목할 필요가 있다.

먼저 아브라함의 삶에 대해 고찰하도록 한다. 창세기의 기록에 의하면 아브라함은 셈(Shem)의 후손으로 하나님의 특별한 선택을 받은 사람이다(창 11:10-26; 12:1-3). 여호와 하나님은 아브라함과 특별한 언약(covenant)을 맺으시고(창 15:18) 아브라함에게 그 언약의 표징으로 모든 남자에게 할례(circumcision)를 하도록 명령하셨을 뿐만 아니라(창 17:9-14) 아들 이삭을 약속해 주시기까지 하셨다(창 17:19; 18:17-18). 아브라함은 믿음의 조상으로 유대인들의 존경을 받았다.

야고보는 하나님이 약속으로 주신 이삭을 번제로 바치라고 명령하

Rapids: Eerdmans, 1972), p. 452.: "According to this verse a faith which consists merely in convictions is unserviceable or worthless to the believer."; Cf. Ceslas Spicq, "ἀργός," *Theological Lexicon of the New Testament*, Vol. 1 (Peabody, MA: Hendrickson Publishers, 1996), pp. 195-198.

134   John Calvin, *A Harmony of the Gospels Matthew, Mark and Luke, Vol. III and The Epistles of James and Jude* (1975), p. 285.

실 때 아브라함이 전폭적으로 순종한 사실을 예로 들어 "행함으로 의롭다 하심을 받은 것"이라고 설명한다. 그런데 우리가 주목해야 할 것은 아브라함이 이삭을 죽이려고 할 때 여호와의 사자가 "그 아이에게 네 손을 대지 말라 그에게 아무 일도 하지 말라 네가 네 아들 네 독자까지도 내게 아끼지 아니하였으니 내가 이제야 네가 하나님을 경외하는 줄을 아노라"(창 22:12)라고 하며 이삭을 죽이지 못하게 한다. 이처럼 야고보는 아브라함이 하나님으로부터 이삭을 죽여 바치라는 명령을 받았지만 하나님의 간섭으로 죽이지 못한 이 사건을 예로 들어 "우리 조상 아브라함이 그 아들 이삭을 제단에 바칠 때에 행함으로 의롭다 하심을 받은 것이 아니냐"(약 2:21)라고 설명한다. 우리는 야고보가 "행함으로 의롭다 하심을 받은 것"이라고 설명한 이 의미를 이해하기 위해 예수님의 생애의 한 단면을 살펴 볼 필요가 있다.

예수님은 공생애 기간을 다 마치시고 십자가상에서 죽으시고 사흘 만에 부활하심으로 구속을 성취하신다. 예수님은 부활하신 후 40일 동안 지상에 계실 때 "전도 대 명령"(The Great Commission)을 하신다. 마태(Matthew)는 "예수께서 나아와 말씀하여 이르시되 하늘과 땅의 모든 권세를 내게 주셨으니"(마 28:18)라고 기록함으로 예수님이 죽으시고 부활하신 후 "하늘과 땅의 권세"를 받으신 것으로 설명한다. 그러면 우리는 예수님께서 "하늘과 땅의 모든 권세"를 부활 이전에는 가지고 계시지 않았단 말인가라고 질문할 수 있다. 예수님은 항상 "하늘과 땅의 모든 권세"를 창조 때부터 가지고 계셨다. 바울은 예수님이 "하나님의 형상이시요 모든 피조물보다 먼저 나신 이시니 만물이 그에게서 창조되되 하늘과 땅에서 보이는 것들과 보이지 않는 것들"(골 1:15-16)이 모두 창조되었다고 천명한다. 그러므로 예수님은 창조 때부터 "하늘과 땅의 모든 권세"를 가지고 계셨다. 그러면 왜 예수님이 부활하신 후에 "하늘과 땅의 권세"를 받았다고 말씀하셨는가? 그것은 예수님이 하나님의 구속계획을 그의 죽음과 부활을 통해 성취하셨기 때문에 하나님이 예수님의 이 순종을 인정하셔서 예수님을 만유의 주로 세우셨다는 뜻이다(빌 2:6-11; 롬 1:4). 그러므로 부활하신 예수님은 그가 성취하신 구속의 복음을 하나님의 계획에 따라(사 42:6; 49:6) 땅 끝까지 전파하도록 명령하신 것이다(눅 24:46-49; 행 1:8).

마찬가지로 하나님은 아브라함이 항상 하나님을 경외하고 있음을 알고 계셨다. 그러나 아브라함이 그의 독자 이삭을 바칠 때 하나님이 "내가 이제야 네가 하나님을 경외하는 줄을 아노라"(창 22:12)라고 말씀하신 것은 아들을 죽이라는 하나님의 명령을 순종한 아브라함의 행위를 인정하고 하신 말씀이다. 하나님은 그 때에야(이제야) 아브라함이 하나님을 경외하는 줄 아신 것이 아니다. 하나님은 아브라함의 경외심을 이미 알고 계셨다. 아브라함은 이삭을 바치는 행위 때문에 하나님의 백성이 된 것이 아니요, 이미 하나님의 백성이 된 사람으로 하나님의 명령에 순종하기 위해 이삭을 바친 것이다(창 12:1-9 참조). 야고보는 하나님의 백성인 아브라함이 하나님의 명령에 따라 이삭을 바치는 순종을 했기 때문에 "행함으로 의롭다 하심을 받은 것"이라고 표현한 것이다. 진정한 믿음은 반드시 행위를 수반하게 되어 있다. 칼빈(Calvin)은 야고보서 2:21을 해석하면서 "진지한 해석이 현재 구절의 상황으로부터 시도되어야 한다. 우리는 야고보가 여기서 사람이 의롭게 되는 원인과 방법을 다루고 있지 않고(모든 이에게 확실한 것처럼), 선한 행위는 변함없이 믿음과 연결되어 있다는 한 가지 요점을 강조하고 있다고 이미 말했다. 그래서 야고보가 아브라함이 행위로 의롭게 되었다고 진술할 때에 그의 말은 칭의를 확증하는 것뿐이다."[135]라고 설명한다.

그래서 야고보는 이런 믿음과 행함의 원리가 어떻게 작용하는지 곧바로 설명한다. 야고보는 "네가 보거니와 믿음이 그의 행함과 함께 일하고 행함으로 믿음이 온전하게 되었느니라"(약 2:22)라고 함으로 믿음과 행함의 관계를 분명히 한다. 야고보는 여기서 올바른 믿음을 강조하고 있다. 그는 행위에서 분리된 믿음이 아니라 행위를 통해서 믿음의 실재와 믿음의 활력이 증명되는 그런 믿음을 강조한다(약 2:22). 살아 있는 믿음은 어떤 형태로든 행위를 수반하기 때문이다. 그러므로 야고보와 바울은 서로 상충되는 것이 아니다.[136] 야고보는 야고보서 2:22에서 단순히 행위로 의롭게 된다고 말하고 있지 않고 또한 믿음이 행위에 의해 보충되어야 의롭게 된다고도 말하는 것이 아니다. 야고보가 "믿음이 그 행함과 함께"라는 표현과 "행함으로 믿음이 온전하게"라는 표현을 쓴 것은 "믿음"과 "행함"을 한 묶음으로 취급한 것이다. 야고보는 진정한 믿음은 행위를 산출하여야만 한다는 사실을 강조하고 있는 것이다. 야고보는 구원의 원인이 "믿음"인지 아니면 "행함"인지를 논의하고 있지 않고, 믿음과 행함이 어떤 관계여야 하는지를 설명하고 있다.

---

135 John Calvin, *A Harmony of the Gospels Matthew, Mark and Luke, Vol. III and The Epistles of James and Jude* (1975), p. 285. "so when he states that Abraham was justified by works his words are in confirmation of the justification."

136 박형용, 『성경해석의 원리』(수원: 합신대학원출판부, 2014), p. 375.

야고보는 이제 자신의 생각을 분명히 하기 위해 "이에 성경에 이른 바 아브라함이 하나님을 믿으니 이것을 의로 여기셨다는 말씀이 이루어졌고 그는 하나님의 벗이라 칭함을 받았나니"(약 2:23)라고 하며 아브라함의 믿음과 의의 관계를 설명한다. 이 말씀은 "아브람이 여호와를 믿으니 여호와께서 이를 그의 의로 여기시고"(창 15:6)라는 창세기의 말씀을 인용한 것이다. 바울 사도도 창세기의 같은 말씀을 인용하여 믿음으로 의롭게 됨을 증거한다(롬 4:3; 갈 3:6). 야고보가 아브라함이 그의 아들 이삭을 바친 행위를 언급하고(약 2:21) 바로 다음에 "믿음이 그의 행함과 함께 일하고 행함으로 믿음이 온전하게 되었다"(약 2:22)라고 말한 후 "아브라함이 하나님을 믿으니 이것을 의로 여기셨다는 말씀이 이루어졌다"(약 2:23)라고 정리한 것은 온전하고 진정한 믿음은 반드시 행함이 뒤따르게 된다는 사실을 강조하고 있는 것이다. 윙클러 (Winkler)는 "믿음은 아브라함이 소중하게 생각한 것처럼 하나님과의 긴밀한 관계를 형성하기 위해 반드시 필요하다; 그러나 시간과 기회가 믿는 자에게 요구하는 것처럼 그의 의가 인정함을 받기 위해서는 선한 행위 역시 반드시 있어야 한다. 하나님은 아브라함에게 그렇게 하신 것처럼 그에게도 친구요 보호자이시다."[137]라고 함으로 모든 성도들은 아브라함처럼 "하나님의 벗"(약 2:23)이라 칭함을 받을 수 있다고 설명한다.

보스(Vos)는 죽은 믿음은 의를 이룰 수 없다고 말하고 "사람은 믿음으로만이 아니라 행위로 의롭다함을 받는다. 아브라함의 믿음은 그런

---

137   Edwin T. Winkler, "Commentary on the Epistle of James," *An American Commentary on the New Testament* (1890), p. 43.

살아있는 믿음이었다. 왜냐하면 후에 분명해진 것처럼, 행위의 씨가 믿음 안에 있었다. 이처럼 '아브라함이 하나님을 믿으니 이것을 의로 여기셨다'(약 2:23)라는 성경말씀이 성취되었다. 즉, '그가 하나님을 믿었다'라는 아브라함에 관한 선언이 진실한 것으로 나타났는데, 이 믿음이 죽은 믿음, 마귀의 믿음, 그리고 이전 구절에서 언급된 반율법주의 믿음과는 구별된 순전히 살아있는 믿음(genuine, living faith)으로 진실로 불리어질 수 있었다."[138]라고 정리한다. 살아 있는 믿음은 행위를 수반한다. 박윤선은 "신자의 선한 행실은, 믿음 있는 증거이며, 그 믿음의 생명이니 만큼 중요하다. 그 의미에서 칭의는 일면 행하므로 받는다고 할 수 있다. 이것이 야고보의 의미한 바이다"[139]라고 정리한다. 데이빗즈(Davids)는 야고보가 바울의 로마서(Romans)를 읽지 않은 상태에서 "사람이 행함으로 의롭다 하심을 받고 믿음으로만은 아니니라"(약 2:24, 개역개정)라고 말했다고 설명한다. 그리고 야고보는 교회 내의 자비의 사역이 실패하고 있는 문제를 다루고 있다고 하면서 야고보는 여기서 법정적인 칭의 문제를 다루고 있지 않고 오히려 하나님이 기뻐하시는 것이 무엇인지를 다루고 있다고 설명한다. 데이빗즈는 "믿음은 반드시 행위를 산출해야 한다. 이것은 예수님의 전통이 야고보를 가르친 것과 같다(참조, 마 7:15-21). 그리고 이는 또한 바울의 승인을 받았음에 틀림이 없다(갈 5:6; 6:4; 고전 13:2; 고후 9:8; 엡 4:17 ff.과 골 3:5 ff.의 맥락 참조). 독자는 적당한 삶의 정황(sitz im Leben)을 찾기 위해 마태복음 7

---

138   G. Vos, *Reformed Dogmatics* (Soteriology), Vol. 4 (Bellingham: Lexham Pres, 2015), p. 168.

139   박윤선, 『히브리서 · 공동서신』 (1965), p. 204.

장에서 보여준 상황 이외에 다른 곳을 바라볼 필요가 없다. 중요한 요점은 우리가 이 구절을 바울의 정의를 마음에 품고 읽어서는 안 되며 반드시 야고보로 하여금 자기 자신의 배경 가운데서 말할 수 있도록 허락해야만 한다."[140]라고 설명한다. 바울(Paul)은 믿음과 칭의의 관계를 설명하고 있으며, 야고보(James)는 믿음과 행위의 관계를 설명하고 있다고 생각해야 한다. 야고보는 행위를 강조했지만 믿음의 중요성을 인정했고, 바울은 믿음을 강조했지만 행위의 중요성을 인정했다. 야고보와 바울은 전혀 상충되지 않고 서로 보완적이다. 야고보가 바울을 반대했다고 말하는 것은 너무 과한 표현이다. 야고보는 원리적인 문제에 있어서 바울의 교훈을 반대하지 않았다.[141]

우리는 바울이 왜 믿음을 강조했는지 머레이의 다음 말을 통해 이해할 수 있다. 머레이(Murray)는 그의 로마서 주석에서 믿음과 행위의 관계를 규정하면서 "유일한 답은 행위와 반대되는 믿음의 특별한 성질에 있다. 행위로 의롭게 되는 것은 항상 사람이 누구이며 어떤 일을 했느냐에 근거를 둔다. 그것은 항상 의롭게 된 사람과 연관된 미덕을 생각하는 방향으로 흐른다. 믿음의 특별한 성질은 다른 사람을 신뢰하고 의탁하는 것이다. 그것은 본질적으로 외향적(extrospective)이며, 그 점에서 행위와 정반대가 된다. 믿음은 자기를 부인하며, 행위는 자기를 칭찬한다. 믿음은 하나님께서 하신 것을 바라본다. 행위는 우리에게 경의를 표한다. 이 대칭적인 원리가 사도로 하여금 믿음의 원리에서

---

140   Peter Davids, *Commentary on James (NIGTC)* (Grand Rapids: Eerdmans, 1982), pp. 131-132.

141   Tenney, *New Testament Survey*, p. 263.

행위를 완전히 배제하게 하는 근거를 제공한다."[142]라고 설명한다. 김영호도 "율법의 행위는 필연적으로 자기 자랑과 자기 의, 자기기만으로 귀결되었다. 그러나 믿음은 어떤가? 믿음은 처음부터 속죄의 근거를 마련하신 아버지와 아들과 성령의 은혜로부터 출발한다. 그러므로 인간은 더는 자기 자신에 집중하지 않고 그 속죄와 화해의 주체이신 하나님을 향하게 된다."[143]라고 하며 믿음의 방법이 하나님 중심적인 방법임을 강조한다.

바울은 성도들의 구원의 문제에서 믿음을 강조하지만 행위를 배제하지 않는다. 반면 야고보는 믿음으로 구원받은 자의 전체 삶의 열매가 행함으로 나타나야 하기 때문에 행위를 강조하는 것이다. 칼빈(Calvin)은, "사람은 믿음으로만 의롭게 되지 않는다. 즉, 하나님에 대한 벌거벗고 공허한 인식만으로는 의롭다함을 받지 못한다. 그는 행함으로 의롭게 된다. 즉, 그의 의는 믿음의 열매에 의해 알려지고 지지를 받는다."[144]라고 하며 살아있는 믿음은 반드시 열매를 맺게 되어있다고 정리한다. 야고보가 행위를 강조하는 것은(약 2:17, 22, 24, 26) 살아있는 믿음을 근거로 그렇게 말하는 것이다.[145] 그래서 야고보는 "믿음이 그 행함과 함께 일하고 행함으로 믿음이 온전하게 되었느니라 이에 성경

---

142 John Murray, *The Epistle to the Romans* (*NICNT*) (Grand Rapids: Eerdmans, 1968), p. 123.

143 김영호, 『하나님 나라와 그리스도의 십자가』 (수원: 합신대학원출판부, 2021), p. 342.

144 John Calvin, *A Harmony of the Gospels Matthew, Mark and Luke*, Vol. III *and The Epistle of James and Jude* (Grand Rapids: Eerdmans, 1975), p. 286.

145 Brad H. Young, *Paul The Jewish Theologian* (Peabody, MA.: Hendrickson Publishers, 2002), pp. 118-119.: "One does not earn one's salvation by good deeds, but true faith is accompanied by corresponding actions."

에 이른바 아브라함이 하나님을 믿으니 이것을 의로 여기셨다는 말씀이 이루어졌고 그는 하나님의 벗이라 칭함을 받았나니"(약 2:22-23, 개역개정)라고 가르치고 있다.

약 2:25-26 야고보는 이제 기생 라합(Rahab)의 믿음에 관해 설명한다(약 2:25-26). 아브라함이 창세기의 인물이라면(창 12:1-9; 22:1-19; 25:7-10 참조), 라합은 여호수아서의 인물이다(수 2:1-24). 모세가 죽은 후 하나님은 여호수아(Joshua)를 이스라엘 백성의 리더로 임명하셔서 약속의 땅 가나안(Canaan)을 점령하게 하신다(수 1:1-9). 그런데 여리고 성은 견고한 성으로 가나안 정복을 위해 이스라엘 백성이 반드시 정복해야 할 대상이었다. 여호수아가 여리고 성 정복을 위해 먼저 정탐꾼 두 사람을 보냈는데 그 과정에서 라합의 역할이 드러난다. 라합은 이스라엘 정탐꾼들이 살아서 본진으로 돌아갈 수 있도록 그들을 숨겨주고(수 2:4-6), 여리고성의 왕의 신하들이 그들을 추적하자 왕의 신하들에게는 "기지를 발휘하여"[146] 다른 길을 택하게 하고, 이스라엘 정탐꾼들은 성

---

146 자자는 여기서 "라합의 거짓말"이라는 표현을 사용하지 않고 "기지를 발휘하여"라고 표현함으로 의도적으로 거짓말이라는 표현을 사용하지 않았다. 왜냐하면 어떤 학자들은 라합의 거짓말을 "낮은 율법"을 범하는 것으로 생각하여 더 높은 차원의 도덕적 율법을 지키기 위해서는 "낮은 율법" 정도는 범해도 된다고 주장하기 때문이다. Norman Geisler (*Christian Ethics: Contemporary Issues and Options*, 2nd ed. (Grand Rapids: Baker, 2010)는 라합(Rahab)이 더 높은 도덕적 율법을 지키기 위해 당연히 거짓말을 했어야 했다고 주장한다. 그는 "하나님은 더 높은 율법을 지키기 위해 낮은 율법을 지키지 않은 사람에게 죄의 책임을 묻지 않으신다."(p. 104)라고 말하고, 계속해서 "우리가 더 높은 도덕적 율법을 따를 때는 우리들이 낮은 율법을 범하는데 대한 책임이 없다."(p. 115)라고 주장한다. 그러므로 가이슬러는 성도들이 높은 율법을 지키기 위해 낮은 율법을 범하는 거짓말을 해도 된다고 생각하고 따라서 라합은 낮은 율법을 범하여 높은 율법을 지키는 성

벽 위에서 줄로 달아내려 안전하게 피할 수 있도록 안내하였다(수 2:5, 15-16, 22-24). 야고보는 이처럼 이스라엘 백성들이 여리고 성 정복을 위해 큰 역할을 한 라합의 믿음을 예로 들어 행함을 강조한 것이다.

그러나 우리가 주목해야 할 부분은 라합의 믿음이 먼저였고, 행동이 그 다음에 따라 왔다는 사실이다. 라합은 이스라엘 백성이 출애굽하는 과정에서 하나님이 특별하게 역사하신 기적들을 듣고 "말하되 여호와께서 이 땅을 너희에게 주신 줄을 내가 아노라 우리가 너희를 심히 두려워하고 이 땅 주민들이 다 너희 앞에서 간담이 녹나니"(수 2:9)라고 하나님을 두려워하는 심정을 토로한다. 그리고 라합은 계속해서 "너희의 하나님 여호와는 위로는 하늘에서도 아래로는 땅에서도 하나님이시니라"(수 2:11)라고 이스라엘의 하나님을 자신의 하나님으로 고백한다. 라합은 이스라엘 정탐꾼들을 만나기 전 하나님이 누구이신지를 믿었다. 히브리서 저자는 "믿음이 없이는 하나님을 기쁘시게 하지 못하나니 하나님께 나아가는 자는 반드시 그가 계신 것과 또한 그가 자기를 찾는 자들에게 상 주시는 이심을 믿어야 할지니라"(히 11:6)라고

도들의 본이라고 주장한다. 그러나 성경은 어디에서도 "높은 도덕적 율법"과 "낮은 도덕적 율법"을 대비시켜 가르치지 않으며 "거짓말"이 죄가 아니라고 가르치지 않는다. 그리고 성경은 일관되게 거짓말을 죄로 인정한다. Cf. Wayne Grudem, "Christians Never Have to Choose the 'Lesser Sin,'" *Redeeming the Life of the Mind: Essays in Honor of Vern Poythress*, Ed. John Frame, Wayne Grudem, John Hughes (Wheaton: Crossway, 2017), pp. 331-359.; Vern S. Poythress, "Why Lying Is Always Wrong: The Uniqueness of Verbal Deceit," *Westminster Theological Journal*, 75, No. 1 (2013), pp. 83-95.; Ralph H. Alexander, "Lying," *Baker's Dictionary of Christian Ethics*, Ed. Carl F. H. Henry (Grand Rapids: Canon Press, 1973), pp. 400-401.: "Scripture forbids lying (Exod. 20:16), calling it sin (Ps. 59:12), and an abomination to God (Prov. 12:22)." "Lies and liars do not escape God and his punishment (Acts 5:4; Ps. 101:7; Prov. 19:5, 9; Rev. 21:8."(p. 401)).

말했다. 라합은 그런 믿음이 있었기에 위험을 무릅쓰고 이스라엘 정탐꾼들을 도운 것이다. 물론 야고보는 라합의 행위를 강조하고 있지만 그 행함은 바로 라합의 믿음의 열매로 뒤따라 온 것이다. 그러므로 야고보가 라합의 행함을 강조하지만 믿음을 배제하고 말했다고 생각할 수 없다. 야고보는 라합의 믿음에 근거한 행함을 설명하고 그의 야고보서의 논조를 이어 간다. 야고보는 그가 이미 "행함이 없는 믿음은 그 자체가 죽은 것이라"(약 2:17)라고 말하고, "행함이 없는 믿음이 헛것이다"(약 2:20)라고 말한 것처럼, 이제 야고보서 2장을 정리하면서 "영혼 없는 몸이 죽은 것같이 행함이 없는 믿음은 죽은 것이니라"(약 2:26)라고 정리한다.

야고보가 이처럼 믿음에 근거한 성도들의 삶을 강조한 것은 그가 큰 역할을 한 예루살렘 공회의 결정에도 영향을 미쳤을 것이다. 야고보가 주도한 예루살렘 공회의 결정은 야고보의 율법에 대한 이해와 교회 공동체가 어떤 모습으로 사회에 비쳐져야 할 것인지를 말해준다. 야고보는 율법의 방법으로 구원을 얻을 수 없으며 할례는 구원의 요건이 아님을 확실하게 한 다음 유대인 기독교인들과 이방인 기독교인들이 어떻게 화합과 일치를 이루며 살아야 할 것인지를 명확하게 진술한다. 브루스(Bruce)는 "회당 예배자들의 감정을 상하지 않게 하는 데 꼭 필요한 모든 것은 기독교로 회심한 성도들이 유대인들 특히 유대인 기독교인들과의 부드러운 관계를 증진할 수 있는 확실한 사회적 제한을 받아들이는 것이다."[147]라고 함으로 교회 공동체 안에서 성도들의 태도

---

147   F. F. Bruce, *Peter, Stephen, James and John: Studies in Early Non-Pauline Christianity*

가 어떠해야 할지를 설명한다. 성도들은 항상 다른 성도들의 귀중함을 생각하고 배려하는 삶을 살아야 한다. 이런 삶이 교회가 이 세상에 보여주어야 할 본이다.

야고보는 죄인이 어떻게 죄에서부터 구원받을 수 있는지를 설명하는 구원의 원리를 강조한 것이 아니요, 이미 구원받아 영생을 소유한 하나님의 백성들이 아직 죄의 영향하에 있는 이 세상에서 어떻게 살아야 할지를 설명하는 성도들의 삶을 강조하고 있다. 야고보는 성도들이 예수 그리스도를 믿음으로 천국 안에서 천국 백성으로 살고 있지만(참조, 요 1:12; 빌 3:20; 요일 3:2) 앞으로 예수님이 재림하실 때 완성될 천국을 바라다보며 구속적 긴장 속에서 살면서 선한 생활을 해야 한다고 가르치고 있다. 구속적 긴장을 인정하고 사는 성도들은 당연히 예수님께서 지상에 계실 때 보여 주신 삶의 본을 따라서 살아야 한다.

(Grand Rapids: Eerdmans, 1979), p. 94.: "All that is necessary to avoid giving offence to synagogue worshippers is for converts to Christianity to accept certain social restriction which will promote smooth relations with Jews and especially with Jewish Christians."

제3장 주해

야고보서 3장 요약

야고보서 3장에서 야고보는 말을 많이 해야 하는 선생이 되지 말라고 권면한다. 야고보는 선생의 직업 자체를 낮게 평가해서 이런 말을 하는 것이 아니요, 말의 실수를 경고하기 위해 그렇게 말한 것이다. 야고보는 야고보서 3:1-12에서는 말의 실수를 죽이기 위해 혀의 기능을 제어해야 한다고 권면한다. 그래서 야고보는 사람이 혀를 길들이기 어렵기 때문에(약 3:8) "만일 말에 실수가 없는 자라면 곧 온전한 사람이라"(약 3:2)라고 강조해서 말한다. 혀는 몸의 지체 중에서 잘 보이지 않는 지체이고, 작은 지체이지만 혀가 잘못 기능하면 전체 몸이 큰 화를 입게 된다고 가르친다. 그리고 야고보는 말을 만들어 내는 혀의 기능이 특이해서 한 혀로 "찬송과 저주"를 교대로 할 수 있기 때문에(약 3:10-11) 혀를 잘 다스려야 한다고 권면한다. 그리고 야고보는 야고보서 3:13-18에서 "진리를 거슬러 거짓말"(약 3:14)하는 자들은 "위로부터 내려온" 지혜를 따르는 사람들이 아님을 분명히 알고, 성도들은 "위로부터 난 지혜"를 따라 "성결하고 다음에 화평하고 관용하고 양순하며 긍휼과 선한 열매가 가득하고 편견과 거짓이 없는"(약 3:17, 개역개정) 삶을 사는 사람이라고 가르친다.

1. 성도의 일상생활과 말의 중요성(약 3:1-12)

¹ 내 형제들아 너희는 선생된 우리가 더 큰 심판을 받을 줄 알고 선생이 많이 되지 말라 ² 우리가 다 실수가 많으니 만일 말에 실수가 없는 자라면 곧 온전한 사람이라 능히 온 몸도 굴레 씌우리라 ³ 우리가 말들의 입에 재갈 물리는 것은 우리에게 순종하게 하려고 그 온 몸을 제어하는 것이라 ⁴ 또 배를 보라 그렇게 크고 광풍에 밀려가는 것들을 지극히 작은 키로써 사공의 뜻대로 운행하나니 ⁵ 이와 같이 혀도 작은 지체로되 큰 것을 자랑하도다 보라 얼마나 작은 불이 얼마나 많은 나무를 태우는가 ⁶ 혀는 곧 불이요 불의의 세계라 혀는 우리 지체 중에서 온 몸을 더럽히고 삶의 수레바퀴를 불사르나니 그 사르는 것이 지옥 불에서 나느니라 ⁷ 여러 종류의 짐승과 새며 벌레와 바다의 생물은 다 사람이 길들일 수 있고 길들여 왔거니와 ⁸ 혀는 능히 길들일 사람이 없나니 쉬지 아니하는 악이요 죽이는 독이 가득한 것이라 ⁹ 이것으로 우리가 주 아버지를 찬송하고 또 이것으로 하나님의 형상대로 지음을 받은 사람을 저주하나니 ¹⁰ 한 입으로 찬송과 저주가 나는도다 내 형제들아 이것이 마땅하지 아니하니라 ¹¹ 샘이 한 구멍으로 어찌 단 물과 쓴 물을 내겠느냐 ¹² 내 형제들아 어찌 무화과 나무가 감람 열매를, 포도 나무가 무화과를 맺겠느냐 이와 같이 짠 물이 단 물을 내지 못하느니라 (약 3:1-12)

약 3:1-6　야고보는 야고보서 3장을 "내 형제들아"(약 3:1)로 시작한다. 실제로 헬라원어에는 "내 형제들아"가 제일 먼저 나타나지 않는다. 오히려 긍정적 명령인 "되라"(γίνεσθε)를 부정적 명령인 "되지 말라"(Μὴ .. γίνεσθε)로 바꾸는데 필요한 부정어 메(μή)가 제일 먼저 나온다. 그러므로 야고보는 "선생이 많이 되지 말라"(약 3:1)를 강하게 표현하고 있

는 것이다. 야고보는 말을 많이 해야 하는 직업인 선생을 예로 들어 말
의 중요성을 설명하기 원한다. 야고보는 야고보서 3:1-12에서 말의 중
요성을 혀의 기능을 사용하여 설명하고 있다. 그런데 야고보는 "선생
이 많이 되지 말라"(약 3:1)라고 명령하면서 그 이유로 선생 된 자들이
더 큰 심판을 받게 된다는 것을 제시한다. 어떤 이는 야고보서 3:1의
"선생이 많이 되지 말라"라는 야고보의 말씀을 해석하면서 선생들에게
는 다른 사람들보다 더 무거운 책임이 있고, 그래서 그의 직책을 실패
하면 하나님의 심각한 심판을 받게 되는 위험이 있으므로 선생이라는
직업 추구를 억제(抑制)하기 위해 그렇게 명령한 것이라고 설명한다.

그러나 야고보가 여기서 "선생이 되지 말라"라고 명령하는 것은 "선
생의 직업이 나쁘고 무익하기 때문에 절대로 해서는 안 되는 직업"이
라고 말하는 것은 아니다. "선생들"(διδάσκαλοι)은 광의적으로 가르치
는 위치에 있는 모든 선생들을 가리킬 수 있고, 특히 본문에서의 선생
은 교회 내에서 공적으로 가르치는 책임을 맡은 선생들을 가리킨다.
그런데 성경은 선생을 귀중하게 생각하고 복음을 가르치는 선생이 될
것을 권면하고 있다. 그리고 복음서는 예수님을 가리켜 "선생"(Rabbi)
이라고 묘사한다(마 8:19; 막 9:17, 38; 눅 10:25).[148] 또한 부활하신 예수님
은 "내가 너희에게 분부한 모든 것을 가르쳐 지키게 하라"(마 28:20)라고
하시며 제자들에게 선생의 역할을 하도록 말씀하신다. 히브리서 저자

---

[148] Klaus Wegenast, *The New International Dictionary of New Testament Theology*, Vol. 3 (Grand Rapids: Zondervan, 1979), p. 767.: "The use of 'Rabbi' as a form of address to Jesus may be historically authentic, for according to the tradition he had all the marks of the Rabbi: he is asked to give rulings on disputed questions of the law (Lk. 12:13f.), and on doctrinal issues (Mk. 12:18ff., concerning the resurrection); he also has pupils."

는 오래도록 신앙생활을 했으면 당연히 선생이 되어야 하는데 아직도 초보의 위치를 면하지 못하고 있다고 하며 히브리서 수신자들을 책망하기도 한다(히 5:12). 이와 같은 성경의 교훈은 야고보가 수신자들에게 선생이란 직업 자체를 의식하면서 선생이 위험한 직업이니 "선생이 되지 말라"라고 말한 것이 아님을 알 수 있다. 칼빈(Calvin)은 야고보가 "선생이 되지 말라"(약 3:1)라고 표현한 말씀은 교회의 공적 일을 맡은 선생 자체가 되지 말라는 뜻이 아니요, 마치 도덕적 선생이나 된 것처럼 다른 사람들의 약점을 찾아내고 거만한 태도로 대하는 그런 선생이 되지 말라고 권면하는 것이라고 해석한다.[149]

야고보서 3:1의 "선생이 많이 되지 말라"는 말씀은 뒤 따라오는 구절들과 연계하여 해석해야 한다. 야고보서 3:1의 말씀과 야고보서 3:2 이하의 말씀 사이에 논리적으로 공통점이 없는 점이 바로 그 근거를 제시한다. 야고보는 "선생이 되지 말라"라고 말하고 갑자기 "우리가 다 실수가 많으니 만일 말에 실수가 없는 자라면 곧 온전한 사람이라 능히 온 몸도 굴레 씌우리라"(약 3:2)라고 말함으로 논조가 말의 실수로 전환된다. 이 말씀은 야고보가 야고보서 3:2이하의 말씀을 시작하기 전에 "선생"을 예로 들고 있음을 알 수 있다. 스위스(Swiss)에서 격언처럼 사용되는 것 가운데 "말은 은으로 된 것이요, 침묵은 금으로 된 것이

---

149 John Calvin, *A Harmony of the Gospels Matthew, Mark and Luke, Vol. III and The Epistles of James and Jude* (1975), p. 288.; 이복우, 『주는 가장 자비하시고 긍휼히 여기시는 이시니라』 (2022), p. 262.: 이복우는 "'선생'은 아마도 교회에서 가르치는 직분의 사람을 가리킬 것이다. 이는 교회에 가르치는 이가 필요 없다는 말이 아니라 많이 선생이 되지 말라는 것이다."라고 말함으로 약간 애매하게 해석했다.

다."[150]라는 말이 있다. 이 말은 "말을 조심하라"는 경고를 담고 있다. 예수님은 친히 "내가 너희에게 이르노니 사람이 무슨 무익한 말을 하든지 심판 날에 이에 대하여 심문을 받으리니"(마 12:36)라고 하심으로 우리가 하는 말에 대해 막중한 책임이 있음을 분명히 하신다. 그런데 야고보는 "말은 은으로 된 것이요, 침묵은 금으로 된 것이다"라는 격언에 동의할지라도, 성도들의 일상생활에서는 "침묵은 은으로 된 것이요, 말은 금으로 된 것이다"라는 원리가 적용된다는 사실을 인정할 수밖에 없음을 알고 있었다. 성도들의 매일 매일의 삶 속에서는 말의 기능이 절대적으로 필요하다. 그래서 야고보는 말의 실수를 줄이고 선한 말의 효과를 극대화시키기 위해 말을 많이 하는 직업인 "선생"이 되지 말라고 말한 다음 혀의 기능을 잘 조절해야 된다고 권고하는 것이다(약 3:2-12).

이제 야고보는 "우리가 다 실수가 많으니 만일 말에 실수가 없는 자라면 곧 온전한 사람이라 능히 온 몸도 굴레 씌우리라"(약 3:2)라고 하며 말의 실수가 얼마나 큰 문제인지를 설명한다. 야고보는 가르치는 선생의 자리에서 권면하는 것이 아니요, "우리가 다 실수가 많으니"라고 말함으로 자신을 수신자들과 동일시하는 겸손을 보인다. 인간은 예외 없이 많은 연약성에 둘러싸여 있다. 야고보는 우리 모두가 잘못하고, 실수하고, 그리고 후회하는 사람들이라고 고백한다. 그리고 야고보는 사람들은 다른 실수보다도 말의 실수를 많이 한다고 인정한다. 그래서 야고보는 "만일 말에 실수가 없는 자라면 곧 온전한 사람이라"(약 3:2)라고 설명하는 것이다. 야고보는 지금 성도가 혀를 잘 제어

---

150 이 격언의 원래 표현은 "Sprechen ist silbern, Schweigen ist golden."인데 영어로 번역하면, "Speech is silvern, Silence is golden."으로 표현할 수 있다.

하는 것은 성도의 최고의 덕목이라고 강조하고 있다. 그런데 개역개정 번역의 "만일 말에 실수가 없는 자라면 곧 온전한 사람이라 능히 온 몸도 굴레 씌우리라"라는 말씀 중 "능히 온 몸도 굴레 씌우리라"(약 3:2)라는 표현은 약간 이해하기 힘들다. 헬라어의 원 뜻은 "그는 온 몸까지도 조종할 수 있는 완전한 사람이라"[151]라고 할 수 있다. 야고보는 말에 실수가 없는 사람이면 온전한 사람으로 그의 온 몸까지도 조종할 수 있는 완전한 사람이라고 강조하고 있는 것이다. 이 말씀은 혀를 제어하는 일이 심히 어려운 일이라는 뜻이며 그러므로 혀를 제어할 수 있으면 완전한 사람으로 인정받을 수 있다고 말하는 것이다.

야고보는 이제 왜 사람들이 "말들의 입에 재갈 물리는 일"(약 3:3)을 하는지에 대해 설명한다. 마부가 말(ἵππος)에 재갈을 물리는 이유는 말을 제어하여 말(horse)로 하여금 주인에게 순종하게 만들기 원해서이다. 야고보는 작은 도구인 재갈로 말의 완전한 순종을 이끌어 내는 것처럼 혀를 잘 제어할 수 있는 사람은 "온전한 사람"(약 3:2)이라고 다시 확인한다. 그리고 야고보는 계속해서 몸의 작은 부분으로서의 혀의 역할과 큰 배를 움직이는 "작은 키"(ἐλαχίστου πηδαλίου)의 역할을 비교한다(약 3:4). 야고보는 지금 큰 배를 움직이는 "작은 키"의 역할과 몸 전체에 영향을 미치는 몸의 작은 지체 중의 하나인 혀의 역할을 비교하고 있다. 야고보는 "작은 것"과 "큰 것"을 비교하여 "작은 것"이 "큰 것"에 영향을 미칠 수 있음을 분명히 한다. 이복우는 "말(ἵππος)과 배의

---

151   헬라어의 표현은 "οὗτος τέλειος ἀνὴρ δυνατὸς χαλιναγωγῆσαι καὶ ὅλον τὸ σῶμα."로 되어 있다. 영어번역은 "He is a perfect man, able to keep his whole body in check."(NIV); "He is a perfect man, able also to bridle his whole body."(ESV)로 되어 있다.

공통점은 작은 것에 의해 큰 것이 이끌린다는 것이다. 작은 재갈에 의해 말의 온 몸이 이끌리고(μετάγειν), 작은 키에 의해 큰 배가 이끌린다(μετάγειν)."[152]라고 잘 묘사한다. 말(horse)의 입에 재갈, 큰 배(ship)에 작은 키, 온 몸(body)에 작은 혀는 모두 공통점을 가지고 있다. 재갈과 키와 혀가 그 자체로는 작을지라도 자체가 속해있는 큰 기관에 지대한 영향을 미칠 수 있는 것이다.

야고보는 혀의 기능을 설명하기 위해 첫째, 말의 입에 물리는 재갈을 예로 들었고, 둘째, 큰 배를 움직이는 작은 키를 예로 들었으며, 셋째, 많은 나무를 태우는 작은 불을 예로 들었다. 그래서 야고보는 세 번째 예를 설명하기 위해 "이와 같이 혀도 작은 지체로되 큰 것을 자랑하도다 보라 얼마나 작은 불이 얼마나 많은 나무를 태우는가"(약 3:5)라고 비교한다. 작은 불씨는 처음에는 큰 힘이 없는 것 같지만 방치하면 산 전체를 태우기도 하고, 인간이 사는 마을을 덮치기도 한다. 야고보는 지금 작은 불씨가 제어되지 않으면 엄청난 손해와 화를 불러 올수 있는 것처럼, 작은 지체인 혀가 제어되지 않으면 큰 재앙이 되어 돌아올 수 있음을 확실히 하고 있는 것이다. 탈무드(Talmud)는 혀를 금고에 비유하여 말하기를 "금고는 튼튼하고 아무나 열 수 없어야 한다. 꼭 필요할 때만 열고 늘 닫아 두어야 한다. 그것이 보관의 사명을 다하는 금고의 참 모습이다."[153]라고 함으로 혀를 조심스럽게 사용해야 할 것을 권

---

152 이복우, 『주는 가장 자비하시고 긍휼히 여기시는 이시니라』 (2022), p. 267.

153 전재동 편역, 『누구나 한 번은 꼭 읽어야 할 탈무드』 (서울: 북허브, 2018), p. 342.: 탈무드 (Talmud)의 격언에 보면 "어리석은 이에게 가장 큰 적은 자기 자신이다. 자기가 가만히 있으면 어리석은 사실을 알 수 없지만 당나귀처럼 긴 혀로 말을 하게 되면 곧 발각된다. 어리석은 사람의 혀는 날름거릴수록 그 길이가 길어진다고 한다."(p. 341)라고 교훈한다.

고한다.

그래서 야고보는 "혀는 곧 불이요 불의의 세계라 혀는 우리 지체 중에서 온 몸을 더럽히고 삶의 수레바퀴를 불사르나니 그 사르는 것이 지옥 불에서 나느니라"(약 3:6)라고 연결하는 것이다. 야고보는 혀를 불과 비교함으로 혀를 사용하여 표현되는 말이 얼마나 위험한 역할을 하는지 네 가지로 설명한다.

첫째, 혀는 불(fire)이요 불의(evil)의 세계이다(약 3:6). 야고보는 바로 전절에서 작은 지체인 혀와 작은 불(약 3:5)의 기능을 비교해서 설명했는데 이제 좀 더 구체적으로 혀의 부정적인 역할을 설명한다. 벵겔(Bengel)은 "혀는 곧 불이요 불의의 세계라"(약 3:6)라는 말씀은 "사람의 작은 세상이 우주의 표상(image)인 것처럼, 혀도 사람의 작은 세상의 표상이다."[154]라고 설명한다. 혀는 비록 몸의 작은 지체에 지나지 않지만 몸의 모든 지체에 악한 영향을 끼칠 만큼 악한 세상으로 상징될 수 있다. 즉, 혀는 "불의의 세계"(ὁ κόσμος τῆς ἀδικίας)라고 할 수 있다. 혀는 사람이 몸으로 짓는 많은 종류의 죄를 악한 것으로 만드는데 중요한 역할을 한다. 혀는 거짓말을 하고, 혀는 중상모략을 하며, 혀는 시기질투하고, 혀는 비방하며, 혀는 파당을 짓고, 혀는 가뭄에 번져가는 산불처럼 온 몸의 기능을 악한 쪽으로 몰고 간다. 혀는 인간 각자 속에 내재해 있는 조용한 정열에 불을 붙여 사람을 죄짓게 만드는 역할을 한

---

154 John A. Bengel, *Gnomon of the New Testament,* ed. Andrew R. Fausset, Vol. 5 (Edingurgh: Clark, 1877), p. 24.: "As the little world of man is an image of the universe, so the tongue is an image of the little world of man."

다(약 1:26).[155]

버르딕(Burdick)은 "선동적인 혀는 형제와 형제를 갈라놓고, 이웃과 이웃을 갈라놓고, 국민과 국민을 갈라놓는다. 혀는 또한 '악의 세계'이다. 이는 마치 온 세상의 모든 악이 육체의 그 작은 조각 안에 포장되어 있는 것 같다. 사람이 짓는 죄 중에 혀가 개입되지 않은 죄가 없다."[156] 라고 함으로 혀의 악한 역할이 온 몸에 영향을 미치고 있음을 분명히 한다. 야고보는 혀가 저지르는 죄가 너무 많기 때문에 혀를 가리켜 "불의의 세계"($ὁ$ $κόσμος$ $τῆς$ $ἀδικίας$)라고 부른다. 혀는 불의가 모여 있는 세계와 같다는 뜻이다. 혀가 얼마나 더러운 말을 많이 방출했는가? 혀가 얼마나 많은 거짓말을 했는가? 혀가 다른 사람의 마음을 후벼 파는 심각한 말을 얼마나 많이 했는가? 혀는 비록 몸체의 작은 지체이지만 몸 전체를 더럽히는 일을 아주 쉽게 행한다.[157] 그러므로 성도들은 혀로 인해 발생하는 오염과 폐해(弊害)가 얼마나 심각한지를 깨닫고 혀를 통제하면서 살아야 한다. 그래서 야고보는 "말에 실수가 없는 자라면 곧 온전한 사람이라"(약 3:2)라고 말한 것이다.

---

155   James Adamson, *The Epistle of James* (*NICNT*) (Grand Rapids: Eerdmans, 1976), pp. 143-144.

156   Donald W. Burdick, "James," *The Expositor's Bible Commentary*, Vol. 12 (Grand Rapids: Zondervan, 1981), p. 187.: "The inflammatory tongue has turned brother against brother, neighbor against neighbor, nation against nation. The tongue is also 'a world of evil.' It is as though all the wickedness in the whole world were wrapped up in that little piece of flesh. There are few sins people commit in which the tongue is not involved."

157   Matthew Henry, *Matthew Henry's Commentary on the Whole Bible*, Vol VI, p. 985.

둘째, 혀는 우리의 온 몸을 더럽힌다(약 3:6). 혀는 몸의 지체 중에 작은 지체 중의 하나이지만 몸 전체를 존귀하게 만들기도 하고 반대로 몸 전체를 불명예롭게 만들기도 한다.[158] 몸의 지체는 전인(全人)을 가리킬 수 없지만 "몸"(σῶμα)은 사람 전체를 가리키는 역할을 할 수 있다. "몸은 실제적인 자아이며 한 인간이다. 그 인간으로부터 한 지체가 구분될 수 있지만 또한 한 지체가 역시 영향을 미칠 수 있다."[159] 예수님은 몸의 지체인 눈(eye)과 사람 전체를 대표하는 몸(body)을 대비시켜 몸의 중요함을 지적하신다(마 5:29; 마 6:25 참조). 예수님은 불법을 행하면서도 "주여 주여 우리가 주의 이름으로 선지자 노릇 하며 주의 이름으로 귀신을 쫓아 내며 주의 이름으로 많은 권능을 행하지 아니하였나이까"(마 7:22)라고 몸의 지체인 혀를 통해 말로만 주장하는 자들에게 "내가 너희를 도무지 알지 못하니 불법을 행하는 자들아 내게서 떠나가라"(마 7:23)라고 책망하신다. 예수님은 몸의 지체인 혀를 잘못 사용하는 사람들의 결국이 그들의 몸 전체 즉 인생 전체를 멸망으로 빠뜨리게 된다는 것을 가르치신다. 결국 혀로 인해 더럽혀진 것은 몸 전체

---

158 화종구출(禍從口出)이라는 사자성어가 있다. 그 뜻은 "모든 재앙은 입으로부터 나온다."는 뜻이다. 세상의 제일 무서운 폭력은 바로 언어(言語)이다. 그렇기 때문에 함부로 입을 놀리거나 상대방이 듣기 싫어하는 말을 하지 말아야한다. 맹렬한 불길이 집을 태워버리듯 말을 조심하지 않으면 결국 그것이 불길이 되어 내 몸을 태우게 된다. 자신의 불행한 운명은 바로 자신의 입에서부터 시작된다. "입은 몸을 치는 도끼요, 몸을 찌르는 날카로운 칼날이다."라는 것이다.

159 E. Schweizer, "σῶμα, σωματικός, σύσσωμος," *Theological Dictionary of the New Testament*, Vol. VII (Grand Rapids: Eerdmans, 1971), p. 1058.; E. Schweizer, "σῶμα," *Exegetical Dictionary of the New Testament*, Vol. 3 (Grand Rapids: Eerdmans, 1993), p. 322.: "The body is the actual ego, or person, from which a member can be separated, but which a member can also influence."

이다. 그래서 야고보는 혀는 "온 몸을 더럽히고"(약 3:6)라고 말하는 것
이다.

셋째, 혀는 삶의 수레바퀴를 불사른다(약 3:6). 야고보가 여기서 사
용한 "삶의 수레바퀴"(τὸν τροχὸν τῆς γενέσεως)라는 표현이 어떤 의미
인지에 대해 많은 논의가 계속된다. 왜냐하면 "삶의 수레바퀴"를 문자
적으로 "출생의 싸이클"(the circle of the birth)로 번역할 수도 있고, "자
연의 싸이클"(the circle of nature)로 번역할 수도 있고, "인간 기원의 바
퀴"(the wheel of human origin)로도 번역할 수 있기 때문이다. 아담손
(Adamson)은 "야고보는, 우리가 믿기로, 인간의 삶, 즉 전체의 몸을 뛰
어넘는 혀의 손상을 말하고 있지 않으며 그리고 실제로는 각 사람의
요람에서 무덤에 이르는 생애의 모든 환경을 뛰어넘어 혀의 손상을 언
급하고 있지 않다."[160]라고 하며 "삶의 수레바퀴"가 인생 전체의 과정을
뜻하는 것으로 정리한다. 박윤선은 "삶의 수레바퀴"(약 3:6)를 "인간의
일생"을 뜻한다고 해석하면서 "악한 혀는 사람의 온 몸을 더럽힐 뿐 아
니라, 그의 일평생을 망하게 만드는 위험성이 있는 것이다"[161]라고 바
르게 해석한다. 옛 격언에 "한 치의 혀가 역적을 만든다."라는 말이 있
듯이 혀는 그 크기가 다른 지체에 비해 작지만 큰 결과를 초래하게 하
는 역할을 한다. 그래서 혀가 만들어 내는 잘못된 언어를 때때로 "언어

---

[160] Adamson, *The Epistle of James* (NICNT) (1976), p. 143.; Peter Davids, *Commentary on James* (NIGTC) (1982), p. 143.: "While the variety in usage among the literature makes exact determinations of meaning impossible, most likely James intended 'the whole course of life' by the expression."; Moo, *James* (Tyndale) (1990), pp. 125-126.; Lenski, *The Interpretation of the Epistle to the Hebrews and the Epistle of James* (1966), pp. 607-608.

[161] 박윤선,『히브리서 · 공동서신』(1965), p. 212.

폭력"이란 말로 표현하기도 하는 것이다. 우리는 혀의 잘못된 사용으로 말미암아 이웃 간에 불화가 발생하고, 공동체 내에 불안이 꽃을 피우고, 국가 간에 전쟁이 발발하는 경우를 많이 경험한다. 혀는 잘못 사용될 경우 진정으로 삶의 수레바퀴를 불사르는 지체이다. 이복우는 "작은 지체인 혀가 한 사람의 인생 전체를 불의의 세계로 만들고 불로 태워 없앤다. 혀/말에 의해서 존귀한 인생 전체가 불의의 인생이 되며 타서 없어지고 마는 허무한 인생이 된다."[162]라고 혀의 잘못된 기능이 인생 전체에 큰 영향을 미친다는 사실을 설명한다.

넷째, 혀는 사탄의 영향으로 작동한다(약 3:6). 지금까지 야고보는 혀의 기능을 능동적으로 묘사했다. 그런데 야고보는 혀의 기능을 "그 사르는 것이 지옥 불에서 나느니라"(ἡ γλῶσσα … φλογιζομένη ὑπὸ γεέννης.)라고 수동적인 표현을 사용하여 설명한다. 벵겔(Bengel)은 "수동형이 능동형을 이어받는다. 왜냐하면 혀로 죄를 짓는 사람은 자기 자신에 대한 능력을 점점 더 상실하기 때문이다."[163]라고 하고 그것은 혀를 잘못 사용함으로 사람의 정체성의 훼손이 계속되기 때문이라고 설명한다. 사탄은 사람의 혀를 사용하여 그 사람을 망가뜨리고 사탄 자신의 뜻을 이루어 나간다. 사탄은 항상 인간 지체의 연약한 부분을 공략하여 자신의 목적을 달성한다. 야고보가 혀의 부정적 역할을 묘사하면서 "지옥 불"(약 3:6)을 언급한 것은 혀가 바로 사탄의 유혹으로 이

---

162 이복우, 『주는 가장 자비하시고 긍휼히 여기시는 이시니라』 (2022), p. 270.

163 John A. Bengel, *Bengel's New Testament Commentary* (*Gnomon of New Testament*), Vol. 2 (Grand Rapids: Kregel Publications, 1981), p. 713. "The passive succeeds the active; for he who sins with his tongue, more and more loses power over himself."

용당한다는 사실을 묘사하기 원해서이다. 칼빈(Calvin)은 "야고보의 요점은 사탄이 보낸 불은 빠른 불길을 일으키기 위해 아주 쉽게 혀에 의해 점화된다. 짧게 표현하면 혀는 지옥의 불들을 붙잡고, 격려하며, 그리고 증가시키는 적절한 도구이다."[164]라고 혀의 부정적인 기능을 설명한다.

야고보는 여기서 "음부"(ᾅδης: Hades)라는 용어 대신 "지옥"(γέεννα: Gehenna)이라는 용어를 사용하였다. "음부"(ᾅδης: hell)는 신약성경에서 10회 등장하는데 계시록 4회(계 1:18; 6:8; 20:13, 14), 마태복음 2회(마 11:23; 16:18), 누가복음 2회(눅 10:15; 16:23), 사도행전 2회(행 2:27, 31) 등 총 10회 등장한다. 그런데 예수님께서 "음부"(ᾅδης)를 "하늘"(οὐρανός)과 대칭적으로 사용함으로 "음부"가 "천국"의 반대 개념으로 사용되었다(마 11:23; 눅 10:15). 예수님은 부자와 거지 나사로(Lazarus)의 비유(눅 16:19-31)에서 부자가 죽어서 간 곳을 "음부"(ᾅδης)라고 표현하고, 거지 나사로가 간 곳을 "아브라함의 품"(τὸν κόλπον Ἀβραάμ)이라고 표현함으로 "하데스"(Hades)를 천국과 대칭되는 장소로서의 일반적인 지옥(hell)을 가리키는 것으로 사용하신다. 칼빈(Calvin)은 "아브라함의 품"을 "그리스도의 품"(Christ's bosom)으로 해석한다. [165] "아브라함의 품"

164　John Calvin, *A Harmony of the Gospels Matthew, Mark and Luke, Vol. III and The Epistles of James and Jude* (1975), p. 291.

165　John Calvin, *A Harmony of the Gospels Matthew, Mark and Luke*, Vol. II (Grand Rapids: Eerdmans, 1975), p. 118.: "So far as the name goes, that quiet haven which opens for believers after the voyage of this present life can be called either Abraham's bosom or Christ's bosom."

은 천국을 뜻하고, "하데스"(음부)는 지옥을 뜻한다. [166] 이 말씀은 음부
(ᾄδης)가 고통의 장소로, 결국 지옥(γέεννα: hell)과 동의어로 사용되었
음을 증거한다(눅 16:23). 한글 개역개정은 하데스(Hades)를 음부로, 게
헨나(Gehenna)를 지옥으로 일관되게 번역 처리했다.

그런데 야고보는 야고보서 3:6에서 "음부"(ᾄδης)라는 용어를 사용
하지 않고 "지옥"(γέεννα)이라는 용어를 사용했다. "지옥"(γέεννα)이라
는 용어는 복음서에서 11회 사용되고, 야고보서에서 1회 사용되어 신
약성경에서 총 12회 나타난다(마 5:22, 29, 30; 10:28; 18:9; 23:15, 33; 막
9:43, 45, 47; 눅 12:5; 약 3:6). [167] 주목 받아야 할 사실은 야고보서 3:6을 제
외하고 복음서에 언급된 "지옥"(γέεννα)은 모두 예수님의 교훈과 연계
되어 사용되었다는 것이다. 예수님은 한 눈이 범죄하면 빼어버리는 것
이 좋다고 말하고 한 눈으로 영생에 들어가는 것이 두 눈으로 지옥 불
에 떨어지는 것보다 낫다고 가르치신다(마 18:9; 막 9:43, 45, 47). 야고보
가 혀의 잘못된 기능을 설명하면서 "그 사르는 것이 지옥 불에서 나느
니라"(약 3:6)라고 지옥(γέεννα) 불을 언급한 것은 예수님의 교훈을 연
상하게 한다. 야고보는 예루살렘의 남쪽에 위치한 "힌놈의 아들의 골
짜기"(수 15:8; 18:16; 왕하 23:10; 대하 28:3; 33:6; 렘 19:2; 32:35)를 뜻하는
"게헨나"(γέεννα)를 "지옥"의 의미로 사용한다. 남 유다의 아하스(Ahaz:

---

166   William Hendriksen, *The Gospel of Luke* (*New Testament Commentary*) (Grand Rapids: Baker, 1978), p. 784.; Ray Summers, *Commentary on Luke* (Waco: Word Books, 1972), p. 196.: "This is one of those rare instances. The poor man was finally in comfort in Abraham's bosom-heaven. The rich man was finally in torment in hell."

167   J. B. Smith, *Greek-English Concordance to the New Testament* (Scottdale: Herald Press, 1974), p. 69 (section 1067).

BC 732-716)와 므낫세(Manasseh: BC 687-642) 왕은 그들의 통치 기간에 게헨나에서 아이들을 몰렉(Molech)에게 희생 제물로 바치곤 했다(왕하 16:3; 21:6). 반면 요시야(Josiah: BC 640-609)왕은 자기 자녀를 몰렉 (Molech)에게 희생 제물로 바치지 못하도록 개혁하였다. 그리고 요시 야 왕은 그 계곡을 불결한 장소로 명명하였다(왕하 23:10). 예레미야는 예언적인 말씀으로 "힌놈의 아들 골짜기"(the Valley of Ben Hinnom)가 "죽임의 골짜기" 즉, "학살의 계곡"(렘 7:32; 19:6)으로 불릴 것이라고 말 했다.[168] 유대적인 문헌들은 힌놈의 아들 골짜기나 게헨나(γέεννα)를 장소적인 개념을 벗어나 "불의 지옥 자체"로 사용하였다. "그러나 '음 부'(ἅδης)는 죽음과 부활 사이의 제한적인 시간 동안만 죽은 자들의 처 소로 생각되었으나, '지옥'(γέεννα)은 최종적인 심판 후에 불경건한 자들 을 위한 영원한 고통의 장소로 생각되었다."[169] 불의 지옥 (τὴν γέενναν τοῦ πυρός)으로 표현된 게헨나는 쉬올(Sheol)과 동일한 곳으로 사용되 었다(마 5:22; 18:9). 상징적으로 게헨나는 사탄과 마귀가 거처하는 곳으 로 하나님을 배반한 죄인들이 다음 생애에 영구히 꺼지지 않는 불의 심판을 받아 거하는 곳이기도 하다. 그래서 야고보는 "혀는 곧 불이요 불의의 세계라.....삶의 수레바퀴를 불사르나니 그 사르는 것이 지옥 불에서 나느니라"(약 3:6)라고 하며 사탄의 역할을 강조한다.

---

168   J. Lunde, "Heaven and Hell," *Dictionary of Jesus and the Gospels* (Downers Grove: InterVarsity Press, 1992), p. 310.

169   O. Böcher, "γέεννα," *Exegetical Dictionary of the New Testament*, Vol. 1 (Grand Rapids: Eerdmans, 1990), p. 239.

약 3:7-12　　야고보는 본 단락을 "왜냐하면"(γάρ)으로 시작한다. 그 이유는 야고보서 3:7-8에서 지금까지 언급한 혀에 관한 내용의 근거를 제시하기 위해서라고 사료된다.[170] 야고보는 왜 지금까지 혀에 대해서 부정적인 표현으로 설명했는지(특별히 약 3:6) 그 이유를 밝히기 원하는 것이다. 야고보는 혀가 잘 제어될 수 없다는 사실을 다른 동물들과 사람의 혀를 비교하여 설명한다. 사람이 동물들과 비교된다는 것은 참으로 참담한 일이다. 야고보는 그만큼 혀의 부정적 역할이 얼마나 심각한 것인지를 밝히기 원하는 것이다. 그래서 야고보는 "여러 종류의 짐승과 새와 벌레와 바다의 생물은 다 사람이 길들일 수 있고 길들여 왔거니와 혀는 능히 길들일 사람이 없나니 쉬지 아니하는 악이요 죽이는 독이 가득한 것이라"(약 3:7-8)라고 말한다. 야고보는 하나님께서 인간에게 창조된 세계를 주관하라고 명령하신 사실을 언급한다. 창세기는 "하나님이 그들에게 복을 주시며 하나님이 그들에게 이르시되 생육하고 번성하여 땅에 충만하라, 땅을 정복하라, 바다의 물고기와 하늘의 새와 땅에 움직이는 모든 생물을 다스리라"(창 1:28)라고 전한다. 야고보가 네 가지 종류로 언급한 짐승, 새, 벌레, 바다의 생물(약 3:7)은 하나님께서 인간에게 다스리라고 맡겨주신 모든 생물들을 포함한다(창 1:26). 창조 이래 인간은 하나님께서 명령하신 것처럼 창조된 생물들을 길들여 왔다. 이 사실을 분명히 하기 위해 야고보는 "길들인다"(δαμάζω)[171]라는 동

170　왜냐하면(γάρ)을 살려서 번역한 번역본은 ESV, RSV, NASB, AV, NKJV 등이요, NIV는 생략하여 번역했다. 한글 번역은 개역, 개역개정, 표준새번역, 표준새번역개정, 바른성경, 쉬운성경 모두 "왜냐하면"을 생략하고 번역했다.

171　"길들인다"(δαμάζω)라는 동사는 야고보서(약 3:7, 8)에서 3회 사용되고, 신약성경 다른 곳에서는 유일하게 막 5:4에서 귀신을 제어할(control) 때 사용되었다.

사의 현재시상(δαμάζεται)과 완료시상(δεδάμασται)을 함께 사용했다. 한글 번역은 "사람이 길들일 수 있고 길들여 왔거니와"(약 3:7, 개역개정)[172]로 처리했다. 야고보는 사람이 동물들을 길들이고 다스리는 것은 새로운 것이 아니요 옛날부터 하나님께서 허락하신 것임을 분명히 한다(창 1:26, 28; 시 8:6-8).

야고보가 야고보서 3:7에서 동물들이 길들여질 수 있다고 언급한 것은 야고보서 3:8에서 길들여질 수 없는 혀의 기능과 대비시키기 위해서이다. 야고보는 "혀는 능히 길들일 사람이 없나니 쉬지 아니하는 악이요 죽이는 독이 가득한 것이라"(약 3:8)라고 전절과 대비시켜 설명한다. 야고보가 야고보서 3:8 서두에 사용한 "그러나"(δέ)가 이를 증거한다. 야고보는 혀를 완전히 제어할 사람이 없다고 강조한다. 야고보의 혀의 기능에 대한 이해는 일관된다. 그는 이미 "우리가 다 실수가 많으니 만일 말에 실수가 없는 자라면 곧 온전한 사람이라 능히 온 몸도 굴레 씌우리라"(약 3:2)라고 말한 바 있다. 야고보는 이제 혀의 부정적인 기능에 대해 두 가지로 정리한다. 첫째, 야고보는 혀가 "쉬지 아니하는 악"(ἀκατάστατον κακόν)이라고 말한다. 야고보는 "쉬지 아니하는"이란 같은 용어를 야고보서 1:8에서 "정함이 없는"(ἀκατάστατος: restless), "안정감이 없는"(unstable)등의 뜻으로 사용하여 "두 마음을 가진 자"의 상태를 묘사한다. "두 마음을 가진 자"는 말 그대로 마음이 두

---

172 영어 번역(약 3:7)의 경우 "are being tamed and have been tamed by man."(NIV), "can be tamed and has been tamed by humankind."(ESV, RSV), "is tamed, and has been tamed by the human race."(NASB, NKJV) 등으로 번역 처리됐다. 한글 번역이나 영어 번역의 경우 모두 "길들인다"의 현재시상과 완료시상을 살려서 번역했다.

개여서 정함이 없는 사람이다. 그러므로 야고보는 야고보서 3:8에서
"악"(κακόν)을 수식하는 용도로 "쉬지 아니하는"이라는 단어를 사용했
기 때문에 사실은 "악" 자체가 제어하기 힘들고 이곳저곳에서 발생하
여 말썽을 부린다는 뜻이다. 그런데 야고보는 "혀"도 마찬가지로 안정
적이지 않은 지체로 제어하기 힘들고 일관성 없는 괴물과 같다고 말하
고 있다(약 3:8). 둘째, 야고보는 혀가 "죽이는 독이 가득한 것"(μεστὴ
ἰοῦ θανατηφόρου)이라고 말한다. 야고보는 "죽이는 독이 가득한 것"이
란 표현을 통해 독사의 이미지를 떠 올리게 한다. 독사는 자기의 독으
로 치명적인 상해를 입히기 위해 쉬지 않고 사람과 다른 희생물을 찾
아다닌다. 제어되지 않은 혀는 수많은 죄악을 양산하게 된다. 미셸
(Michel)은 야고보가 "혀는....죽이는 독(ἰός)이 가득한 것이라"(약 3:8)
라고 말한 것은 "악이 혀를 통해 세상 안으로 들어 왔기 때문만은 아니
다. 혀의 본질 자체가 독한 특성을 명백히 드러내고 있기 때문이다."[173]
라고 설명한다. 다윗(David)은 악인이 "뱀같이 그 혀를 날카롭게 하니
그 입술 아래에는 독사의 독이 있나이다(셀라)"(시 140:3)라고 고백하고,
또한 "그들의 독은 뱀의 독 같으며 그들은 귀를 막은 귀머거리 독사 같
으니"(시 58:4)라고 가르친다. 야고보는 이와 같은 말씀들을 기억하며
혀는 "죽이는 독이 가득한 것"이라고 표현한 것이다.

야고보는 이제 혀의 양면적인 기능을 설명하고 그런 기능이 잘못된
것임을 밝힌다(약 3:9-12). 야고보는 혀를 사용하여 "우리가 주 아버지

---

173 Otto Michel, "ἰός, κατιόομαι," *Theological Dictionary of the New Testament*, Vol. III
(Grand Rapids: Eerdmans, 1972), p. 335.

를 찬송하고 또 이것으로 하나님의 형상대로 지음을 받은 사람을 저주하나니"(약 3:9)라고 함으로 혀의 이중성을 지적한다. 야고보가 "우리가"를 사용하여 자신을 포함시킨 것은 야고보의 겸손의 표현이요, 수사학적인 용도라고 할 수 있다. 인간은 마땅히 혀를 가지고 성 삼위 하나님을 찬송해야 한다. 바울은 성도들을 향한 성부 하나님, 성자 예수님, 성령 하나님의 구속 계획을 설명하고 하나님이 죄인들을 구원하여 그의 백성으로 삼으신 목적이 바로 성도들로 하여금 "그의 은혜의 영광을 찬송하게 하려는 것이라"(엡 1:6, 12, 14)라고 천명한다. 그러므로 정당한 인간의 혀의 역할은 하나님을 찬송하는 것이다. 그런데 야고보는 성도들이 같은 혀를 가지고 "하나님의 형상대로 지음을 받은 사람을 저주 한다"(약 3:9)라고 하며 혀의 역할의 이중성을 비판한다. 야고보는 사람의 존재가 다른 동물들의 존재와는 크게 차이가 있다고 말하고 있다. 인간은 "하나님의 형상"(the image of God) 대로 창조된 특별한 존재이다(창 1:26; 참조, 창 2:7). 그런데 이 사실을 알고 있는 성도들이 혀를 가지고 "하나님의 형상대로 지음을 받은 사람"을 저주하는 것은 하나님을 향해 죄를 범하는 것이나 다름없다. 예수님은 "너희를 저주하는 자를 위하여 축복하며 너희를 모욕하는 자를 위하여 기도하라"(눅 6:28)라고 하심으로 원수를 사랑하라고 명령하신다(참조, 롬 12:14). 무(Moo)는 "예수님은 제자들에게 다른 사람들을 저주하는 것을 금하신다.; 진실로, 그들은 '너희를 저주하는 자들을 축복해야 한다'(눅 6:28; 참조, 롬 12:14). 저주가 극악무도한 것은 우리가 저주하는 사람이 하나님의 형상으로 창조되었다는 것이다."[174]라고 설명한다. 야고보는 이처럼 하나님의 형상으로 창조된 사람을 저주하는 것은 하나님을 모욕하는 것이요, 예수님의 교훈을 순종하지 않은 잘못된 것임을 분명히 한다. 데이빗즈(Davids)도 야고보가 시도하고 있는 "연결은 단순히 사람이 하나님을 축복한다고 가장하면서 논리적으로 하나님을 대표하는 사람을 저주할 수는 없다는 것이다. 마찬가지로 예배할 때(liturgically)는 하나님을 축복하면서 사람을 심하게 저주하는 것은 야고보의 신학적 견지로 볼 때 도덕적으로 그리고 논리적으로 터무니없는 행위라는 것이다."[175]라고 함으로 한 혀로 하나님을 찬송하고 하나님이 그의 형상대로 창조한 인간을 저주하는 것은 있을 수 없는 난센스(nonsense)라고 정리한다. 하나님은 성도들을 특별하게 그의 형상대로 창조하셨고, 창세 전에 성도들을 그리스도 안에서 택하셔서 흠이 없게 만드시고 그의 아들들이 되게 하셨다(엡 1:3-6). 야고보는 이와 같은 하나님의 걸작품인 성도들을 저주하는 것은 가당치 않다고 말하고 있다. 야고보는 같은 혀로 하나님을 찬송하고, 하나님이 창조하신 걸작품을 저주하는 것은 잘못이라고 책망하고 있다. 칼빈(Calvin)도 같은 관점에서 "만약 하나님이 그의 모든 사역에서 축복을 받는다면, 하나님이 받아야 할 축복은 무엇보다도 하나님의 형상과 그의 영광이 특별하게 광채를 발하는 사람 안에서 진실하게 드러나야 한다. 그래서 사람이 같은 말로 하나님을 찬송하고 그리고 사람을 저주하도록 관리하는 것은 참을 수 없

---

174   Moo, *James (Tyndale)* (1990), p. 128.

175   Peter Davids, *Commentary on James (NIGTC)* (1982), p. 146.

는 위선인 것이다."[176]라고 해석한다. 칼빈은 하나님이 행하신 사역을 생각할 때 사람은 하나님께 찬송과 영광을 드려야 하는데, 하물며 사람이 하나님의 형상으로 지음을 받은 이 사실에 대해 하나님께 찬송과 영광과 존귀를 드려야 하는 것이 마땅하지 않겠냐고 말하고 있다. 칼빈은 여기서 성도들의 특별한 정체성(identity)을 언급하며, 그렇게 창조된 사람을 저주하는 것은 잘못이라고 지적하고 있는 것이다.

야고보는 다시 한번 "형제들아"라고 애정을 담은 말과 함께 "한 입에서 찬송과 저주가 나오는도다 내 형제들아 이것이 마땅하지 아니하니라"(약 3:10)라고 함으로 혀를 이중적으로 사용하는 것은 잘못임을 분명히 한다. 야고보가 여기서 사용한 "이것이 마땅하지 아니하니라"(οὐ χρή)라는 표현은 신약성경 이곳에서만 사용된(hapax legomenon) 표현으로[177] 야고보가 혀의 이중적 특성을 강하게 책망하는 것이다. 그 뜻은 "그것은 옳지 않다," "그것은 올바르지 않다"와 같은 뜻이라고 할 수 있다. 야고보는 한 입으로 찬송과 저주를 하는 것은 옳지 않다고 강력하게 천명하는 것이다(약 3:10).

야고보는 이제 야고보서 3:11-12에서 찬송과 저주를 할 수 없는 이유를 밝힌다. 야고보는 "샘이 한 구멍으로 어찌 단 물과 쓴 물을 내겠느냐 내 형제들아 어찌 무화과나무가 감람열매를, 포도나무가 무화과를 맺겠느냐 이와 같이 짠 물이 단 물을 내지 못하느니라"(약 3:11-12)라

---

176   John Calvin, *A Harmony of the Gospels Matthew, Mark and Luke, Vol. III and The Epistles of James and Jude* (1975), p. 292.

177   J. B. Smith, *Greek-English Concordance to the New Testament* (1974), p. 374. (section 5434)

고 하나님의 창조하신 자연의 원리를 사용하여 혀의 이중적 사용을 책망한다. 야고보는 수사적 의문의 형태로 설명함으로 당연히 그 답은 "아니요"가 나올 수 있도록 논리를 전개한다. 자연의 원리는 한 구멍에서 한 때는 단 물이 또 다른 때는 쓴 물이 나올 수 없고, 무화과나무는 무화과를 생산하지 감람열매를 생산하지 않으며, 포도나무는 포도를 생산하지 무화과를 생산하지 않는다. 이와 같은 자연의 원리는 이미 예수님이 가르치신 바 있다. 예수님은 "그들의 열매로 그들을 알지니 가시나무에서 포도를, 또는 엉겅퀴에서 무화과를 따겠느냐 이와 같이 좋은 나무마다 아름다운 열매를 맺고 못된 나무가 나쁜 열매를 맺나니 좋은 나무가 나쁜 열매를 맺을 수 없고 못된 나무가 아름다운 열매를 맺을 수 없느니라"(마 7:16-18)라고 가르치신다. 키스터마커(Kistemaker)는 "짠 물이 단 물을 내지 못하는 것"과 같이 "이처럼 자연이 그 자체의 창조된 기능에 역행할 수 없다면, 사람의 혀는 당연히 사람을 창조하신 그 분의 이름과 구속주를 찬송해야 하지 않겠는가?"[178]라고 정리한다. 야고보는 하나님께서 주신 혀를 사용하여 당연히 창조주 하나님을 찬송하고 또한 그리스도의 은혜로 구속받은 모든 성도들을 칭찬하고 격려하고 높이는 일이 성도들이 혀를 사용하여 해야 할 일임을 분명히 한다(참조, 약 1:19, 26; 3:2-6).

---

178   Kistemaker, *James and I-III John* (1986), p. 116.

2. 하나님의 지혜와 성도의 평강(약 3:13-18)

¹³ 너희 중에 지혜와 총명이 있는 자가 누구냐 그는 선행으로 말미
암아 지혜의 온유함으로 그 행함을 보일지니라 ¹⁴ 그러나 너희 마음
속에 독한 시기와 다툼이 있으면 자랑하지 말라 진리를 거슬러 거
짓말하지 말라 ¹⁵ 이러한 지혜는 위로부터 내려온 것이 아니요 땅
위의 것이요 정욕의 것이요 귀신의 것이니 ¹⁶ 시기와 다툼이 있는
곳에는 혼란과 모든 악한 일이 있음이라 ¹⁷ 오직 위로부터 난 지혜
는 첫째 성결하고 다음에 화평하고 관용하고 양순하며 긍휼과 선한
열매가 가득하고 편견과 거짓이 없나니 ¹⁸ 화평하게 하는 자들은 화
평으로 심어 의의 열매를 거두느니라 (약 3:13-18)

약 3:13-16　　야고보는 "위로부터 난 지혜"(약 3:17)와 "위로부터 나지
아니한 지혜"(약 3:14-16)를 비교하고 있다. "위로부터 난 지혜"는 참 지
혜요 "위로부터 나지 아니한 지혜"는 거짓 지혜이다. 거짓 지혜는 그
기원이 세상적이요 정욕적이요 마귀적이다(약 3:15). 박윤선은 야고보
서 3:13을 해석하면서 "선을 행하는 자도 교만하게 행하면 시기(猜忌)
와 분쟁을 일으킨다."[179]라고 해석한다. 그러므로 선을 행하는 자도 지
혜의 온유함으로 선행을 해야 한다. 야고보는 사람의 연약함이 얼마나
깊은지를 갈파하고 있다. 사람이 선행을 하면서도 범죄할 수 있음을
지적하고 있다.

　　야고보는 거짓 지혜가 마귀적이라는 사실을 강조한다. 그러므로 거

179　박윤선, 『히브리서 · 공동서신』(1965), p. 213.

짓 지혜는 기독교 신앙과 상관이 없는 것이다(약 3:15). 거짓 지혜는 "위로부터 내려온 것이 아니요 땅위의 것이다"(약 3:15). 거짓 지혜는 "시기와 다툼"을 일으키고 "혼란과 모든 악한 일이"(약 3:16) 그 뒤를 따른다. 거짓 지혜는 다른 사람이 잘되는 것을 보지 못한다. 거짓 지혜를 가진 사람은 다른 사람이 성공할 때 칭찬하고 격려할 수 있는 마음의 여유가 없다. 혹시 겉으로는 축하하는 것 같으면서도 속으로는 견제하고 미워한다. 거짓 지혜는 다툼이 뒤따른다. 거짓 지혜의 소유자는 양보심이 없기 때문에 항상 다른 사람과 충돌하게 되고, 무질서하고, 불신을 조장하며, 다른 사람의 말을 믿지 못한다. 거짓 지혜는 자기 자랑을 수반한다. 자기 자랑은 일반적으로 과장된 것이 많다. 사람은 속으로 공허하면 겉으로 자랑을 하게 마련이다. 옷 치장하는 것도 마찬가지이다. 옷에 관심을 많이 쓰는 사람일수록 자신이 없는 사람이다. 거짓 지혜는 요란과 악한 일을 수반한다. 거짓 지혜는 서로 당파심을 갖게 만들고 따라서 다투게 되어 그 결과 불안정이 뒤따른다. 거짓 지혜자의 마음속에 평화가 있을 수 없고 기쁨이 있을 수 없다.

반면 참 지혜는 "위로부터 난 지혜"(약 3:17)이다. 야고보가 본 절에서 사용한 "위로부터 난"(ἄνωθεν)것 들은 "빛들의 아버지께로부터 내려온" 것들이다(약 1:17). 참 지혜는 하나님으로부터 왔다(약 3:15, 17). 잠언은 "여호와를 경외하는 것은 지혜의 훈계라 겸손은 존귀의 앞잡이니라"(잠언 15:33)라고 가르친다. 참 지혜의 첫 단계는 하나님을 아는 것이다. 하나님께 나아오는 자는 하나님의 존재를 믿고 그의 사역을 믿어야 한다(히 11:6).

약 3:17-18   야고보가 "위로부터 난 지혜"를 설명하면서 "첫째"와 "다음에"를 사용한 것은 내용의 순서를 가리키는 것이 아니요, 내용의 중요성을 강조하기 위해서이다. "성결"은 하나님과의 관계에서 성도가 소유해야 할 특질이지만 뒤를 이어 사용되는 "화평," "관용," "양순," "긍휼," "편견," 등은 인간관계 가운데서 나타나는 특질이라고 할 수 있다. 그래서 야고보는 "성결"을 언급할 때 "첫째"를 붙여 중요성을 강조하고 있는 것이다.

야고보는 "성결"(ἁγνή)을 "위로부터 난 지혜" 중의 하나라고 명시하면서 "성결"이 천국에서의 삶의 특징 중 첫째라고 강조한다(약 3:17). 참 지혜의 첫 번째 특성은 성결이다. 성결(pure)은 순결하며, 깨끗하다는 뜻이다. 성결은 내적 특성을 보여 준다. 제사 의식이나 육체적인 더러움에서부터 깨끗할 뿐만 아니라 신실한 도덕과 정신적인 고결함을 말한다. 참 지혜자는 그리스도를 닮고 세상에 물들지 않는다(약 1:27). 그러므로 성결은 많은 좋은 특징 중의 하나가 아니라 전체를 이해할 수 있는 열쇠가 되는 특징이다. 위로부터 난 지혜인 "성결"은 성도들이 하나님과의 관계뿐만 아니라 사람들과의 관계에 대해서도 동시에 갖추어야 할 특징이다. 그리고 나머지 일곱 가지 특징은 일반적으로 성도들이 다른 사람과의 관계에서 필요로 하는 삶의 특징들이다.

빈센트(Vincent)는 야고보가 "성결"을 첫째라고 강조한 것은 단순히 숫자적으로 첫째라는 의미가 아니요 본질적으로 첫째임을 강조한 것이라고 말한다. 빈센트는 다른 특징들은 첫째 특징인 "성결"로부터 생겨난 결과로서 부수적인 것이라고 해석한다.[180] 하나님은 성결한 분이시기 때문에 하나님 나라 안에서의 삶은 성결한 삶이 되어야 한다. 데

이빗즈(Davids)는, "이 성결은 사람이 하나님의 성품에 참여하는 것을 뜻한다. 그는 순수한 동기를 가지고 하나님의 도덕적 법칙을 따른다."[181]라고 설명한다. "성결"은 순수함을 뜻한다. 100% 순수하면 그 자체가 거룩한 상태이다. 야고보는 "성결"을 언급하면서 "성결"과 "죄"를 대칭시켜 생각한 것이다.[182] 죄는 천국 안에서 용납될 수 없는 요소이다. 야고보는 독자들의 죄를 생각하면서 하나님 나라 안에서의 삶은 성결을 요구하고 있다고 말하고 있다. 성결은 온전하게 거룩하신 하나님이 그 기원이기 때문에 순수하고 흠이 없으며 또한 성결은 그것을 소유한 사람으로 하여금 거룩한 삶을 살고자 하는 열망을 제공한다.[183] 칼빈(Calvin)은 "성결"을 "위선과 이기심"(hypocrisy and selfishness)이 배제된 덕목으로 정의한다.[184]

야고보가 사용하는 "화평하고"(εἰρηνική)는 비록 어근은 같지만 신약성경에서 92회 나타나는 일반적인 용어인 "화평"(εἰρήνη)과는 다른 용어이다. 야고보가 사용한 "화평하고"는 히브리서와 야고보서에 각각

---

180 Marvin R. Vincent, *Word Studies in the New Testament*, Vol. I: *The Synoptic Gospels, Acts of the Apostles, Epistles of Peter, James, and Jude* (Grand Rapids: Eerdmans, 1975), p. 754: "The idea is not first *numerically*, but first *essentially*. The other qualities are secondary as outgrowths of this primary quality." (italics original).

181 Peter Davids, *Commentary on James (NIGTC)*, (Grand Rapids: Eerdmans, 1982), p. 154.

182 W. E. Oesterley, "The General Epistle of James," *The Expositor's Greek Testament*, Vol. IV (Grand Rapids: Eerdmans, 1980), p. 456.

183 Alexander Ross, *Commentary on the Epistles of James and John* (Grand Rapids: Eerdmans, 1970), p. 70.

184 John Calvin, *A Harmony of the Gospels Matthew, Mark and Luke, Vol. III and The Epistle of James and Jude*, p. 294.

한 번씩 신약성경에 오로지 두 번 나타난다(히 12:11; 약 3:17). 히브리서의 용도는 "화평하고"를 열매와 함께 사용하여 단련(discipline)을 통해 연단 받는 자들은 "의와 평강(화평)의 열매"를 맺게 된다고 가르친다. 히브리서 저자가 "화평"을 명사(noun)대신 형용사(adjective)로 사용한 것은 이미 연단 받는 전투가 끝나고 휴식과 편히 쉬는 모습을 암시하고 있다. 야고보가 "화평하고"(peace-loving)를 사용한 의미는 이미 마음이 "성결"(pure)한 사람만이 화평을 이룬다는 의미이다.[185] 야고보는 "화평하고"가 성령의 열매 중의 하나임을 암시적으로 설명하고 있다(갈 5:22).[186] 성령을 소유한 사람만이 화평을 이룰 수 있기 때문이다. 칼빈은 화평의 뜻이 분쟁이나 충돌이나 불화와 연결되어 있지 않다는 의미라고 설명한다.[187] 성도들의 몸은 성령의 전이다(고전 3:16; 6:19). 성령이 성도들 안에 내주하고 계신다. 따라서 성도들은 분쟁을 일으키거나 충돌을 일삼는 그런 삶의 방식을 벗어나 다른 사람과 화평할(peace-loving) 뿐만 아니라 항상 "화평을 만드는 사람"(peace maker)이 되어야 한다. 하나님의 말씀은 "다툼을 좋아하는 자는 죄과를 좋아하는 자요"(잠 17:19)라고 가르친다. 화평을 만드는 삶이 예수님을 구주로 믿고

---

185 P. E. Hughes, *A Commentary on the Epistle to the Hebrews* (Grand Rapids: Eerdmans, 1977), p. 533. Cf. Marvin R. Vincent, *Word Studies in the New Testament,* Vol. IV (Grand Rapids: Eerdmans, 1975), p. 545.: "Perhaps with a suggestion of *recompense* for the longsuffering and waiting, since ἀποδίδομι often signifies 'to give back.'"(italic original)

186 참고로 성령의 아홉 가지 열매는 사랑(love), 희락(joy), 화평(peace), 오래 참음(patience), 자비(kindness), 양선(goodness), 충성(faithfulness), 온유(gentleness), 절제(self-control)이다.

187 John Calvin, *A Harmony of the Gospels Matthew, Mark and Luke, Vol. III and The Epistle of James and Jude,* p. 294.

그의 재림을 소망하며 사는 성도의 삶의 특징이다.

야고보는 "위로부터 난 지혜"의 특성으로 관용(ἐπιεικής)을 언급한
다. 관용은 관대한 마음의 태도를 가리킨다. 관용(considerate)은 사전
적인 의미로 중용, 온건, 절제(moderation)의 뜻과 착함, 선량, 친절, 온
순(goodness) 등의 뜻을 가지고 있고 또한 예의, 공손, 정중(courtesy)이
나 관용, 아량, 인심이 좋음(generosity) 등의 뜻을 가지고 있다.[188] 스픽
크(Spicq)는 전체의 내용을 요약하여 관용을 "친절한 균형"(friendly
equilibrium)[189]으로 설명한다. 야고보가 관용이라는 특성을 통해서 표
현하기를 원하는 하나님 나라 안에서의 성도들의 생활은 온건하고, 선
량하며, 친절하고, 공손하며, 아량이 있는 균형 잡힌 태도를 가리킨다
고 할 수 있다. 이와 같은 삶의 태도는 예수 그리스도께서 지상에 계실
때 사람들에게 보여 주신 태도이며 따라서 겸손하고 온유한 의미의 에
피에이케스(관용)는 하나님 나라의 통치 법칙이기도 하다.[190] 하나님은
"우리가 아직 죄인 되었을 때에"(롬 5:8) 우리를 사랑하시고 우리의 죄
를 용서하셨다. 그러므로 성도들은 죄는 미워해야 하지만 사람을 미워
해서는 안 된다. 성도들은 어떤 일을 판단할 때 항상 상대방의 형편을
생각하면서 판단해야 한다.

188　Ceslas Spicq, *Theological Lexicon of the New Testament*, Vol. 2 (Peabody: Hendrickson, 1996), p. 38.

189　Spicq가 번역한 "친절한 균형"(friendly equilibrium)의 원래 프랑스어(French)는 sympathique evquilibre 이다. Spicq, *Theological Lexicon of the New Testament*, Vol. 2, p. 38.

190　W. Bauder, "Humility, Meekness," *The New International Dictionary of New Testament Theology*, Vol. 2 (Grand Rapids: Zondervan, 1977), p. 258.

야고보는 "위로부터 난 지혜"의 다음 특성을 양순(εὐπειθής)이라고 설명한다. 양순(submissive)은 신약성경 다른 곳에서는 사용되지 않고 본 절에서만 나타나는 용어(hapax legomenon)이다.[191] 양순은 순종 (obedient)의 뜻과 동일하게 사용된다. 일반적으로 양순은 어떤 권위에 굴종함으로 나타나는 특성이 아니요, 설득을 받음으로 결과적으로 나타나는 특성이다. 양순은 다른 사람에게 양보하는 마음을 가리킨다 (willing to yield). 양순은 마음에 여유가 있는 것과 연관되어 있다. 양순은 문자적으로 쉽게 설복된다는 뜻이지만 연약해서 설복된다거나 속기 쉬운 성질 때문에 설복되는 것이 아니요, 불변의 신학적 원리나 도덕적 원리가 희생되지 않을 때 설복되어 순종함으로 다른 사람들과의 차이를 나타내는 것을 뜻한다.[192] 양순은 성도가 예수 그리스도를 주님으로 모실 때 나타나는 삶의 특징으로 주님의 말씀을 순종하는 태도에서 나타나는 삶의 덕목이다. 하나님 나라의 주인이신 예수님의 성품이 양순이므로 하나님 나라의 백성인 성도들은 당연히 양순의 삶의 특징을 실천하면서 살아야 한다.

야고보는 "위로부터 난 지혜"의 특성으로 풍성한 긍휼(μεστὴ ἐλέους)을 제시한다. 풍성한 긍휼(full of mercy)은 자비가 많고 상대방에게 사랑을 베푸는 것이다. 긍휼(mercy)과 은혜(grace)는 교대로 사용되기도 하지만 그 의미가 약간은 다르다. 은혜는 사람 편에서의 어떤 잘못이

191 J. B. Smith, *Greek-English Concordance to the New Testament* (Scottdale: Herald Press, 1974), p. 158 (section 2138).

192 Douglas J. Moo, *James (Tyndale New Testament Commentaries)* (Grand Rapids: Eerdmans, 1990), p. 136.

나 고난을 전제하지 않고 하나님의 무조건적인 사랑의 호의를 설명할 때 사용할 수 있는 용어이다. 하지만 긍휼은 사람 편에 어떤 잘못이 있는 것을 전제로 하나님의 호의를 구할 때 사용할 수 있는 용어이다. 마가(Mark)는 하나님이 인간 세상의 불행을 고치실 때 긍휼이라는 용어를 사용했다(막 5:19).[193] 풍성한 긍휼(full of mercy)은 상대방의 고난을 보면서 사랑으로 호의를 베풀어 주는 것이다.

예수님은 천국에서 종들이 결산할 때 어떤 호의를 받게 될 것인지를 설명하면서 어떤 임금의 행위를 예로 든다. 어떤 임금이 만 달란트 빚진 자에게 자비를 베푼다. 빚진 자의 형편이 갚을 능력이 없고 "엎드려 절하며 이르되 내게 참으소서 다 갚으리이다"(마 18:26)라고 주인에게 호소하자, 주인이 불쌍히 여겨 놓아 보내며 만 달란트 빚을 탕감하여 주었다. 그런데 이렇게 큰 빚을 주인으로부터 탕감 받은 종이 자기에게 백 데나리온 빚진 동료가 "나에게 참아 주소서 갚으리이다"(마 18:29)라고 호소하지만 이를 허락하지 아니하고 그 동료를 옥에 가두어 버린다(마 18:30). 이를 전해 들은 주인이 그 종을 불러다가 "네가 빌기에 내가 네 빚을 전부 탕감하여 주었거늘 내가 너를 불쌍히 여김과 같이 너도 네 동료를 불쌍히 여김이 마땅하지 아니하냐 하고 주인이 노하여 그 빚을 다 갚도록 그를 옥졸들에게 넘기니라"(마 18:32-34, 개역개정)라고 말한다. 그리고 예수님께서 "너희가 각각 마음으로부터 형제를 용서하지 아니하면 나의 하늘 아버지께서도 너희에게 이와 같이 하시리라"(마 18:35, 개역개정)라고 가르치신다. 예수님은 우리가 불쌍히

---

193 F. Staudinger, "ἔλεος, ἐλεέω," *Exegetical Dictionary of the New Testament*, Vol. 1 (Grand Rapids: Eerdmans, 1990), p. 430.

여김을 받은 것과 같이 우리도 우리의 동료를 불쌍히 여겨야 한다고 말씀하신다. 하나님은 죄인인 우리를 불쌍히 여기셨다. 그것이 하나님 나라 안에서의 통치 원리요 방법이다. 우리도 형제를 불쌍히 여기며 살아야 한다. 본문(마 18:33)의 "불쌍히 여김"(ἐλεῆσαι)이 바로 긍휼을 베푸는 것이다. 그러므로 긍휼 혹은 자비는 선한 마음과 호의적인 성질을 뜻한다.[194] 천국에서의 삶의 특징은 형제를 용서하고 긍휼과 자비를 베푸는 것이다.

야고보는 "위로부터 난 지혜"의 특성 중의 하나가 "선한 열매"(καρπῶν ἀγαθῶν)라고 가르친다(약 3:17). 선한 열매(good fruit)는 많은 사람에게 유익을 주는 행위가 뒤따르는 것을 뜻한다. "선한 열매"는 화평하게 하는 자가 만들어 낼 수 있는 "의의 열매"(약 3:18)라고 할 수 있다. 칼빈(Calvin)은 야고보가 "선한 열매"(καρπῶν ἀγαθῶν)의 뜻으로 "선한 의도를 가진 사람들이 그들의 형제들에게 반드시 행해야 하는 모든 선한 역할들로, 이는 한마디로 선한 행동의 가득함을 뜻하는 것이다."[195]라고 해석한다. "선한 열매"는 결국 믿음과 의의 열매로서 선한 행위를 가리킨다. 따라서 "선한 열매"는 예수님을 구주로 고백하는 성도들의 삶을 통해 나타나는 아름다운 행위를 가리킨다. 야고보가 말하는 "화

---

194 Ceslas Spicq, *Theological Lexicon of the New Testament*, Vol. 1 (Peabody: Hendrickson, 1996), p. 475: "70인경(LXX)은 172회에 걸쳐 구약의 헤세드(*hesed*)를 번역할 때 엘레오스(*eleos*)로 번역했다. 엘레오스는 그 의미가 여러 가지이고 또 논란의 대상이 되지만 기본적인 뜻은 '선함', '자선', '호의적인 성질', 등으로 단순한 동정심이나 선행의 의미를 포함할 뿐만 아니라 자비나 관대함의 뜻도 모두 포함하고 있다."

195 John Calvin, *A Harmony of the Gospels Matthew, Mark and Luke, Vol. III and The Epistle of James and Jude*, p. 294.: "By good fruits he suggests all the good offices that well-intentioned men owe to their brethren, as much as to say, in one word, full of well-doing."

평과 의"(약 3:18)는 하늘로부터 내려 온 참 지혜의 결과들이며, 쟁투와
악한 행동은 세상적인 지혜의 결과이다.[196] 렌스키(Lenski)는 "의의 열
매"(καρπὸς δικαιοσύνης)라는 표현에 사용된 소유격을 "열매"가 "의" 자
체라는 동격적 소유격(genitive as appositional)으로 생각하지 않는다. 즉
그는 열매가 "의" 자체가 아니라고 생각한다. 그래서 렌스키는 여기에
사용된 소유격을 "기원의 소유격"(the genitive of origin)으로 생각하여
"참 의가 생산하는 열매"로 해석한다.[197]

야고보는 "위로부터 난 지혜"의 특성으로 "편견이 없음"(ἀδιάκριτος)
을 포함시킨다. "편견이 없음"(impartiality)이라는 표현은 신약성경 말
씀 중 본 절에서만 사용되는 표현이다(hapax legomenon). "편견이 없음"
은 형제들의 언어와 행동을 나쁜 의미로 판단하지 않고 공평하게 평가
하는 것이다. 편견이 없다는 것은 두 마음을 품지 않고 일관성이 있다
는 뜻이다. "편견이 없음"은 마음의 결심이 한 번 정해지면 그대로 실
천한다는 뜻이다. "편견이 없음"은 거짓이 없다는 뜻으로 외식을 하지
않고 있는 그대로 나타내고 진실만을 나타낸다는 뜻이다. 하나님 나라
안에서는 억울함이 있을 수 없다. "편견이 없음"은 "의심하지 않는
것"(not doubting)이며, "파당을 만들지 않으며"(not given to party spirit)
(고전 1:12 참조), "단순하며"(simple), "조화를 이루며"(harmonious) 등의

[196]   Oesterley, "The General Epistle of James," p. 456.

[197]   R.C.H. Lenski, *The Interpretation of the Epistle to the Hebrews and the Epistle of James* (Minneapolis: Augsburg Publishing House, 1966), p. 620. 참고로 영어번역 ESV, RSV는 "And a harvest of righteousness is sown in peace by those who make peace."로 번역했고, NKJV는 "Now the fruit of righteousness is sown in peace by those who make peace."로 번역했으며, NIV는 "Peacemakers who sow in peace raise a harvest of righteousness."로 번역했다. 이상의 번역들은 본문에 충실하려고 했을 뿐이다.

뜻을 가지고 있다. 데이빗즈(Davids)는 "이런 의미들은 비교적 서로 가까운 관계에 있다. 참된 지혜를 가진 사람은 분명하게 파당을 짓지 않는다. 반대로 그는 그의 생각과 행동에서 순수하고 절대적으로 신실하다. 이 표현은 '위선 없는,' '신실한'(ἀνυπόκριτος)의 뜻과 같은 의미이다. '위선 없음'(hypocrisy)은 베드로전서 1:22; 로마서 12:9; 고린도후서 6:6에서는 사랑에 적용되었고, 디모데전서 1:5; 디모데후서 1:5에서는 믿음에 적용되었다."[198]라고 해석한다. "편견이 없음"은 어제는 자신에게 이득이 없었기 때문에 상대방을 나쁘게 말하고 오늘은 자신에게 이득이 생길 것 같으니 상대방을 좋게 말하는 일관성 없는 태도가 아니요 항상 일관되게 한 마음을 표현하는 것이다.

야고보는 마지막으로 "위로부터 난 지혜"의 특성으로 "거짓이 없음"(ἀνυπόκριτος)이라고 가르친다. "거짓이 없음"은 사실상 위선이 없다는 뜻이다. "위선이 없다"는 것은 마음에 구김살이 없다는 뜻이기도 하다. 하나님 나라 안에서의 성도들의 삶은 순수한 마음으로 말과 행동을 실행하는 것이다. "거짓이 없는" 삶은 하나님으로부터 나온 지혜의 열매라고 할 수 있다. 야고보는 예수님의 삶에서 위선이 없고 거짓이 없는 삶의 모습을 목격하고 그런 삶이 바로 예수님을 믿는 성도들의 삶이어야 함을 강조하고 있는 것이다.

야고보는 이제 "위로부터 난 지혜"의 특성을 열거하고 그런 특성을 실천하며 사는 삶을 강조하고 그런 삶의 결국이 어떤 삶인지를 설명한

198　Peter Davids, *Commentary on James* (*New International Greek Testament Commentary*) (Grand Rapids: Eerdmans, 1982), p. 154.

다. 야고보는 "화평하게 하는 자들은 화평으로 심어 의의 열매를 거두느니라"(약 3:18)라고 함으로 "위로부터 난 지혜"의 특성을 실천하며 사는 사람은 "의의 열매"를 맺는 삶을 살게 된다고 확인한다. 그런데 우리가 여기서 주목해야 할 것은 야고보가 "화평으로 심어" 의의 열매를 거둔다고 말한 내용이다. 이 말씀은 성도가 "의의 열매"를 거둘 때까지 과정이 있음을 강조한 것이다. 화평하게 하는 자가 의의 열매를 맺기 위해서는 성급하지 않고 인내가 필요함을 강조한 것이다. 야고보는 성도들의 삶이 목적을 성취하는 것도 중요하지만 그 목적을 성취하기 위한 과정도 중요함을 강조하고 있다. 야고보는 목적만 성취하면 그 과정이 어떠하든 상관없다는 잘못된 생각을 바로잡고 있는 것이다.

야고보가 언급한 화평하게 하는 자가 거두는 "의의 열매"는 어떤 열매인가? "의의 열매"는 바로 의 자체이다. 의로운 마음은 화평을 사랑하고 화평을 이루며 화평을 위해 사역하고(약 3:13) 화평하게 하는 역할을 한다(약 3:18). 의로운 사람만이 의의 열매를 산출할 수 있다. 자연법칙으로는 사과나무는 사과를 생산하고 돌배나무는 돌배를 생산한다. 예수님께서 "좋은 나무마다 아름다운 열매를 맺고 못된 나무가 나쁜 열매를 맺나니 좋은 나무가 나쁜 열매를 맺을 수 없고 못된 나무가 아름다운 열매를 맺을 수 없느니라."(마 7:17, 18; 눅 6:43-45)라고 가르치셨다. 그러므로 예수를 믿는 의로운 성도만이 "의의 열매"를 맺을 수 있다.

야고보서 4장 요약

야고보서 4장에서 야고보는 "위로부터 난 지혜"(약 3:17)대로 살지 아니하면 믿음의 공동체 내에 화평이 있을 수 없음을 확인하고 교회 공동체 내에 "싸움"과 "다툼"이 어디로부터 나오는지를 규명한다. 야고보는 인간이 욕심이 많아 정욕으로 쓰려고 잘못 구하는 존재들임을 알고(약 4:3) 성도들이 항상 기억할 것은 "하나님이 우리 속에 거하게 하신 성령"(약 4:5)의 인도를 따르는 것이라고 가르친다. 따라서 성도들은 "마귀를 대적하여야 하고"(약 4:7), "하나님을 가까이하여야 한다"(약 4:8). 야고보는 성도들이 세상과 벗된 사실에 대해 슬퍼하고 애통하며 울어야 한다고 가르치고(약 4:9), 주 앞에서 겸손해야 함을 가르친다(약 4:10). 성도들의 겸손한 마음은 하나님을 기쁘시게 한다. 야고보는 성도들이 형제를 비판하지 말고 선을 행하며 살아야 하는데 그 이유는 판단하실 분은 오직 하나님 한 분 뿐이시기 때문이라고 가르친다(약 4:11-12). 그러므로 성도는 매일 매일 성실하게 사는 것이 주님의 뜻을 이루는 삶인데(약 4:15) "사람이 선을 행할 줄 알고도 행하지 아니하면 죄"(약 4:17)이기 때문이다. 하나님은 죄를 미워하신다.

1. 정욕과 야망으로부터 오는 분열(약 4:1-10)

¹ 너희 중에 싸움이 어디로부터 다툼이 어디로부터 나느냐 너희 지체 중에서 싸우는 정욕으로 부터 나는 것이 아니냐 ² 너희는 욕심을 내어도 얻지 못하여 살인하며 시기하여도 능히 취하지 못하므로 다투고 싸우는도다 너희가 얻지 못함은 구하지 아니하기 때문이요 ³ 구하여도 받지 못함은 정욕으로 쓰려고 잘못 구하기 때문이라 ⁴ 간음한 여인들아 세상과 벗된 것이 하나님과 원수됨을 알지 못하느냐 그런즉 누구든지 세상과 벗이 되고자 하는 자는 스스로 하나님과 원수 되는 것이니라 ⁵ 너희는 하나님이 우리 속에 거하게 하신 성령이 시기하기까지 사모한다 하신 말씀을 헛된 줄로 생각하느냐 ⁶ 그러나 더욱 큰 은혜를 주시나니 그러므로 일렀으되 하나님이 교만한 자를 물리치시고 겸손한 자에게 은혜를 주신다 하였느니라 ⁷ 그런즉 너희는 하나님께 복종할지어다 마귀를 대적하라 그리하면 너희를 피하리라 ⁸ 하나님을 가까이 하라 그리하면 너희를 가까이 하시리라 죄인들아 손을 깨끗이 하라 두 마음을 품은 자들아 마음을 성결하게 하라 ⁹ 슬퍼하며 애통하며 울지어다 너희 웃음을 애통으로, 너희 즐거움을 근심으로 바꿀지어다 ¹⁰ 주 앞에서 낮추라 그리하면 주께서 너희를 높이시리라 (약 4:1-10)

약 4:1-3 야고보는 이제 믿음의 공동체 내에서의 싸움(πόλεμοι)과 다툼(μάχαι)[199]이 어디로부터 나오는지 규명한다. "어디로부터"는 바로

---

[199] 한글개역과 개역개정, 그리고 바른성경은 πόλεμοι를 "싸움"으로 μάχαι를 "다툼"으로 번역했고, 표준새번역과 표준새번역개정은 "싸움"과 "분쟁"으로 번역했다. 영어번역의 경우 NIV는 "fights"와 "quarrels"로 처리했고, AV와 RSV는 "wars"와 "fightings"로 번역했으며, ESV는 "quarrels"와 "fights"로 번역했다. 그리고 NASB는 "quarrels"와 "conflicts"로 번역했고, NKJV는 "wars"와 "fights"로 번역 처리했다. 이상의 번역들은 용어 선택에 있어서 크게 문제될 것이 없다. 헬라어의 πόλεμοι는 war, battle, fight, conflict, quarrel 등

인간의 마음을 가리킨다(약 1:14 참조). 성도들이 "위로부터 난 지혜"에 따라 움직이지 않고 개인적인 정욕에 따라 움직이면 결국 믿음의 공동체 내에 다툼과 불화가 발생하게 될 수밖에 없음을 분명히 한다. 그래서 야고보는 "너희 중에 싸움이 어디로부터 다툼이 어디로부터 나느냐"(약 4:1)라고 수사학적인 질문(rhetorical question)을 한다. 야고보가 수사학적인 질문을 하는 것은 싸움과 다툼이 이미 믿음의 공동체 내에 존재하고 있음을 증거하고 있다.[200] 그러나 싸움과 다툼이 전쟁에서 사람들이 서로 죽이기까지 하는 그런 상황을 말하는 것은 아니다. 현재에도 가정에서나 공동체 안에서 두 사람이 심한 말다툼을 할 경우 "전쟁하네, 전쟁해"와 같은 표현을 한다.

야고보는 자신이 제기한 질문에 답을 한다. 야고보는 믿음의 공동체 내에서 싸움과 다툼이 일어나는 것은 바로 "정욕"(ἡδονῶν)으로부터 나오는 것임을 분명히 한다. "정욕"이란 용어는 신약에서 5회 사용되었는데 모두 나쁜 의미와 연관되어 사용되었다(눅 8:14; 딛 3:3; 약 4:1, 3; 벧후 2:13). 정욕으로 가득 찬 사람은 하나님으로부터 멀어진다. 성도들도 이 정욕의 덫에 걸릴 수 있다. "만약 사람이 정욕을 허용하게 되면 그는 영구한 불만족에 빠져 얽히게 되고 자신을 혼돈한 상태로 몰아넣는다(약 4:1)."[201] 정욕에 빠져있는 사람은 만족을 누릴 수 없으므로 항상

의 의미가 있고, μάχαι는 battle, fighting, quarrels, strife, disputes 등의 뜻을 가지고 있기 때문이다.

200 영어 번역의 경우 "Where do wars and fights come from among you? Do they not come from your desires for pleasure that war in your member?"라고 번역한 NKJV의 번역이 교회 공동체 내에 싸움과 다툼이 존재했음을 좀 더 명확하게 증거한다(참조, RSV).

201 E. Beyreuther, "ἡδονή," *The New International Dictionary of New Testament Theology*,

싸움과 다툼을 일으키게 된다. 야고보는 성도가 정욕의 덫에 빠지면 자기 자신도 화평을 누릴 수 없을 뿐만 아니라 교회 공동체 내에서 싸움과 분쟁을 일으키는 역할을 하게 된다고 말하고 있다. 이복우는 "싸움과 전쟁은 '너희의 욕망에서(ἐκ)' 나오는데, 이 욕망은 '너희의 지체들 안에(ἐν)' 있다. 싸움은 '너희'의 욕망이 원인이며, 이 욕망의 자리는 '너희'의 지체 안에 있다. 따라서 '너희' 중 그 누구도 이 싸움의 책임과 무관할 수 없다."[202]라고 설명한다.

야고보는 이제 정욕의 문제에 대한 답을 제시한다(약 4:2-3). 야고보가 "너희는 욕심을 내어도 얻지 못하여 살인하며 시기하여도 능히 취하지 못하므로 다투고 싸우는도다 너희가 얻지 못함은 구하지 아니하기 때문이요"(약 4:2)라고 하며 싸움의 원인이 욕심과 시기에 있다고 설명한다. 우선 본문의 뜻을 이해하기 위해 본문을 세 구절로 나누어 생각할 수 있다. 첫째, "너희는 욕심을 내어도 얻지 못하여 살인한다." 둘째, "너희는 시기하여도 능히 취하지 못하므로 다투고 싸운다." 셋째, "너희가 얻지 못함은 구하지 아니하기 때문이다." 세 구절의 뜻을 분석하면 둘째와 셋째는 큰 문제가 없다. 그런데 첫째는 욕심을 내어서 얻지 못함으로 "살인한다"(φονεύετε)는 말은 너무 과한 표현이기에 납득하기 어렵다. "살인한다"는 용어는 문맥에 적절하지 않은 표현으로 보인다.

이와 같은 난제를 해결하기 위해 학자들은 특별한 추측으로 본문을

Vol. 1 (Grand Rapids: Zondervan, 1975), p. 459.

202   이복우, 『주는 가장 자비하시고 긍휼히 여기시는 이시니라』 (2022), p. 303.

구성한다. 에라스므스(Erasmus)는 본 구절의 이해를 돕기 위해 "살인하며"(φονεύω: you kill) 대신 "시기하며"(φθονέω: you envy)를 택하여 본문으로 삼았다. 에라스므스는 "살인하며"에 한 철자는 첨가하고 다른 한 철자는 빼는 작업을 통해 "시기하며"를 본문으로 만들어 낸 것이다. 이는 에라스므스의 추측으로 본 구절의 뜻이 잘 통하게 하려는 시도에 불과하다. 그런데 많은 학자들이 이 추측에 근거한 에라스므스의 주장을 받아들인다. 마틴 루터(Martin Luther), 틴데일(William Tyndale), 칼빈(John Calvin), 베자(Theodore Beza), 디벨리우스(Martin Dibelius), 모팟(James Moffatt), 아담손(James Adamson) 등 많은 학자들이 이 주장을 받아들인다.[203] 특별히 칼빈(Calvin)은 "많은 본문들이 '너희는 살인하며'(φονεύετε: ye kill)로 읽지만, 나는 내가 번역한 것처럼 '너희가 시기하며'(φθονεῖτε: ye are envious)로 읽어야 한다는 것을 전혀 의심하지 않는다. '죽이며'라는 용어는 문맥에 적절하지 않다."[204]라고 하며 "죽이며"(you kill)를 "시기하며, 혹은 질투하며"(you envy)로 바꾸어야 한다고 강조한다.

하지만 몇 가지 이유로 에라스므스의 기발한 추측성 주장을 받아들일 수 없다. 첫째로 주요한 사본들이 "살인하며"(φονεύετε: ye kill)를 본문으로 지지한다. 멧츠거(Metzger)가 저술한 『신약그리스어본문주석』

203 W. F. Arndt and F. W. Gingrich, *A Greek-English Lexicon of the New Testament and other Early Christian Literature* (Grand Rapids: The University of Chicago Press, 1969), p. 872. "φονεύω의 뜻 설명에서 참조."; Kistemaker, *James and I-III John* (1986), p. 131.

204 John Calvin, *A Harmony of the Gospels Matthew, Mark and Luke, Vol. III and The Epistle of James and Jude*, p. 296. "While some texts read φονεύετε (*ye kill*) I have no doubt that we are to read φθονεῖτε (*ye are envious*), as I have rendered it. The word 'kill' has no relevance to the context."

에서도 야고보서 4:2에 관한 본문 비평을 다루지 않았다.[205] 둘째로 본문 비평의 원칙은 더 어려운 구문일수록 원저자의 작품으로 인정해야 하는 것인데 "살인하며"를 "시기하며"로 바꾸는 것은 그 반대의 원리를 적용한 것이다. 셋째로 본 구절(약 4:2)에서 "살인하며"를 은유적으로 이해하면 야고보의 뜻이 전혀 훼손되지 않으므로 그 용어를 다른 용어로 교체할 필요가 없다.

성경은 "살인하며"를 은유적으로 이해할 수 있는 근거를 충분히 제공한다. 야고보는 이미 야고보서 4:1에서 "싸움"(πόλεμος)으로 번역된 용어가 "전쟁"(wars)의 의미가 있는데 그 용어를 은유적으로 사용한 바 있다. 마찬가지로 야고보가 "살인한다"라는 용어를 문자적으로 사용하지 않고 은유적으로 "분노한다"라는 뜻이나 "화를 낸다"라는 뜻으로 사용했다고 받으면 아무런 문제가 되지 않는다. 예수님은 "살인"(murder)을 "분노"(anger)와 동일시하여 사용하셨다(참조, 마 5:21-22; 요일 3:15).[206] 열두 사도의 교훈(The Teaching of the Apostles)은 "분노를 쉽게 내지 않도록 하라. 왜냐하면 분노는 살인으로 인도하기 때문이다. 시기하지 말며, 다투지 말고, 성을 잘 내지 않도록 하라. 왜냐하면 이 모든 것으로부터 살인이 발생하기 때문이다."(Didache 3장 2절)[207]라고 가르친다.

---

205 Bruce M. Metzger, *A Textual Commentary on the Greek New Testament* (London. New York: United Bible Societies, 1971), p. 682 참조.; Peter Davids, *Commentary on James (NIGTC)* (1982), p. 158.: "The conjecture has absolutely no textual evidence."

206 Kistemaker, *James and I-III John* (1986), pp. 131-132.

207 Didach 3장 2절 - μὴ γίνου ὀργίλος, ὁδηγεῖ γὰρ ἡ ὀργὴ πρὸς τὸν φόνον, μηδὲ ζηλωτὴς μηδὲ ἐριστικὸς μηδὲ θυμικός· ἐκ γὰρ τούτων ἁπάντων φόνοι γεννῶνται. 참조, 박형용, 『신약정경론』 (수원: 합신대학원출판부, 2002), pp. 114-155. (부록 1: 열두 사도의 교훈)

열두 사도의 교훈은 유대주의 전통도 살인을 은유적으로 사용했음을 증거한다. 그러므로 야고보가 본 구절(약 4:2)에서 살인이라는 용어를 은유적으로 사용했다고 이해할 때 전혀 문제가 되지 않는다.

그러면 이렇게 시기하고 다투고 싸워도 얻지 못함은 무슨 이유인가? 야고보는 "너희가 얻지 못함은 구하지 아니하기 때문이요"(약 4:2)라고 말한다. 다투고 싸우는 것과 구하는 것이 서로 관계가 없는 것처럼 보인다. 그러나 야고보는 여기서 정곡을 찌르고 있다. 시기하고 다투고 싸우는 것은 무엇을 얻기 위해서 그렇게 하는 것이다. 야고보는 무엇을 얻기 위해 다투고 싸울 시간이 있으면 전능하신 하나님께 구하는 것이 원하는 것을 더 확실하게 얻을 수 있다고 가르치고 있는 것이다. 야고보의 이 말씀은 예수님의 교훈을 연상하게 한다. 예수님은 "구하라 그리하면 너희에게 주실 것이요.... 구하는 이마다 받을 것이요"(마 7:7-8, 참조 마 7:11; 눅 11:9-10)라고 가르치셨다. 성도들은 자신의 욕망에 이끌려 구할 것이 아니요, 순수한 마음으로 하나님을 의지하며 구해야 한다. 그래서 야고보는 "구하여도 받지 못함은 정욕으로 쓰려고 잘못 구하기 때문이라"(약 4:3)라고 강조하는 것이다. 기도는 성도들의 특권이요 권리이기 때문에 성도들의 삶에 부담이 되지 않는다. "새의 날개가 잘 준비되지 않으면 새가 날아 갈 때 날개 자체가 짐이 되지만 날개를 잘 준비하면 새를 멀리 날 수 있게 한다. 기도도 마찬가지이다. 기도가 잘 되지 않으면 기도 자체가 짐이 되지만 기도는 기도하는 사람을 잘 움직여 간다."(약 4:2-3 참조)[208] 욕망은 하나님의 영광을 훼손

---

208 박형용, 『하나님이 가라사대, 힘내라 힘내』(안산: 도서 출판 좋은 미래, 2008), p. 142.

시키지만 기도는 하나님의 영광을 드높인다. 성도를 향한 하나님의 뜻은 "쉬지 말고 기도하라"(살전 5:17)는 것이다.

약 4:4-6　야고보는 "간음한 여인들"에게 "세상과 벗된 것이 하나님과 원수"(약 4:4)가 된다는 사실을 분명하게 밝힌다. "간음한 여인들"은 은유적으로 사용되어 세상을 사랑함으로 하나님과의 관계가 적대적이된 사람들을 가리킨다. 헬라어 용어(μοιχαλίς)가 여성형이기 때문에 한글 번역은 일반적으로 "간음한 여인들"로 번역했다. 하지만 여기 간음한 여인들을 가리키는 용어는 하나님을 배반한 모든 사람을 가리키는 것으로 이해하는 것이 타당하다.[209] 야고보는 성도들의 주인은 하나님 한 분이신데 성도들이 그 하나님을 배반하고 세상을 사랑하는 것은 마치 간음한 사람과 같다고 가르친다(약 4:4). 칼빈(Calvin)은 "내가 생각하는 것처럼, 그(야고보)는 이 세상의 허영심에 의해 부패된 사람들로 하나님으로부터 소원하게 된 사람들을, 그가 그들을 타락했다고 부르거나 혹은 다른 어떤 별칭으로 부를 수 있는 것처럼, 상징적인 의미로 '간음하는 자들'이라고 부른다."[210]라고 설명한다. 칼빈은 한글 개역개

209　한글 번역의 경우 개역한글, 개역개정, 바른성경은 "간음한 여인들"로 번역 처리했고, 표준새번역과 표준새번역개정은 "간음하는 사람들이여"로 번역 처리했다. 영어번역의 경우 NIV, ESV는 "You adulterous people"로, RSV는 "Unfaithful creatures"로, AV는 "Ye adulterers and adulteresses"로, 그리고 NKJV는 "adulterers and adulteresses"로 번역함으로 남녀 구분 없이 번역 처리했고, NASB는 개역개정처럼 "You adulteresses"로 번역함으로 여성형을 강조하였다. Cf. C. Freeman Sleeper, *James* (*Abingdon New Testament Commentaries*) (1998), p. 107.

210　Calvin, *A Harmony of the Gospels Matthew, Mark and Luke*, Vol. III *and The Epistles*

정이 "간음한 여인들"로 번역한 용어를 여성과 남성을 구별하지 않고 "간음한 자들"로 처리했다.

윙클러(Winkler)는 "하나님을 배신한 것을 가리키는 그 용어(간음한 여인들)는 유대인들에게 익숙한 상징적인 뜻으로 사용되었다(시 73:27; 사 57:3; 겔 23:27; 호 2:2, 4; 마 12:39; 16:4; 고후 11:2; 계 2:4)."[211]라고 설명한다. 야고보가 여기서 여성형을 사용한 이유를 이해하기 위해서는 구약의 내용을 참조하여야 한다. 하나님께서는 그의 백성 이스라엘을 특별히 선택하시고 그들과 언약을 맺어 특별한 관계를 유지하신다. 구약은 이 관계를 결혼 관계의 이미지로 표현한다(사 54:1-6; 렘 2:2; 계 21:9). 그런데 이스라엘이 이런 특별한 언약 관계에 있는 하나님을 배반하고 다른 신을 섬길 때 이 상태를 "간음한 상태"로 묘사한다(대하 21:11; 참조, 레 17:7; 20:5). 그래서 예레미야(Jeremiah)는 "이스라엘 족속아 마치 아내가 그의 남편을 속이고 떠나감같이 너희가 확실히 나를 속였느니라 여호와의 말씀이니라"(렘 3:20)라고 선포한 것이다. 이와 같이 유대인들에게 익숙한 교훈을 근거로 야고보는 여성형을 사용하여 그의 "흩어져 있는 열두 지파"(약 1:1)에게 권고의 말을 전하고 있다. 야고보는 "간음한 여인들"(약 4:4)이란 표현을 사용함으로 편지의 수신자들을 불성실한 하나님의 백성으로 특징 짓고 있는 것이다.[212]

of James and Jude (1975), p. 297.; Cf. H. Reisser, "μοιχεύω, μοιχαλίς," The New International Dictionary of New Testament Theology, Vol. 2 (Grand Rapids: Zondervan, 1977), p. 584.

211　Edwin T. Winkler, "Commentary on the Epistle of James," An American Commentary on the New Testament, ed. Alvah Hovey (Valley Forge: Judson Press, 1890), p. 54.

212　Douglas J. Moo, James (1990), p. 144.

불성실한 하나님의 백성들이 잘못한 것은 바로 그들이 "세상과 벗
된"(약 4:4) 사실 때문이다. 야고보가 사용한 세상(κόσμος)은 하나님이
아름답게 창조하신 좋은 의미의 세상이 아니요(창 1:31), 하나님 없이
만들어진 타락한 인간의 가치와 도덕성이 포함된 인류의 전체 조직을
가리킨다(약 4:4; 1:27).[213] 원래 세상은 선하고 아름답게 창조되었다. 그
런데 죄가 세상에 들어옴으로 구원과 하나님의 지식이 부재한 곳으로
전락하였다(요 8:23; 9:39; 고전 3:19; 7:31; 엡 2:2; 약 1:27; 4:4). 야고보는
"세상과 벗된 것"(약 4:4)이란 표현으로 바로 인간의 죄로 인해 하나님
과 불화의 관계에 있는 세상, 곧 훼손되고 왜곡된 세상을 가리키는 것
이다.[214] 거르트(Guhrt)는 "이 세상을 사랑하는 사람은 누구나, 즉 자신
을 이 세상에 맡긴 사람은 누구나 그에게 닿아있는 하나님의 사랑의
어떤 몫도 가지고 있지 않다. 그러므로 그는 주님의 명령이 지시하는
것처럼 사랑할 수 있는 능력이 전혀 없다."[215]라고 이 세상의 타락한 모
습을 설명한다.

야고보는 이렇게 죄로 물들고 왜곡된 세상과 벗이 되면 "하나님과
원수가 된다"(약 4:4)는 표현을 한 절에서 두 번이나 사용하여 하나님과

---

213 약 1:27의 "ἀπὸ τοῦ κόσμου"의 표현을 개역한글, 개역개정, 표준새번역, 표준새번역개
정은 "세속에"로, 바른성경은 "세상으로부터"로 번역처리했다. 바른성경의 번역이 본문
의 뜻을 더 잘 전달했다고 사료된다. 영어의 경우 "by the world"(NIV, NASB), "from the
world"(AV, NKJV, RSV, ESV)로 번역 처리했는데 영어번역들이 본문의 뜻을 제대로 전달
했다고 사료된다.

214 H. Balz, "κόσμος," *Exegetical Dictionary of the New Testament*, Vol. 2 (Grand Rapids:
Eerdmans, 1991), p. 311.

215 J. Guhrt, "κόσμος," *The New International Dictionary of New Testament Theology*, Vol.
1 (Grand Rapids: Zondervan, 1975), p. 526.

원수 되는 사태의 엄중함을 강조하고 있다. 그러면 누가 하나님의 원수인가? 키스터마커(Kistemaker)는 "누구든지 세상을 사랑하면 아버지의 사랑이 그 안에 있지 않다(요일 2:15). 한 사람이 목적을 가지고 세상의 한 부분이 되기 위하여 세상으로 향하면, 그는 양심적으로 하나님과 그의 말씀의 교훈을 배척한 것이다. 그러므로 의도적으로 세상을 선택하고 하나님을 배척하는 사람은 누구든지 하나님을 그의 적으로 만나게 된다."[216]라고 정리한다. 야고보는 지금 세상의 벗이 되어 세상의 질서와 가치를 사랑하고 그 세상 속에 빠져 살면서 하나님을 배반하고 하나님의 말씀을 삶의 원리로 받아들이지 않은 유대인 기독교인들에게 남녀를 가리지 않고 모든 사람들을 가리켜 "간음한 여인들아"라고 상징적으로 경고의 말씀을 하고 있는 것이다(호 1:2; 마 12:39; 16:4; 약 4:4). 야고보는 "간음한 여인들"이 "세상과 벗된 사람들"이며 "세상과 벗된 것"이 바로 "하나님과 원수 되는 것"(약 4:4)이라는 사실을 확증한다.

야고보서 4:5-6은 야고보서 중에서 난해한 구절에 해당한다. 야고보서 4:5 서두의 "혹은, 곧"(ορ· ἤ)이라는 용어는 야고보서 4:5을 야고보서 4:4로 연결시킨다. 야고보는 세상과 벗된 것이 하나님과 원수 되는 것이라고 말하고(약 4:4) 곧바로 "너희는 하나님이 우리 속에 거하게 하신 성령이 시기하기까지 사모한다 하신 말씀을 헛된 줄로 생각하느냐"(약 4:5)라고 하며 야고보서 4:4을 확대 설명하는 것처럼 말하고, 야고보서 4:6 서두에서는 야고보서 4:5에서 "곧"(ἤ)이라는 표현을 사용한 것과는 대조적으로 "그러나"(δέ)를 사용하여 야고보서 4:6이 야고보서

---

216   Kistemaker, *James and I-III John* (1986), p. 135.

4:5의 내용과는 대칭되는 내용임을 밝히고 있다. 야고보서 4:6은 "그러
나 더욱 큰 은혜를 주시나니 그러므로 일렀으되 하나님이 교만한 자를
물리치시고 겸손한 자에게 은혜를 주신다 하였느니라"(약 4:5-6)라고 읽
는다. 야고보는 야고보서 4:5-6에서 성경 말씀을 두 번에 걸쳐 인용한
사실을 확인한다. 야고보는 야고보서 4:5에서 "성경이 말씀하신다"(ἡ
γραφὴ λέγει)라고 말하고, 야고보서 4:6에서는 "그러므로 말씀하신
다"(διὸ λέγει)라고 말함으로 구약성경에서 두 번 인용한 사실을 밝힌
다. 그런데 야고보서 4:5은 야고보가 어느 성경 구절을 인용했는지 확
정하기 힘들고, 야고보서 4:6은 분명히 잠언 3:34을 인용한 것으로 사
료된다.[217] 우리는 본 구절의 뜻을 바로 이해하기 위해 야고보가 구약
의 어느 성경을 인용했느냐를 밝혀야 하며 또한 본문에서 몇 가지 먼
저 확인해야 할 문제가 있다.

첫 번째 문제는 본문 비평의 문제로 야고보가 "그가 거하게 하신
다"(κατῴκισεν)라는 동사를 사용했느냐, 아니면 "그가 거한다"(κατῴκησεν)
라는 동사를 사용했느냐의 문제이다. 두 단어의 차이는 단지 한 철자
(이오타와 에타의 차이)의 차이이기 때문에 어느 쪽을 택하든 사서자의
실수로 나타난 결과라고 할 수 있다. 그러나 우리는 두 용어 중에 하나
를 선택해야 한다. 본문에 관련된 사본들을 연구해 보면 "그가 거하게
하신다"(κατῴκισεν)를 지지하는 사본들은 P74(7세기), ℵ(4세기), B(4세기),
Ψ(8세기 혹은 9세기) 등이며, "그가 거한다"(κατῴκησεν)를 지지하는 사본

---

217 잠언 3:34은 "진실로 그는 거만한 자를 비웃으시며 겸손한 자에게 은혜를 베푸시나니"이
다. 참고할 만한 잠언의 다른 구절은 "여호와를 경외하는 것은 지혜의 훈계라 겸손은 존귀
의 길잡이니라"(잠 15:33)의 구절과 "교만은 패망의 선봉이요 거만한 마음은 넘어짐의 앞
잡이니라"(잠 16:18)의 구절이다.

177

들은 K(9세기), L(9세기), P(9세기) 등이다. 사본의 신뢰도를 근거로 볼 때 "그가 거하게 하신다"(κατῴκισεν)가 원래의 본문이라고 사료된다.[218] "그가 거하게 하신다"(hapax legomenon)를 본문으로 받으면 "그(하나님)가 우리 속에 거하게 하신 성령"[219]으로 번역하고 이해해야 한다.

두 번째 문제는 야고보가 사용한 프뉴마(τὸ πνεῦμα)를 성령(The Holy Spirit)으로 이해해야 하느냐, 아니면 인간의 영(The spirit)으로 이해해야 하느냐의 문제이다. 야고보는 그의 서신에서 프뉴마(πνεῦμα)를 두 번(약 2:26; 4:5) 사용한다. 야고보서 2:26의 경우는 "영혼 없는 몸이 죽은 것같이 행함이 없는 믿음은 죽은 것이니라"(약 2:26)라고 하여 몸과 대칭으로 프뉴마(영)가 사용되었으므로 인간의 영을 가리키는 것이 분명하다. 하지만 야고보서 4:5의 경우는 프뉴마가 성령을 가리키는지 인간의 영을 가리키는지 분명하지 않다. 결국 문맥에 비추어 해석할 수밖에 없다. 프뉴마를 성령으로 받을 경우 본문은 "하나님이 우리 속에 거하게 하신 성령이 시기할 정도로 사모한다"(약 4:5)라고 읽을 수 있다. 그리고 프뉴마를 인간의 영으로 받을 경우 본문은 "하나님이 우리 속에 거하게 하신 영이 시기할 정도로 사모한다"(약 4:5)라고 읽을 수 있다. 본문의 프뉴마를 성령으로 받든지, 인간의 영으로 받든지 큰 문제는 없지만 "세상과 벗된"(약 4:4) 사람들의 영(the spirit)이 시기하기까지 사모한다는 말은 앞뒤의 문맥에 잘 어울리지 않는다. 어떻게 "하

---

218 Cf. Bruce M. Metzger, *A Textual Commentary on the Greek New Testament* (London. New York: United Bible Societies, 1971), p. 683.: United Bible Societies의 위원회는 C 등급의 기준으로 κατῴκισεν을 본문으로 택했다.

219 헬라어 원문은 τὸ πνεῦμα ὃ κατῴκισεν ἐν ἡμῖν. 이다.

나님과 원수"(약 4:4)된 사람의 영이 시기하기까지 사모할 수 있는가? 그리고 프뉴마가 몸에 대칭되는 "인간의 영"이라면 "하나님이 우리 속에 거하게 하신"이라는 표현과 잘 어울리지 않는다. 인간의 영은 몸과 함께 하나님께서 창조하신 한 인격체인 인간을 형성하는 구성요소인데 그 표현을 영이 우리 속에 거한다는 표현으로 말한 것은 적절치 않다. 오히려 한 사람이 회개하고 예수를 주님으로 믿으면 성령이 그 안에 거하는 것으로 표하는 것이 정당하다(롬 8:11; 고전 3:16; 6:19). 우리 속에 내주하신 성령은 우리가 잘못된 선택을 할 때 그 잘못을 바로잡기 위해 시기하기까지 사모하신다(엡 4:30; 살전 5:19). 그러므로 야고보서 4:5의 프뉴마는 인간의 영(the spirit)이라기보다 성령(The Holy Spirit)으로 이해하는 것이 더 타당하다.

많은 주석가들이 본문의 프뉴마를 인간의 영으로 해석한다.[220] 하지만 로스(Ross)와 칼빈(Calvin)은 본문의 프뉴마가 성령(the Holy Spirit)을 가리키고 있음을 분명히 한다. 로스(Ross)는 "동사 '사모한다' 혹은

---

[220] 본문의 τò πνεῦμα를 인간의 영으로 받는 주석가는 다음과 같다. James Adamson, *The Epistle of James*, p. 172.; Peter Davids, *The Epistle of James* (NIGTC), p. 164.; Kistemaker, *James and I-III John*, p. 136.; Patrick Hartin, *James*, pp. 199-200. 그러나 Douglas Moo (*The Letter of James*, p. 146: "In either case, the phrase reminds us that God has a claim on us by virtue of his work in our lives.")와 Dan McCartney (*James*, p. 214: "Hence, in my judgment, the 'S/spirit he caused to dwell in us' is a reference to the divine S/spirit considered not as the person of the Holy Spirit but as the presence of God in divinely given wisdom and understanding.")는 어느 한 쪽을 확실하게 택하지 않는다. 그리고 영어번역의 대부분은 본문의 프뉴마를 인간의 영으로 이해하여 소문자(the spirit)로 처리한다 (NASB, NIV, ESV, RSV, AV). 한글 번역은 표준새번역과 표준새번역개정이 "인간의 영"으로 처리한다. 그리고 본 구절의 프뉴마를 성령(the Holy Spirit)으로 번역한 영어번역은 NKJV ("Or do you think that the Scripture says in vain. 'The Spirit who dwells in us yearns jealously?'")이며, 한글번역은 바른성경, 개역한글, 개역개정이다.

'갈망한다'라는 용어는 신약의 다른 곳에서 사용될 때 항상 좋은 의미를 갖는다(롬 1:11; 빌 1:8; 벧전 2:2)."라고 설명한 후 계속해서 "그래서 여기서 뜻하는 사모함은, 영어 흠정역 번역이 제시하는 것처럼, 인간 영의 악한 사모가 아니요, 신자의 온전한 마음을 향한 성령의 진지한 사모이다."[221]라고 함으로 야고보서 4:5의 프뉴마가 성령을 가리키는 것으로 받는다. 칼빈(Calvin) 역시 야고보서 4:5의 프뉴마를 성령(the Holy Spirit)으로 해석하면서 "그래서 나는 프뉴마를 성령으로 생각한다. 그리고 이 구절이 의문형이라고 생각한다. 그(야고보)는 그들의 시기심으로 말미암아 그들이 하나님의 성령의 지배를 받지 않고 있다는 사실을 증명하기 원한다. 왜냐하면 신실한 자들에 대한 성령의 교훈은, 야고보가 '그러나 더욱 큰 은혜를 주시나니'(약 4:6)라고 바로 다음 몇 말씀에서 강조한 것처럼, 다른 질서(order)에 속하기 때문이다."[222]라고 해석한다. 그리스도의 구속 사역을 통해 성취된 새로운 질서(New Order) 혹은 새로운 창조(New Creation)를 유지하고 확장하기 위해 성령은 하나님의 백성들이 하나님과 원수 되는 일을 할 때 근심하시고 잘못이 고쳐지기를 위해 간절히 사모하신다(엡 4:30; 살전 5:19).

세 번째 문제는 야고보서 4:5의 말씀이 어디에서 인용된 말씀인지를 밝히는 것이다. 야고보는 "성경이 말씀하신다"(ἡ γραφὴ λέγει)라고 말하면서 성경의 인용을 언급하는데 야고보가 어느 성경 구절을 인용했는지 확실하지 않다. 어떤 학자는 본 구절의 난해한 문제를 해결하

---

221   Alexander Ross, *The Epistles of James and John*, p. 78.

222   John Calvin, *A Harmony of the Gospels Matthew, Mark and Luke*, Vol. III *and The Epistles of James and Jude* (1975), p. 298.

기 위해 야고보가 외경(Apocrypha)에 있는 어느 구절을 인용한 것으로 주장하지만 신약성경에서 "성경이 말씀하신다"(ἡ γραφὴ λέγει)라는 표현을 외경을 인용할 때 사용하지 않은 것으로 보아 이는 타당하지 않은 주장이다. [223] 야고보가 인용한 구약의 내용은 "하나님이 우리 속에 거하게 하신 성령이 시기하기까지 사모한다"(약 4:5)는 것이다. 하나님은 그의 백성들이 "세상과 벗된 것"(약 4:4)을 싫어하시고 시기하신다. 구약성경은 하나님이 다른 신을 허용하시지 않고 자신만을 섬기라고 하신다(출 20:3, 4). 구약성경은 여러 곳에서 하나님의 백성들의 충성심이 흔들리고 다른 신(other god)을 따르면서 하나님을 배신할 때 하나님이 그들을 향해 질투하신다고 표현한다(출 20:5; 34:14; 신 4:24; 6:15; 수 24:19; 나 1:2; 슥 8:2). "시기한다" 혹은 "질투한다"라는 표현은 강력한 하나님의 애정을 표현한 방법이다. 로스(Ross)는 "그(하나님)는 그의 백성이 인간의 시기 안에 가끔 존재한 강렬함으로, 그러나 동시에 대부분의 경우 인간의 시기에 존재하지 않은 한 마음으로 분열되지 않은 사랑을 바라신다. 신약 성경 다른 곳에 나타난 '갈망한다' 혹은 '사모한다'라는 용어는 항상 좋은 의미로 사용되었다(롬 1:11; 빌 1:8; 벧전 2:2)."[224] 라고 설명한다. 그러므로 본 구절에서 야고보는 하나님의 백성들이 하나님과 원수 되는 행동을 할 때 하나님이 그들을 향해 시기하신다는 사실을 "성경이 말씀하신다"(the Scripture says)라는 표현으로 정리한 것

223 Ralph Martin, *James* (*WBC*) (1988), p. 149.; Albert Barnes, *Notes on the New Testament: James-Jude* (Grand Rapids: Baker, 1980), p. 70.

224 Alexander Ross, *The Epistles of James and John* (*NICNT*) (Grand Rapids: Eerdmans, 1970), p. 78.

이다. 야고보는 구약 성경을 직접 인용하지는 않았지만 구약에서 명백하게 가르치는 내용을 활용하면서 "성경이 말씀하신다"라고 묘사한 것이다. 그래서 야고보는 "'너희는 하나님이 우리 속에 거하게 하신 성령이 시기하기까지 사모한다'고 성경이 말한 것을 헛되다고 생각하느냐?(약 4:5, 사역)라고 말한 것이다.

이와 같은 야고보의 구약 인용 방법에는 큰 문제가 없다. "신약의 저자가 구약을 인용할 때에 어떤 경우는 구약의 내용을 그대로 인용하기도 하고, 다른 경우는 구약의 내용을 해석해서 인용하기도 하며, 또 다른 경우는 구약 기록의 정신을 신약에 적용하여 인용하기도 한다. 이는 전혀 잘못됨 없는 당시의 기록 방법이다. 신약의 저자들은 구약 저자와 똑같이 성령의 영감으로 잘못되지 않도록 신약을 기록했다."[225] 예를 들면 예수님이 탄생하실 때 헤롯 대왕(Herod the Great)의 핍박으로 요셉과 마리아가 어린 예수님과 함께 애굽으로 피난을 간다(마 2:13-18). 그런데 헤롯 대왕이 죽자 주의 사자가 요셉에게 현몽하여 아기의 목숨을 찾던 자들이 죽었으므로 이스라엘 땅으로 가라고 지시한다(마 2:19-21). 그래서 요셉과 마리아와 어린 예수님이 이스라엘 땅으로 돌아왔는데 헤롯 대왕의 아들인 유대의 임금 헤롯 아켈라오(Herod Archelaus)가 악한 통치를 하는 관계로 요셉은 식구들을 데리고 갈릴리 지방 나사렛이란 동네에 가서 정착한다. 이 사실을 가리켜 마태(Matthew)는 "이는 선지자로 하신 말씀에 나사렛 사람이라 칭하리라 하심을 이루려 함이니라"(마 2:23)라고 하여 예언 성취의 사건으로 기록한다. 그런데

---

225 박형용, 『사복음서주해』(수원: 합신대학원출판부, 2015), p. 70.

구약 어느 책에도 예수님이 나사렛 사람으로 불릴 것이라는 예언이 없다. 그러면 왜 마태가 예수님이 나사렛에서 사신 사실을 구약의 예언 성취로 기록했는가? 마태는 그 당시 나사렛 동네의 비천함과 예수님의 낮아지심을 비교하면서 예수님이 나사렛 사람이라 칭함을 받을 것이라고 기록하고 있다.[226] 그러므로 우리는 야고보의 구약 인용 방법을 충분히 이해할 수 있다.

이제 야고보는 야고보서 4:6을 시작하면서 "그러나"(δέ)를 사용하여 이전 구절과의 대칭을 생각하고 이 구절을 시작한다. 야고보는 하나님의 백성들이 하나님과의 언약을 파기하고 간음한 사람들처럼 세상과 벗된 삶을 살면서 하나님과 원수 된 상태에 머물고 있을 때 그들 속에 거하는 성령이 그들의 회복을 위해 시기하기까지 사모하는 상황이지만 아직 소망이 있음을 분명히 하기 위해 "그러나 더욱 큰 은혜를 주시나니"(약 4:6)라고 선언하는 것이다. 그리고 야고보는 구약성경 잠언에서 "진실로 그는 거만한 자를 비웃으시며 겸손한 자에게 은혜를 베푸시나니"(잠 3:34)라는 말씀을 인용한다. 야고보는 "하나님과 원수"(약 4:4)되지 않는 성도의 삶은 겸손(ταπεινός)으로 특징 지워져야 한다고 가르친다. 하나님은 질투하시는 창조주이시다. "더욱 큰 은혜"는 겸손한 자만이 받을 수 있는 복이다. 하나님은 교만한 자를 미워하시고 겸손한 자를 사랑하신다. 성경은 "교만은 패망의 선봉이요 거만한 마음

---

[226] 박형용, 『사복음서주해』 (2015), p. 70. 참고로, 베드로(Peter)는 사도행전 2:17-21에서 구약 요엘서 2:28-32을 인용하면서 요엘서의 "그 후에"를 "말세에"로 수정해서 인용하고, 요엘서에는 없는 내용인 "그들이 예언할 것이요"(행 2:18)를 첨가하였다. 이는 구속역사의 진행과 성취를 고려할 때 당연한 수정인 것이다.

은 넘어짐의 앞잡이니라"(잠 16:18)라는 말씀과 "사람의 마음의 교만은 멸망의 선봉이요 겸손은 존귀의 길잡이니라"(잠 18:12, 개역개정; 참조, 잠 6:16-19; 8:13)라는 말씀으로 겸손에 대한 하나님의 뜻을 가르친다.

하나님이 독생자 예수 그리스도의 죽음을 통해 성취하신 구속의 방법도 겸손의 극치를 보여 준다. 바울은 "너희 안에 이 마음을 품으라 곧 그리스도 예수의 마음이니 그는 근본 하나님의 본체시나 하나님과 동등 됨을 취할 것으로 여기지 아니하시고 오히려 자기를 비워 종의 형체를 가지사 사람들과 같이 되셨고 사람의 모양으로 나타나사 자기를 낮추시고 죽기까지 복종하셨으니 곧 십자가에 죽으심이라"(빌 2:5-8, 개역개정)라고 하며 성육신하신 예수님의 삶 속에 나타난 겸손을 증언한다. 구속 성취의 방법 자체도 겸손의 방법이다. 십자가의 가르침은 겸손의 삶이며 예수님이 이를 친히 본으로 보여 주셨다(요 13:1-15). 기독교 개념의 겸손은 우선적으로 구약과 예수 그리스도의 삶에 그 뿌리를 두고 있다. 겸손은 가난함과 정숙함과 온유함을 모두 합친 것과 같다.[227] 예수님이 바로 이런 본을 보여 주셨다. 예수님은 "나는 마음이 온유하고 겸손하니 나의 멍에를 메고 내게 배우라"(마 11:29)라고 가르치신다. 칼빈(Calvin)은 요한복음 13:4-17에 기록된 예수님이 제자들의 발을 씻기는 행위를 해석하면서 예수님의 행위는 우리에게 발 씻는 의식(ceremony), 즉, 세족식(洗足式)을 명령한 것이 아니요, 우리들의 전 생애를 통해 형제들의 발을 씻을 마음의 준비가 되어 있어야 함을 가

---

227 Ceslas Spicq, *Theological Lexicon of the New Testament,* Vol. 3 (Peabody, MA.: Hendrickson Publishers, 1996), p. 370.

르친다고 설명한다. [228] 성도들은 예수님이 보여주신 본을 따라 겸손의 삶을 살아야 한다. 겸손은 성도들의 삶의 특징이다.

약 4:7-10 야고보는 이제 성도들에게 두 마음을 품지 말고 오직 하나님께만 복종하라고 권고한다. "그런즉 너희는 하나님께 복종할지어다 마귀를 대적하라 그리하면 너희를 피하리라 하나님을 가까이하라 그리하면 너희를 가까이하시리라"(약 4:7-8)라고 가르치고 있다. 성도들이 해야 할 일은 하나님께 복종해야 하는 것이다. 그래서 야고보는 "그런즉"(οὖν)을 "하나님께 복종하라"(약 4:7)라는 명령을 강조하기 위해 사용한다. 그리고 야고보는 "복종하라"(약 4:7)를 바로 이전 구절의 "교만한 자"(약 4:6)와 연계시켜 사용하고 있다. [229] 교만한 자는 자기를 높이지만 복종하는 사람은 하나님을 높인다. 교만한 자는 자기중심적이지만 복종하는 사람은 하나님 중심적이다. 하나님의 말씀은 "교만은 패망의 선봉이요"(잠 16:18)라고 가르치고, "교만이 오면 욕도 오거니와"(잠 11:2)라고 가르친다. 성도들은 하나님께 복종해야 하지만 또한 마귀를 대적해야 한다. 야고보가 여기서 "복종하라"라고 말한 것은 "순종하라"는 뜻이다. 야고보가 사용한 "복종하라"(ὑποτάγητε) [230]라는 용어(약 4:7)는 예수님께서 열두 살 되었을 때에 부모인 요셉과 마리아와

---

228   John Calvin, *The Gospel According to St. John 11-21 and the First Epistle of John*, trans. T. H. L. Parker (Grand Rapids: Eerdmans, 1974), p. 58.; 참조, 박형용, 『신약성경신학』(수원: 합신대학원출판부, 2022), pp. 422-423.

229   Kistemaker, *James and I-III John* (1986), p. 139.; Sleeper, *James* (1998), p. 111.

230   ὑποτάσσω의 단순과거, 수동태, 명령형, 2인칭 복수이다.

함께 유월절(Passover)을 지키기 위해 예루살렘을 방문한 후 고향으로 돌아가는데 뒤늦게 예수님이 일행 중에 없는 것을 발견한 부모가 찾다가 예루살렘으로 돌아와서 예수님이 성전에 남아 선생들과 논의하는 것을 보고 "네 아버지와 내가 근심하여 너를 찾았노라"(눅 2:48)라고 말하자, 예수님께서 "내가 내 아버지 집에 있어야 될 줄을 알지 못하셨나이까"(눅 2:49)라고 대답하고 부모와 함께 나사렛으로 돌아가 "순종하여 받드시더라"(눅 2:51)라고 말씀한 내용 중 "순종하여"(ὑποτασσόμενος)[231]라는 용어(눅 2:51)와 같은 용어이다.

야고보가 "복종하라"를 과거시상으로 처리한 것은 단호함과 철저함을 강조하기 위해서이다.[232] 성도들은 철저하게 하나님께 순종하여야 한다. 하나님께 철저하게 순종하는 것은 마귀를 대적하는 것이다. 그래서 야고보는 "마귀를 대적하라 그리하면 너희를 피하리라"(약 4:7)라고 말한다. 마귀는 사람들보다 강하다. 하지만 성도 안에 거하시는 성령 하나님은 마귀보다 강하다. 그러므로 성도들은 성삼위 하나님의 이름으로 마귀를 대적해야 한다(마 4:8-10; 12:28; 행 3:6; 4:10; 16:16-18). 키스터마커(Kistemaker)는 "우리가 하나님의 율법을 지킬 때 사탄은 우리를 시험으로 인도함으로 방해를 시도한다. 그러므로 야고보는 '마귀를 대적하라'라는 금지명령을 덧붙인다."[233]라고 하며 마귀가 하나님께 대한 우리의 순종을 방해한다고 설명한다.

---

231 ὑποτάσσω의 현재, 중간태, 분사, 남성, 단수, 주격이다.

232 Maximilian Zerwick, *Biblical Greek* (Roma: Editrice Pontificio Istituto Biblico, 1985), p. 78.

233 Kistemaker, *James and I-III John* (1986), p. 139.

모든 성도들은 "마귀를 대적하는" 대신 하나님을 가까이 해야 한다 (약 4:8). 모든 예배자는 마음으로 하나님을 가까이 해야 한다. 예수님은 사마리아(Samaria) 여인에게 "하나님은 영이시니 예배하는 자가 영과 진리(ἐν πνεύματι καὶ ἀληθείᾳ)로 예배할 지니라"(요 4:24)라고 가르치신다. 요한복음 4:24에 사용된 "진리"는 당연히 하나님의 말씀을 가리킨다(요 17:17). "진리"가 하나님의 말씀을 뜻한다고 해석하는 데는 이의가 없다. 하지만 "영"은 성령(the Holy Spirit)으로도 해석하고 인간의 영(spirit)으로도 해석한다. 본 구절의 "영"을 성령으로 해석해도 큰 문제는 없지만 문맥에 비추어 볼 때 예수님이 공생애 초기에 "성령"과 "예배"를 연계하여 사마리아 여인에게 "성령"으로 예배하라고 했을 때 사마리아 여인이 이해할 수 있었을까 생각해 본다. 특별히 신약교회의 설립이 오순절 성령세례 사건과 연계되어 있는데 사마리아 여인이 "영과 진리"로 예배하라는 예수님의 말씀을 성령과 진리로 이해할 수 있었을까 의문을 품을 수밖에 없다. 그러므로 "영과 진리"는 각 성도의 영을 가리킨다고 사료되며 그 뜻은 마음과 뜻과 정성을 모아 하나님께 예배해야 한다는 교훈으로 보는 것이 타당하다.

이 말씀은 성도가 예배할 때 하나님만 생각하고 다른 잡념을 가져서는 안 된다는 교훈이다. 이는 야고보가 말하는 "하나님을 가까이하라 그리하면 너희를 가까이하시리라"(약 4:8)는 말씀과 같은 뜻이다. 우리는 이 말씀을 읽을 때 우리가 주도권을 가지고 하나님을 가까이해야만 하나님이 우리에게 가까이하실 것처럼 이해할 수 있다. 즉, 인간의 행동이 먼저이고 하나님의 행동이 뒤따를 것처럼 생각하는 것이다. 본문을 이렇게 이해하는 것은 잘못된 것이다. 하나님과 사람과의 관계에서 선한 일과 관계해서는 항상 하나님이 먼저 행동하신다. 하나님의 은혜와 사랑이 먼저이고 그 반응으로 인간이 행동한다. 이와 같은 사실은 "우리가 아직 죄인 되었을 때에 그리스도께서 우리를 위하여 죽으심으로 하나님께서 우리에 대한 자기의 사랑을 확증하셨느니라"(롬 5:8)라는 말씀이 이를 증거 한다. 바울은 하나님께서 "창세 전에 그리스도 안에서 우리를 택하셨다"(엡 1:4)라고 분명히 말한다. 요한 사도는 "사랑은 여기 있으니 우리가 하나님을 사랑한 것이 아니요 하나님이 우리를 사랑하사 우리 죄를 속하기 위하여 화목 제물로 그 아들을 보내셨음이라"(요일 4:10)라고 확증한다. 칼빈(Calvin)은 야고보서 4:8을 해석하면서 "물론 어떤 사람이 이 구절로부터 주도권은 우리에게 있고, 그리고 하나님의 은혜는 그 다음에 뒤따른다고 추측한다면 그런 생각은 사도의 의도에서부터 수마일 떨어진 것이다."[234]라고 하며 하나님의 은혜가 먼저임을 분명히 한다. 키스터마커(Kistemaker) 역시 "하나님이 우리를 그에게 가까이 오라고 부르실 때는 그는 항상 그의 사랑과 은혜를 보여주신다. 그러므로 주도권은 하나님에게 있고 우리에게 있지 않다. 이런 이유 때문에 우리는 결코 우리가 먼저 하나님께 접근했기 때문에 그가 우리에게 오셨다고 주장할 수 없다. 하나님은 구원의 사역에 있어서는 항상 먼저 행동하신다."[235]라고 바르게 정리한다.

성도들은 매 주일 뿐만 아니라 항상 예배를 드릴 때 마음과 뜻과 정성을 모아 예배해야 한다. 예수님께서 그렇게 가르치셨고(요 4:23-24),

---

234　John Calvin, *A Harmony of the Gospels Matthew, Mark and Luke*, Vol. III *and The Epistles of James and Jude* (1975), p. 299.

235　Kistemaker, *James and I-III John* (1986), p. 140.

바울도 그렇게 가르쳤다(롬 12:1-2). 그리고 초대 예루살렘 교회 성도들은 마음이 하나가 되는 경험을 하면서 살았다(행 2:41-47). 구약은 외형적으로는 하나님께 제사를 드리고 성전 마당을 밟는 등 하나님을 가까이 하는 것처럼 행동하지만 마음으로는 하나님을 떠난 백성들을 하나님께서 강하게 꾸짖으신다(사 1:12; 29:13; 호 12:6)고 확인한다. 야고보는 한마음으로 하나님을 가까이하지 못하고 "두 마음을 품은 자들"(약 4:8)에게 "마음을 성결하게 하라"(약 4:8)라고 명령한다. 야고보가 사용한 "성결하게 하라"(ἁγνίσατε)[236]라는 용어는 신약성경에 7회 나타난다(요 11:55; 행 21:24, 26; 24:18; 약 4:8; 벧전 1:22; 요일 3:3).[237] 그런데 신약성경에 사용된 7회 중 4회는 의식적인 정결(ceremonial cleansing)의 의미로 사용되었고(요 11:55; 행 21:24, 26; 24:18) 3회는 도덕적인 정결(ethical sense of cleansing)의 의미로 사용되었다(약 4:8; 벧전 1:22; 요일 3:3). 야고보가 여기서 "성결하게 하라"(약 4:8)라고 명령한 것은 의식적인 의미의 정결을 가리키지 않고, 도덕적인 의미, 영적인 의미의 정결을 뜻하는 것이다. 야고보가 여기서 과거 시상을 사용한 것은 철저하게 성결해야 함을 강조하기 위해서이다.

이제 야고보는 야고보서 4:9-10에서 성결하게 하는 구체적인 방법을 제시한다. 야고보는 신약성경에서 이곳에서만 나타나는 용어인 "슬퍼하며"(ταλαιπωρήσατε)[238]라는 동사를 사용한다. 야고보는 "웃음을 애

---

236   ἁγνίζω의 단순과거, 능동태, 2인칭, 명령형이다.

237   J. B. Smith, *Greek-English Concordance to the New Testament* (1974), p. 4 (section 48).

238   ταλαιπωρέω (grieve)의 단순과거, 능동태, 명령형, 2인칭 복수이다.

통으로"라는 표현의 "웃음"($\gamma\acute{\epsilon}\lambda\omega\varsigma$)[239]도 신약성경에서 유일하게 이곳에서 한 번 사용된 용어요, "즐거움을 근심으로"의 표현에서 근심($\kappa\alpha\tau\acute{\eta}\phi\epsilon\iota\alpha$)도 유일하게 이곳에서만 사용된 용어이다. 그리고 "바꿀지어다"($\mu\epsilon\tau\alpha\tau\rho\alpha\pi\acute{\eta}\tau\omega$)[240] 역시 이곳에서만 사용된 용어이다(hapax legomenon). 야고보는 야고보서 4:9에서 네 단어를 신약성경에서 단 한 번 사용된 용어를 사용했다. 로스(Ross)는 "그 용어(슬퍼하며)는 깊은 죄의식의 결과인 깊은 고민의 내적 느낌을 표현하는 반면, 애통하며 소리 내어 우는 것은 그런 슬픈 마음의 외적인 표명을 뜻한다."[241]라고 해석한다. 야고보는 "성결하게 해야 할 자"들이 자신의 죄를 생각하고 내적으로는 "슬퍼하고" 외적으로는 "애통하고 큰 소리로 울어야 한다"라고 권면하고 있다. 야고보는 성결을 위해서는 철저한 회개가 필요하다고 말하고 있다. 야고보는 계속해서 "너희 웃음을 애통으로, 너희 즐거움을 근심으로 바꿀지어다"(약 4:9)라고 명령한다. 칼빈(Calvin)은 "너희 웃음을 애통으로"(약 4:9)라는 표현에서 "'웃음'($\gamma\acute{\epsilon}\lambda\omega\varsigma$)은 불경건한 자들이 자신들을 위해 준비한 쾌락 추구(pleasure-seeking)로 생각해야 한다. 그들은 사악함의 유혹에 마취되어 하나님의 심판을 잊은 것이다."[242]라고 말함

---

239 참고로, 웃음의 동사형($\gamma\epsilon\lambda\acute{\alpha}\omega$)은 눅 6:21, 25에서 두 번 사용되었다.

240 "바꿀지어다" ($\mu\epsilon\tau\alpha\tau\rho\alpha\pi\acute{\eta}\tau\omega$)는 $\mu\epsilon\tau\alpha\tau\rho\acute{\epsilon}\pi\omega$ (turn around)의 단순과거, 수동태 명령형 3인칭 단수로서 $\mu\epsilon\tau\alpha\sigma\tau\rho\acute{\epsilon}\phi\omega$ (turn, turn into, change)와 동의어로 간주된다. 그래서인지 Smith는 그의 Concordance에서 $\mu\epsilon\tau\alpha\sigma\tau\rho\acute{\epsilon}\phi\omega$ (turn, turn into, change)는 취급하였으나 $\mu\epsilon\tau\alpha\tau\rho\acute{\epsilon}\pi\omega$ (turn around)는 취급하지 않았다. Cf. J. B. Smith, *Greek-English Concordance to the New Testament* (1974), p. 228 (section 3244).

241 Alexander Ross, *The Epistles of James and John (NICNT)* (1970), p. 81.

242 John Calvin, *A Harmony of the Gospels Matthew, Mark and Luke*, Vol. III *and The Epistle of James and Jude* (1975), p. 300.

으로 순수한 웃음을 애통으로 바꾸라는 뜻은 아니라고 해석한다. "웃음"과 "즐거움"은 그 자체로 악한 것은 아니다. 사람이 웃는 것은 권장할 일이다. 바울 사도가 "주 안에서 항상 기뻐하라"(빌 4:4; 참조, 살전 5:16-18)라고 명령할 때 기쁨 속에는 웃음이 내포되어 있다. 바울은 "주 안에 있는 자" 즉, 구원의 감격을 체험한 자는 항상 기뻐하고 웃을 수 있기 때문에 기뻐하라고 명령하는 것이다. 그러나 야고보가 "애통"으로 바꾸라고 명령하는 "웃음"은 죄를 심각하게 생각하지 않은 "우매한 자들의 웃음"(전 7:6)과 같은 것이다. 이 세상의 번영에만 눈이 어두워 마지막 하나님의 공의로운 심판은 전혀 생각하지 않고 사는 사람의 웃음이 바로 야고보가 경고하는 웃음인 것이다. 바울은 "죽은 자가 다시 살아나지 못한다면 내일 죽을 터이니 먹고 마시자 하리라"(고전 15:32)라고 함으로 하나님의 구속의 완성과 마지막 심판을 부인하는 사람들의 삶의 철학을 가르친다. 야고보는 이런 삶의 철학은 잘못된 것이므로 이런 삶의 철학에서 나온 웃음을 애통으로 바꾸고 즐거움을 근심으로 바꾸라고 명령하고 있다. 야고보가 야고보서 4:9에서 사용한 "근심"(κατήφεια)[243]이라는 용어는 "감히 눈을 들어 하늘을 쳐다보지도 못하고 가슴을 치는"(눅 18:13) 세리의 침통한 마음을 외적으로 드러낸다는 뜻으로 이해할 수 있다. "회개"(μετάνοια)는 마음으로만 뉘우치는 것이 아니요 외적인 표증으로 자신의 뉘우침을 외적으로 나타내 보여야

---

243 James Hope Moulton and George Milligan, "κατήφεια," *The Vocabulary of the Greek Testament* (Grand Rapids: Eerdmans, 1980), p. 337.: "'with eyes cast down for shame.' and the same reference to the *outward* expression of the countenance underlies the only occurrence of the subst. in the NT, James 4:9, where it should be rendered 'gloominess' rather than 'heaviness' (AV, RV)." italics original.

한다. 바울 사도가 구원의 문제를 설명하면서 "네가 만일 네 입으로 예수를 주로 시인하며 또 하나님께서 그를 죽은 자 가운데서 살리신 것을 네 마음에 믿으면 구원을 받으리라 사람이 마음으로 믿어 의에 이르고 입으로 시인하여 구원에 이르느니라"(롬 10:10-11)라고 하며 내적인 변화와 외적인 표증을 함께 언급한 것도 이와 같은 원리이다.

야고보는 다시 한번 예수님의 겸손을 떠올리게 하는 명령을 한다. 야고보는 "주 앞에서 낮추라 그리하면 주께서 너희를 높이시리라"(약 4:10)라고 하며 성도들은 겸손해야 한다고 명령한다. 예수님은 하나님이시면서 육신의 모양으로 성육신하신 과정을 통해 겸손의 삶을 보여주셨고(빌 2:5-9), 제자들의 발을 친히 씻겨 주심으로 겸손의 삶을 실천하셨고(요 13:4-11), 그리고 예수님은 "인자의 온 것은 섬김을 받으려 함이 아니라 도리어 섬기려 하고 자기 목숨을 많은 사람의 대속물로 주려 함이니라"(마 20:28)라고 말씀하심으로 성도들의 삶이 어떠해야 할 것을 가르치셨다. 야고보는 이미 "하나님이 교만한 자를 물리치시고 겸손한 자에게 은혜를 주신다"(약 4:6)라고 가르친 바 있다. 야고보는 성도들은 예수님처럼 항상 겸손의 삶을 이어가야 한다고 명령한다. 그리하면 주께서는 성도들을 높여주실 것이다.

2. 비방과 율법의 준행자(약 4:11-12)

> [11] 형제들아 서로 비방하지 말라 형제를 비방하는 자나 형제를 판
> 단하는 자는 곧 율법을 비방하고 율법을 판단하는 것이라 네가 만
> 일 율법을 판단하면 율법의 준행자가 아니요 재판관이로다 [12] 입법
> 자와 재판관은 오직 한 분이시니 능히 구원하기도 하시며 멸하기도
> 하시느니라 너는 누구이기에 이웃을 판단하느냐 (약 4:11-12)

약 4:11-12 야고보는 바로 전에 "죄인들아," "두 마음을 품은 자들
아"(약 4:8)라고 수신자들을 호칭했는데, 이제는 다시 야고보가 즐겨 쓰
는 "형제들아"(약 4:11)라는 수신자들에게 애정이 담긴 표현을 사용한
다. 야고보는 "형제"라는 용어를 야고보서 4:11에서 세 번이나 사용했
다. 야고보는 죄 문제를 심각하게 생각할 수 있도록 단호한 자세로 성
도들을 책망하고 회개할 것을 명령했다. 이제 야고보는 형제들이 서로
비방하거나 판단해서는 안 된다고 명령한다(약 4:11). 형제들 서로 간
비방하지 말라는 교훈은 구약은 물론 예수님께서도 강조해서 가르치
신 교훈이다. 레위기의 말씀은 "너는 네 백성 중에 돌아다니며 사람을
비방하지 말며"(레 19:16; 참조, 시 50:20; 101:5)라고 가르치고, 신약도 비
방함으로 교회 공동체를 분열시키는 것은 죄악이라고 가르친다(롬
1:30; 고후 12:20; 벧전 2:1; 벧후 2:12). 예수님은 "비판을 받지 아니하려거
든 비판하지 말라"(마 7:1)라고 강하게 명령하신다. 야고보는 사람을 세
우고, 공동체를 든든하게 하고, 겸손하게 사신 예수님의 삶의 모습을
직접 목격한 사람이다. 야고보는 형제가 형제를 비방하고 판단하는 것

은 자신의 위치를 벗어난 월권임을 알고 있었다.

그런데 야고보는 "형제를 판단하는 자는 곧 율법을 비방하고 율법을 판단하는 것이라 네가 만일 율법을 판단하면 율법의 준행자가 아니요 재판관이로다"(약 4:11)라고 설명한다. 대이빗즈(Davids)는 "사람은 마땅히 자신의 동료나, 자신의 공동체나, 자신의 이웃을 욕하거나 비판하지 말아야 한다. 왜냐하면 그렇게 하는 것은 자신을 인간의 위치 위에 두고 하나님의 자리를 취하는 것이기 때문이다. 그런 비판은 역시 형제를 사랑하라는 율법을 범하는 것이요 그래서 자신을 정죄하는 행동이 된다."[244]라고 정리한다. 성경은 "네 마음을 다하고 목숨을 다하고 뜻을 다하여 주 너희 하나님을 사랑하라"(마 22:37)라는 교훈과 또한 "네 이웃을 네 자신같이 사랑하라"(마 22:39)라는 교훈을 말씀하고 "이 두 계명이 온 율법과 선지자의 강령이니라"(마 22:40)라고 가르친다. 그런데 야고보서의 수신자들은 "사랑하라는 율법"(레 19:18)을 제쳐놓고, 자신에 대한 판결을 스스로 내릴 수 있는 재판관의 자리에 앉아있는 것이다. 성도들은 율법을 판단할 수 있는 자가 아니요, 율법을 준행해야 할 사람이다(롬 2:13). 야고보는 형제를 판단하는 자가 율법을 주신 하나님의 자리에 자신을 앉힌 것이나 다름없다고 강하게 질책하고 있다. 키스터마커(Kistemaker)는 "그러나 사실로 확증된 것은 비방이 비난 받는 사람에게 죄를 짓는 것이요, 신적인 율법으로 이 죄를 금하는 하나님에게 죄를 짓는 것이다."[245]라고 설명한다. 야고보는 성도들이

---

244   Peter Davids, *Commentary on James (NIGTC)* (1982), p. 169.

245   Kistemaker, *James and I-III John* (1986), p. 144.

형제들을 비방하고 판단하는 것은 자신이 율법의 준행자임을 포기하고 자신을 재판관으로 세우는 죄를 범하는 것(약 4:11)이라고 강하게 천명한다. 칼빈(Calvin)은 야고보서 4:11을 해석하면서 "야고보는 자기 자신의 느낌으로 그의 형제들을 판단하는 사람은 하나님에게 속한 기능을 자기가 취하는 것이다. 야고보는 자신의 평판을 높이는 목적으로 그들의 형제들을 정죄하는 사람들을 꾸짖고 있는 것이다. 그렇게 함으로 그들은 하나님의 율법의 위치에 자신들의 악의를 올려놓게 하는 것이다."[246]라고 말한다. 야고보는 야고보서 4:11에서 성도들이 "서로 비방하지 말아야 한다"는 사실을 강도를 높여가면서 설명한다. 야고보는 "서로 비방하지 말라"에서 "율법을 비방하고 율법을 판단하는 것"으로 더 심각한 표현을 사용하고, "율법을 비방하고 율법을 판단하는 것"에서 "율법의 준행자가 아니요 재판관이 된다"(약 4:11)라고 함으로 그의 논리를 더욱 더 강화시켜 비방이 잘못된 행동임을 분명히 한다.[247]

야고보는 이제 성도들이 율법의 판단자가 될 수 없는 이유를 밝힌다. 야고보는 그 이유로 "입법자와 재판관은 오직 한 분이시니 능히 구원하기도 하시며 멸하기도 하시느니라"(약 4:12)라고 설명한다. 하나님이 유일하신 입법자요 재판관이시라는 사실은 구약은 물론 신약에서도 명명백백하게 가르치는 교훈이다. 신명기는 "이제는 나 곧 내가 그인 줄 알라 나 외에는 신이 없도다 나는 죽이기도 하며 살리기도 하며"(신 32:39; 참조, 삼상 2:6; 시 75:7; 사 33:22)라고 확증하며, 신약은 예수

---

246 John Calvin, *A Harmony of the Gospels Matthew, Mark and Luke, Vol. III and The Epistle of James and Jude* (1975), p. 301.

247 C. Freeman Sleeper, *James (Abingdon New Testament Commentaries)*, p. 115.

님이 하나님이요, 최종적인 심판자라고 가르친다(마 10:28; 눅 12:5; 요 1:1-3; 14:9; 17:22; 히 1:2-3). 야고보는 사람을 판단하실 수 있는 분은 오직 성삼위 하나님 한 분 뿐이심을 알기에 "너는 누구이기에 이웃을 판단하느냐"(약 4:12)라고 수사학적인 질문으로 자신의 논의를 돋보이게 한다.

3. 부의 축적과 하나님의 뜻(약 4:13-17)

[13] 들으라 너희 중에 말하기를 오늘이나 내일이나 우리가 어떤 도시에 가서 거기서 일 년을 머물며 장사하여 이익을 보리라 하는 자들아 [14] 내일 일을 너희가 알지 못하는도다 너희 생명이 무엇이냐 너희는 잠깐 보이다가 없어지는 안개니라 [15] 너희가 도리어 말하기를 주의 뜻이면 우리가 살기도 하고 이것이나 저것을 하리라 할 것이거늘 [16] 이제도 너희가 허탄한 자랑을 자랑하니 그러한 자랑은 다 악한 것이라 [17] 그러므로 사람이 선을 행할 줄 알고도 행하지 아니하면 죄니라 (약 4:13-17)

약 4:13-17 야고보는 이제 "들으라"(Ἄγε νῦν)[248]라는 명령으로 새로운 주제를 시작한다(약 4:13). 야고보는 "들으라"(Ἄγε νῦν)라는 특별

---

[248] "들으라"(Ἄγε νῦν)라는 표현은 신약성경에서 오로지 야고보서에서만 사용되는데 약 4:13과 약 5:1에서 두 번 사용된다.

한 표현을 야고보서 4:13과 야고보서 5:1에서 사용함으로 야고보서 4:13-17의 구절과 야고보서 5:1-6의 구절의 연계성을 분명히 한다. 야고보서 4:13-17은 부를 축적할 때 허탄한 자랑을 할 것이 아니요 주님의 뜻을 분별해야 할 것을 경고하고, 야고보서 5:1-6은 부한 자들에게 경고하는 말씀으로 부자들이 말세를 의식하고 재물을 어떻게 사용해야 하는지를 설명한다. 키스터마커(Kistemaker)는 야고보서 4:13-17의 수신자들은 흩어져 사는 유대인 기독교인들을 지칭하고, 야고보서 5:1-6의 수신자들은 가난한 신자들을 억압하는 불신자인 부자들을 지칭한다고 설명한다.[249]

야고보는 "들으라 너희 중에 말하기를 오늘이나 내일이나 우리가 어떤 도시에 가서 거기서 일 년을 머물며 장사하여 이익을 보리라 하는 자들아"(약 4:13)라고 하며 장사하는 자들의 잘못된 생각을 지적하고 있다. 장사하는 자들의 계획에는 하나님의 자리가 전혀 없고 장사에 대한 자신들의 자신감만 나타난다. 칼빈(Calvin)은 야고보서 4:13의 뜻은 "야고보가 (수신자들의) 말하는 태도를 비평하는 것이 아니다. 그러나 사람들이 마치 관습처럼 자신의 약점을 망각하는 마음의 우둔함을 비평하는 것이다."[250]라고 해석한다. 실제로 장사하는 사람들이 이곳저곳을 다니면서 장사하여 이윤을 남기는 것을 탓할 수는 없다. 그렇게 하는 것이 그들의 삶의 패턴이기 때문이다. 하지만 장사하는 자들의 삶의 방식은 하나님을 떠난 세상적인 방식이다. 야고보서 4:13에 묘사

249 Kistemaker, *James and I-III John* (1986), pp. 146, 155.

250 John Calvin, *A Harmony of the Gospels Matthew, Mark and Luke, Vol. III and The Epistle of James and Jude* (1975), p. 303.

된 장사꾼은 자신의 미래에 대한 확신에 찬 교만의 모습을 보여준다. 심사숙고된 교만이요 계산된 교만이다. 자기 스스로 자신의 미래를 자기가 원하는 데로 이끌어 나갈 수 있는 것처럼 자신만만한 태도를 보인다. 미래의 계획에서 하나님의 자리는 없는 것이다. 그들은 인간의 한계를 인식하지 못하고 생활한 것이다. 사람은 어제는 경험으로 알고, 오늘은 살아가면서 알아가고, 내일의 일은 전혀 알 수 없는 존재이다. 오직 하나님만이 우리들의 어제와 오늘과 내일을 아실 수 있다(히 13:8 참조). 그래서 야고보는 "내일 일을 너희가 알지 못하는도다 너희 생명이 무엇이냐 너희는 잠깐 보이다가 없어지는 안개니라"(약 4:14)라고 하며 인생을 "잠깐 보이다가 없어지는 안개"(약 4:14)로 묘사하고 있다. 야고보는 영원과 비교하여 이 땅 위에서의 삶은 잠시임을 강조하는 것이다. 모세(Moses)는 "우리의 연수가 칠십이요 강건하면 팔십이라도 그 연수의 자랑은 수고와 슬픔뿐이요 신속히 가니 날아가나이다"(시 90:10)라고 확인하고, "우리에게 우리 날 계수함을 가르치사 지혜로운 마음을 얻게 하소서"(시 90:12)라고 소원한다. 무(Moo)는 "정확한 뜻이 어떤 것이든지 간에, 야고보의 의도는 명백하게 삶의 기간이 대단히 짧다는 것을 강조하는 것이다. 병마, 갑작스러운 사고로의 죽음, 혹은 그리스도의 재림은 마치 아침 해가 안개를 속히 제거하는 것같이, 혹은 바람의 방향의 전환은 연기를 불어 없애는 것처럼 우리의 삶을 짧게 만들 수 있다."[251]라고 하며 인간의 삶의 기간이 짧음을 강조하고, 따라서 장사하는 사람이나 누구든지 이 사실을 깨닫고 삶을 경영

---

251   Douglas J. Moo, *James* (1990), p. 155.

해야 한다고 설명한다(참고, 시 39:5-6; 눅 12:13-20). 사람은 자신의 미래를 알 수가 없다. 사람은 가까운 미래일지라도 그것을 알 수가 없다. 그것이 인간의 한계이다. 그러므로 성도들은 어떤 일을 하든지 자신의 한계를 인정하고 하나님의 지혜를 구하며 하나님께 의존해야 한다.

그래서 야고보는 "너희가 도리어 말하기를 주의 뜻이면 우리가 살기도 하고 이것이나 저것을 하리라 할 것이거늘 이제도 너희가 허탄한 자랑을 하니 그러한 자랑은 다 악한 것이라"(약 4:15-16)라고 권면하는 것이다. 박윤선은 야고보서 4:15에 사용된 "'주의 뜻'이란 말은, 하나님의 계시(啓示)된 의지(意志)를 가리킨다는 것보다 미래(未來)에 대한 그의 섭리적 지배(攝理的支配)를 의미한다."[252]라고 해석한다. "주의 뜻이면"('Εὰν ὁ κύριος θελήσῃ)이란 말 속에 담겨있는 뜻은 하나님이 우리들의 삶의 모든 부분을 주관하고 계신다는 것이다. 하나님은 그의 백성을 섭리적으로 인도하신다. 바울 사도가 "항상 기뻐하라 쉬지 말고 기도하라 범사에 감사하라 이것이 그리스도 예수 안에서 너희를 향하신 하나님의 뜻이니라"(살전 5:16-18)라고 말씀한 내용과 일맥상통한다. 야고보는 성도들의 삶에 대한 하나님의 주권을 가르치고 있다. 성도들은 그들의 생사화복(生死禍福)을 하나님이 주관하신다는 사실을 확실히 믿고 매일의 삶 속에서 주의 뜻을 의식하고 모든 일을 진행하여야 한다. 성도들은 "주의 뜻이면 우리가 살기도 하고 이것이나 저것을 하리라"(약 4:15)라는 태도를 가지고 미래를 계획해야 한다. 보이는 것에만 의지하기 좋아하는 인간은 자신의 미래를 불확실하게 생각하기 쉽다.

---

252   박윤선, 『히브리서 · 공동서신』(1965), p. 222.

그러나 미래가 불확실하게 생각될수록 성도들은 하나님을 의지하고 현재의 삶의 가치를 새롭게 인식해야 한다. 본문의 장사꾼은 자신이 전혀 조종할 수 없는 미래의 계획을 하나님 없이 세운 잘못을 범한 것이다.

야고보는 성도들이 주의 뜻을 중요하게 생각하면서 살아야 하는데도 불구하고 "이제도 너희가 허탄한 자랑을 하니 그러한 자랑은 다 악한 것이라"(약 4:16)라고 경책한다. 야고보는 하나님 없이 계획한 상인의 생각은 허탄한 자랑과 같은 것으로 그것은 다 악한 것이라고 말한다(약 4:16). 그래서 성경은 "너는 내일 일을 자랑하지 말라 하루 동안에 무슨 일이 일어날는지 네가 알 수 없음이니라"(잠 27:1)라고 가르치는 것이다. 야고보는 사람이 자기 스스로 계획을 세울 수 있고 성공할 수 있는 것으로 생각하는 것은 잘못된 허탄한 자랑이라고 가르치는 것이다. 이 말을 한 후 야고보는 "그러므로 사람이 선을 행할 줄 알고도 행치 아니하면 죄니라"(약 4:17)라는 격언의 말씀으로 결론을 내린다. 이 격언이 본 문맥에서 어떤 역할을 하는가? 야고보는 "그러므로"라는 말로 이전의 내용과 야고보서 4:17의 격언과의 관계를 분명히 한다. 야고보는 삶을 잘못 사는 것도 악한 일이지만 선한 것을 알고도 행하지 않는 것도 죄라고 강하게 명령한다. 야고보는 지금까지 장사하여 이윤을 남기고자 하는 사람들에게 그들이 계획하고 행한 일들이 악한 것이라고 지적하고(약 4:13-16), 이제는 그들이 알고 있는 선한 것을 알면서도 행하지 않는 것도 죄라고 말하는 것이다. 죄는 어떤 죄이건 가볍게 취급해서는 안 된다. 키스터마커(Kistemaker)는 "태만은 하나님과 이웃을 무시하는 것과 동등한 것이며 그러므로 하나님의 율법을 거스르는 죄이다."253라고 하며 "태만의 죄"(sin of omission)의 심각함을 강조한다. 성도들은 일을 행할 때도 하나님의 지혜를 구하며 겸손한 자세로 일을 해야 하지만 또한 혹시라도 일을 행하지 않음으로 하나님의 영광을 가리는 일이 없는지 확인하면서 삶을 이어나가야 한다. 야고보가 "들으라"(약 4:13)라고 특이한 표현으로 시작한 본 구절을 간략하게 요약해 보도록 한다. 첫째, 야고보는 사람이 하나님을 의식하지 않고 행동하는 것은 단순히 어리석음에 지나지 않는 것이 아니라 그것이 바로 죄라는 것을 지적하는 것이다. 하나님이 없는 사람의 마음에는 다른 것이 자리를 잡게 된다. 둘째, 야고보는 본문의 장사꾼이 하나님을 잊어버리는 것처럼 기독교인이 탐욕에 눈이 어두워 하나님을 잊어 버려서는 안 된다고 경고하는 것이다. 야고보는 여기서 성도들의 삶의 우선순위가 무엇인지를 분명하게 밝힌다. 셋째, 야고보는 사람이 선을 알면서도 선을 행하지 않는 것은 죄라고 말한다. 성도들이 예수를 믿는다고 하면서 실제적으로 하나님 없는 사람처럼 사는 것은 죄를 짓는 것이다. 바울은 자신을 모델(model)로 내세우며 "너희는 내게 배우고 받고 듣고 본 바를 행하라 그리하면 평강의 하나님이 너희와 함께 계시리라"(빌 4:9)라고 명령형으로 행해야 할 것을 권면한다. 야고보는 야고보서 전반에 걸쳐 믿음을 가진 성도의 "행함"(works)을 강조했는데 본 절에서도(약 4:17) 행해야 할 것을 강조하고 있다.

예수님을 믿는 성도들은 하나님의 존재와 인도하심을 믿는다. 그럼에도 불구하고 본문의 장사꾼처럼 하나님을 잊어버리고 우리의 사업

---

253   Kistemaker, *James and I-III John* (1986), p. 151.

계획, 생활계획을 세우고 있지 않은지 자성해야 한다. 야고보는 성도들의 미래가 불확실하다고 해서 불안해하거나 걱정할 필요가 없다고 말한다. 성도들의 미래가 우리에게 알려지지 않았기 때문에 불확실하다는 뜻이지 아무도 우리의 미래를 주관하지 않는다는 뜻은 아니다. 하나님이 우리의 미래를 주관하고 계시는 것이다. 세상의 어떤 것도 하나님의 사랑에서 성도를 끊어낼 수 없다(롬 8:38-39).

야고보서 5장 요약

야고보서 5장은 재물에 관한 교훈(약 5:1-6)과, 성도들의 삶이 예수님의 재림 때까지 인내하며 사는 삶이라는 사실(약 5:7-12)과, 성도들은 고난과 고통이 엄습할지라도 믿고 기도하는 것을 잊지 말아야 한다는 사실(약 5:13-18)과, 성도 가운데 미혹되어 진리를 떠난 자를 회복시키는 것은 그의 영혼을 구원하는 것과 같다(약 5:19-20)는 사실을 강조한다.

　야고보는 주님의 재림을 고대하며 사는 성도들은 불의하게 재물을 모아서는 안 된다고 가르친다(약 5:4-5). 재물은 중립적인 것이지만 불의하게 재물을 모은 사람은 심판을 면하지 못할 것이기 때문이다(약 5:4). 야고보는 성도들이 선지자들의 삶을 본으로 삼아 오래 참아야 한다고 가르치고(약 5:10), 욥(Job)의 인내를 예로 들어 성도들이 주님의 강림을 바라보면서 인내의 삶을 살아야 한다고 가르친다(약 5:7-11). 야고보는 고난을 겪는 성도가 있으면 그를 위해 주님의 이름으로 기도하라고 말한다. 왜냐하면 "믿음의 기도"(약 5:15)는 병든 자를 낫게 할 수 있기 때문이다. 야고보는 엘리야의 기도로 3년 6개월 동안 비가 오지 않은 예를 들어 믿음의 기도의 중요성을 설명한다(약 5:13-18). 그리고 마지막으로 야고보는 성도 중 미혹되어 진리에서 떠난 자가 있으면 그를 회복시키는 것은 그의 영혼을 사망에서 구원하는 일이며 허다한 죄를 덮는 일임을 강조하고 야고보서를 끝맺는다(약 5:19-20).

1. 부자에게 주는 경고(약 5:1-6)

¹ 들으라 부한 자들아 너희에게 임할 고생으로 말미암아 울고 통곡하라 ² 너희 재물은 썩었고 너희 옷은 좀 먹었으며 ³ 너희 금과 은은 녹이 슬었으니 이 녹이 너희에게 증거가 되며 불 같이 너희 살을 먹으리라 너희가 말세에 재물을 쌓았도다 ⁴ 보라 너희 밭에서 추수한 품꾼에게 주지 아니한 삯이 소리 지르며 그 추수한 자의 우는 소리가 만군의 주의 귀에 들렸느니라 ⁵ 너희가 땅에서 사치하고 방종하여 살륙의 날에 너희 마음을 살찌게 하였도다 ⁶ 너희는 의인을 정죄하고 죽였으나 그는 너희에게 대항하지 아니하였느니라 (약 5:1-6)

약 5:1-6　야고보는 이 단락에서 성도들이 재물에 대해 어떤 태도를 가지고 살아야 할지를 다룬다. 야고보서 5:1의 부자에 대한 교훈은 야고보서 1:10의 교훈과 비슷하다. 야고보서 1:10의 경우는 신앙을 가진 부자들에게 자기의 낮아짐을 자랑하고 기뻐해야 한다고 가르치는 반면 야고보서 5:1의 경우는 예수를 믿지 않고 자신보다 약한 사람들을 핍박하는 부자들에게 앞으로 심판이 있을 것을 생각하면서 통곡하라고 가르친다.[254] 야고보는 어쩌면 예수님께서 "네 보물 있는 그곳에는 네 마음도 있느니라"(마 6:21)라고 하신 말씀과 "너희가 하나님과 재물을 겸하여 섬기지 못하느니라"(마 6:24)라고 가르치신 말씀을 직접 참고하지는 못했을지라도, 예수님과 함께 생활하면서 직접 목격한 재물에

---

[254]　Dan G. McCartney, *James* (*Baker Exegetical Commentary on the New Testament*). (2009), p. 232.

대한 예수님의 생각과 태도를 근거로 재물이 성도들의 삶의 목적이 아님을 분명하게 가르치고 있다고 사료된다. 성경은 재물을 죄악시하지 않는다. 재물도 하나님이 창조하신 선한 것이다. 하지만 재물을 다루는 사람이 어떤 마음과 어떤 목적으로 재물을 사용하느냐에 따라 재물이 악취를 뿜어내기도 하고, 향기를 풍기기도 한다.

야고보가 언급하는 "부한 자들"(약 5:1)은 교회 공동체 내의 믿음을 가진 성도들을 가리키지 않고, 오히려 교회 공동체를 괴롭히는 교회 밖의 사람들을 가리킨다고 생각하는 것이 바르다. 그러므로 야고보의 재물에 대한 교훈은 성도들에게는 재물이 하나님의 자리를 탐할 수 있게 할 만큼 얼마나 매혹적인 역할을 하는지 조심스럽게 다루어야 할 것을 가르치는 것이요(마 6:24; 눅 16:13), 불신자들에게는 재물을 최고로 생각하고 재물을 잘못 사용한 그들에게 하나님의 심판이 기다리고 있음을 경고하는 역할을 하는 것이다(약 5:1-2). 그래서 야고보는 "부한 자들아 너희에게 임할 고생으로 말미암아 울고 통곡하라"(약 5:1)라고 말한다. 부한 자들이 그들이 소유한 재물 때문에 행복하고 기쁘고 즐거울 것으로 생각하지만, 오히려 재물 때문에 고생이 그들을 기다리고 있으며 종국적으로 그들은 울고 통곡하게 될 것이라고 경고한다. "울고 통곡한다"라는 표현은 기쁨이 넘치거나 고통이 심각해서 큰 소리를 내면서 우는 것이다. 본문은 부자들이 겪는 고통이 너무 심각하여 탄식하며 우는 것을 표현한 것이다(약 5:1). 야고보는 불의하게 재물을 축적한 부자들은 필연적으로 고생이 뒤따라 올 것을 확인한다. 그래서 야고보는 "너희에게 임할 고생(ταλαιπωρία: misery)으로 말미암아"(약 5:1)라고 표현한 것이다. 그래서 부한 자들은 재물로 말미암아 웃음과 기쁨을 누리지 못하고, 오히려 울고(ὀλολύζω: weep) 통곡(κλαίω: cry, bewail)하는 일이 그들을 기다리고 있는 것이다.[255] 잘못된 방법으로 재물을 모은 부한 자들은 하나님의 심판을 피할 수 없을 것이며 그들을 기다리는 보상은 저주의 방법이 될 것이다. 부한 자들은 잠시 있다 없어질 재물에 대해 어리석은 신뢰를 한 것이 잘못이다. 부한 자들은 재물을 모을 때도 불의한 방법으로 재물을 모았을 뿐만 아니라 모은 재물을 분배할 때에도 공의를 행하지 않았다. 야고보는 이제 네 가지 방면으로 부자들의 잘못을 책망한다.

첫째, 부자들은 재물을 잘못 관리하고 하나님이 정하신 원래의 재물의 목적대로 활용하지 않은 죄를 범했다(약 5:2-3). 야고보는 "너희 재물은 썩었고 너희 옷은 좀먹었으며"(약 5:2)라고 말한다. 재물이 썩고 옷이 좀먹는 것은 재물과 옷을 정상적으로 활용하지 않은 탓이다. 세상의 대부분의 물건들은 사용하지 않고 보관해 두면 썩게 되고 좀먹게 된다. 부자들은 그들의 재물을 필요로 한 사람들과 공유하지 않고 축적(蓄積)해 둔 것이다. 그래서 야고보는 "너희 재물은 썩었고"(약 5:2)라고 말함으로 "썩었고"를 상징적인 의미가 아닌 실제적인 것으로 썩은 것을 묘사하는 용어를 사용하여 부자들을 책망한 것이다. 야고보가 "썩었고"(σέσηπεν)[256]와 "좀먹었으며"(σητόβρωτα γέγονεν)[257]와 "녹이

---

255 약 5:1을 번역하면, "들으라 부한 자들아 너희에게 임할 비참함으로 말미암아 울면서 통곡하라."(사역)라고 할 수 있다.

256 "썩었고"(σέσηπεν)는 σήπω의 완료시상, 능동태, 직설법, 3인칭, 단수이다. 이 용어는 신약성경에서 이 구절(약 5:2)에서만 유일하게 사용되었다(hapax legomenon).

257 "좀먹었으며"(σητόβρωτα γέγονεν)의 "σητόβρωτο"는 hapax legomenon(약 5:2)이며, γέγονεν은 γίνομαι의 완료시상, 능동태, 직설법, 3인칭, 단수이다.

슬었으니"(κατίωται)²⁵⁸를 완료시상으로 표현한 것은 그들이 현재 소유한 재물의 가치가 과거에도 없었지만 현재에도 없다는 것을 강조하기 위해서이다. ²⁵⁹ 헬라어의 완료시상은 과거에 발생한 사건이나 행위가 현재에도 효과를 나타내고 있음을 묘사하기 위해 사용된다(막 6:14). ²⁶⁰ 야고보는 부자들이 재물을 쌓은 것이 아무에게도 좋은 결과를 제공하지 못하고 단지 그들의 탐욕만 드러내는 역할을 한 사실에 대해 책망하고 있다. "재물이 썩고," "옷이 좀먹는 것"은 실제적으로 발생할 수 있는 일이지만 "금과 은은 녹이 슬었으니 이 녹이 너희에게 증거가 되며"(약 5:3)는 실제적으로는 발생할 수 없는 일이기에 상징적으로 사용되었다. 야고보는 여기서 "녹"(ἰός: rust)이라는 용어로 "언어유희"(wordplay)를 하고 있다고 사료된다. 야고보는 이 용어를 "독"(ἰός: poison)이라는 의미로 혀의 기능과 관계하여 사용한 바 있다(약 3:8). 야고보는 혀가 잘못 사용될 경우 "죽이는 독(ἰός)이 가득한 것"(약 3:8)처럼, 재물도 잘못 사용되면 녹(ἰός)이 슬어 가치가 없는 정도에 그치는 것이 아니요

---

258   "녹이 슬었으니"(κατίωται)는 κατιόω의 완료시상, 수동태, 직설법, 3인칭, 단수로 신약성경 이 구절(약 5:3)에서만 유일하게 사용된 용어이다(hapax legomenon).

259   Douglas Moo, *The Letter of James* (Tyndale), p. 161.

260   F. Blass and A. Debrunner, *A Greek Grammar of the New Testament and other Early Christian Literature*, Trans. by Robert Funk (Chicago and London: The University of Chicago Press, 1970), p. 175. (section 340). "The perfect combines in itself, so to speak, the present and the aorist in that it denotes the *continuance* of *completed action*." (italics original). Cf. Maximilian Zerwick, *Biblical Greek* (Roma: Editrice Pontificio Istituto Biblico, 1985), p. 96. (section 209): "It is not a past tense but a present one, indicating not the past action as such but the present 'state of affairs' resulting from the past action." Cf. J. Gresham Machen, *New Testament Greek for Beginners* (Toronto: The Macmillan Company, 1951), p. 187. "The Greek perfect tense denotes the present state resultant upon a past action."

오히려 부정적인 효과를 가져온다고 말하고 있는 것이다.[261] 혀가 잘못 사용되면 그 효과가 독과 같고 파괴적인 불과 같은 것처럼, 재물도 잘못 사용되면 똑같은 효과를 불러온다고 말하는 것이다. 그러므로 야고보는 여기서 부자들이 잘못하고 심판받아야 할 이유로 그들이 하늘의 보화는 제쳐놓고 세상의 재물을 축적하는데만 관심을 가졌기 때문이라고 책망하고 있는 것이다(마 6:19-21).

야고보는 "너희가 말세에 재물을 쌓았도다"(약 5:3)라고 말함으로 부자들이 말세(ἐν ἐσχάταις ἡμέραις)에 살고 있음을 알면서도 잘못된 선택을 했다고 경고한다. 말세는 예수님의 초림으로 시작되었기 때문에 야고보가 여기서 "말세"라고 언급한 것은 너무도 당연한 것이다(참조, 행 2:17; 히 1:2; 9:26; 벧전 1:20). 부자들이 말세에 살고 있는 것처럼 예수를 믿는 성도들도 말세에 살고 있다. 그러므로 성도들도 야고보의 경고의 말씀에 주목해야 한다. 성도들은 하나님의 나라에 속한 사람들로서 하나님의 자녀로(요 1:12) 영생을 보장받고(요 5:24) 부활 생명을 사는 존재들이다. 따라서 성도들은 "재물"의 유혹에 빠져서는 안 된다. 성도들은 "그리스도와 함께 다시 살리심을 받은" 사람들이기 때문에 "위의 것을 생각하고 땅의 것을 생각하지 말아야 한다"(골 3:1-2). 성도들은 예수님의 재림을 대망하면서 사는 사람들이기 때문에 재림의 날에 있을 심판을 생각하며 살아야 한다. 그런데 야고보는 부자들이 말세에 재물을 쌓아둘 정도로 재물에만 마음을 쏟고 그 재물로 형제자매를 도울

---

261 McCartney, *James (Baker Exegetical Commentary on the New Testament)* (2009), p. 232.; Otto Michel, "ἰός, κατιόομαι," *Theological Dictionary of the New Testament*, Vol. III (1972), p. 335.

생각은 전혀 하지 않았다고 경고하고 있는 것이다. 칼빈(Calvin)은 "하나님은 금(gold)이 폐기물이 되도록 정하시지 않았고, 옷이 좀먹도록 정하시지 않았다. 그러나 하나님은 그것들이 인간의 생활을 유지하는 데 도움이 되도록 정하셨다."[262]라고 부자들이 그들의 소유를 잘못 관리했음을 지적한다. 그래서 야고보는 썩은 재물, 좀먹은 옷, 녹슨 금과 은이 오히려 그들이 심판 받을 때 증거 역할을 할 것이며 마치 불이 모든 것을 태우듯 그들은 그 엄한 심판에서 결코 벗어나지 못할 것이라고 경고한다(약 5:3).

둘째, 부자들은 사람보다 재물을 더 중요하게 생각하는 죄를 범했다(약 5:4). 야고보는 이제 좀 더 구체적으로 부자들의 잘못을 지적한다. 부자들의 범죄는 고용한 품꾼들에게 정당하게 삯을 지불하지 않은 것이다(약 5:4). 야고보는 부자들이 자신들의 범죄가 감추어질 것으로 생각할는지 모르지만 "추수한 자의 우는 소리가 만군의 주의 귀에 들렸느니라"(약 5:4)라고 말함으로 하나님이 부자들의 잘못을 잘 알고 계신다고 천명한다. 야고보의 이 말씀은 인간 역사에서 첫 살인을 한 가인(Cain)의 행위를 묘사할 때 "네가 무엇을 하였느냐 네 아우의 핏 소리가 땅에서부터 내게 호소하느니라"(창 4:10)라는 말씀을 연상하게 한다. 부자들이 품꾼들의 삯을 지불하지 않는 것은 율법의 명령, 곧 하나님의 명령을 범한 것이다. 모세(Moses)는 "너는 네 이웃을 억압하지 말며 착취하지 말며 품꾼의 삯을 아침까지 밤새도록 네게 두지 말며"(레 19:13)라고 말함으로 하나님의 뜻을 전하고, "곤궁하고 빈한한 품꾼은

---

262 John Calvin, *A Harmony of the Gospels Matthew, Mark and Luke, Vol. III and The Epistle of James and Jude* (1975), p. 306.

너희 형제든지 네 땅 성문 안에 우거하는 객이든지 그를 학대하지 말며 그 품삯을 당일에 주고 해 진 후까지 미루지 말라 이는 그가 가난하므로 그 품삯을 간절히 바람이라 그가 너를 여호와께 호소하지 않게 하라 그렇지 않으면 그것이 네게 죄가 될 것임이라"(신 24:14-15)라고 말함으로 품삯을 제 때에 주지 않는 것이 죄가 됨을 분명히 한다. 야고보는 부자들이 품꾼들의 품삯을 주지 않는 것은 하나님의 명령에 불순종하는 것이며, 품꾼과의 약속을 깨뜨리는 것이며, 사회의 질서를 파괴하는 것이며, 공의를 실천하지 않는 것임으로 하나님이 반드시 그 책임을 물을 것이라고 가르친다. 야고보가 "만군의 주"(κυρίου Σαβαώθ)를 표현할 때 특별히 "사바오스"(Sabaoth)를 사용한 것은 가난한 자들의 호소를 들으시는 하나님이 능력의 하나님이시라는 사실을 분명히 함으로 반드시 부자들의 책임을 물을 것임을 강조한다(약 5:4; 참조, 롬 9:29; 사 1:9).

셋째, 부자들은 자기 자신만을 위해 재물을 사용하고 다른 사람의 필요에는 관심을 갖지 않는 죄를 범했다(약 5:5). 야고보는 부자들이 가난한 품꾼들의 삯은 주지 않으면서 "너희가 땅에서 사치하고 방종하여 살륙의 날에 너희 마음을 살찌게 하였도다"(약 5:5)라고 부자들의 죄악을 지적한다. 부자들의 재물에 대한 탐욕은 결국 사치와 방종에 빠지게 만들었다. 부자들은 가난한 노동자들의 임금을 착취해서 방탕한 생활을 한 것이다. 예수님은 부자와 나사로(Lazarus)의 이야기를 통해 부자가 거지 나사로의 필요에는 관심이 없고 자신의 향락에만 몰두하며 산 결과 결국 부자는 음부에 떨어져 고통받는 심판을 받았다고 가르치신다(눅 16:19-26). 부자는 하나님을 사랑하지 않았고 이웃이 되는 나사로도 사랑하지 않았다. 야고보는 "살륙의 날에 너희 마음을 살찌게 하였도다"(약 5:5)라고 책망한다. "살륙의 날"은 다가올 심판의 날이다. 전통적으로 하나님의 심판의 날은 하나님의 대적들을 살륙하는 날로 이해되어 왔다(시 49:14; 사 30:25; 34:2, 5-7; 렘 12:3; 46:10; 50:26-27; 애 2:21-22; 계 19:19-21).[263] 야고보는 지금 한 짐승이 도살될 날(살륙될 날)이 언제인지도 모르고 계속 스스로를 살지게 하는 것처럼, 부자들도 다가올 심판의 날을 생각하지 않고 스스로를 사치하고 방종에 빠지게 하였다고 책망한다. 무(Moo)는 "그래서 야고보의 요점은, 3절과 같이, 부자들이 이기적으로 그리고 깨닫지 못하고 자신들을 위해 부를 축적하는 데만 몰두했고 하나님의 심판이 임박하여 위협하고 있는 바로 그날에 그들 자신의 향락을 위해 재물을 허비하는데 몰두했다. 마지막 날은 이미 시작되었다. 심판은 예기치 않은 날에 임할 수 있다. 그런데도 부자들은 그 심판을 피할 행동 대신 그들의 이기적인 탐닉에 의해 더 큰 죄책을 만들고 있다. 그들은 도살의 날을 위해 살을 찌우는 소와 같다."[264]라고 정리한다.

넷째, 부자들은 살인의 죄를 범했다. 야고보는 "너희는 의인을 정죄하고 죽였으나 그는 너희에게 대항하지 아니하였느니라"(약 5:6)라고 책망한다. 본 절의 "의인"(τὸν δίκαιον)과 "그는 대항하지 아니하였다"(οὐκ ἀντιτάσσεται)를 뜻하는 동사가 3인칭 단수로 처리되었기 때문에 어떤 이들은 야고보가 여기서 예수님을 "의인"으로 생각했다고 해

263 Peter Davids, *Commentary on James* (*NIGTC*) (1982), p. 178.

264 Douglas Moo, *The Letter of James* (Tyndale) (1990), pp. 165-166.

석한다. [265] 그러나 문맥은 이와 같은 해석을 지지하지 아니한다. 그리고 야고보가 아직 죽지도 않았는데 자신을 이미 죽은 "의인"에 포함시켜 말했을 이유가 없다. 야고보가 말한 "너희는 의인을 정죄하고 죽였으나"(약 5:6)라는 표현을 맥락에 비추어 접근하면 부자들은 가난한 품꾼들이 매일 매일 그들의 삯으로 연명해 나가고 있는데 생명줄이나 다름없는 그 삯을 주지 아니함으로 가난한 품꾼들과 그들의 가족이 죽음에 이르게 되었다고 말하는 것이다(참조, 레 19:13; 암 2:6; 5:12). 야고보는 부자들이 가난한 자들을 강탈하고 정당한 삯을 주지 아니함으로 가난한 자들이 죽음에 내 몰려도 "너희에게 대항하지 아니하였다"(약 5:6)라고 부자들에게 경고하고 있는 것이다. 부자들은 죄짓지 않고 성실하게 자기의 책임을 다하면서 살아가는 가난한 의인들을 죽음으로 내 모는 살인죄를 범한 것이다. 성도들은 항상 재물이 매혹적인 능력을 가지고 있다는 사실을 생각하면서 재물에 의해 조종 받는 삶이 아니라 재물을 조종하여 하나님이 기뻐하시는 선한 일을 하면서 살아야 한다.

---

265 Pheme Perkins, *First and Second Peter, James, and Jude* (*Interpretation*) (Louisville: John Knox Press, 1995), p. 132.: "Christians readers will doubtless recognize that the righteous in verse 6 include both Jesus and the alleged author of the letter, James."; Alexander Ross, *The Epistles of James and John* (*NICNT*) (1970), p. 90.: "'The Righteous One', with special reference, quite likely, to the Righteous Servant of Isa. 53. *He* had been condemned and killed, and that was Israel's crowning sin, but we cannot limit the expression thus."(italic original)

2. 주님의 강림을 고대하는 성도의 삶(약 5:7-11)

⁷ 그러므로 형제들아 주께서 강림하시기까지 길이 참으라 보라 농부가 땅에서 나는 귀한 열매를 바라고 길이 참아 이른 비와 늦은 비를 기다리나니 ⁸ 너희도 길이 참고 마음을 굳건하게 하라 주의 강림이 가까우니라 ⁹ 형제들아 서로 원망하지 말라 그리하여야 심판을 면하리라 보라 심판주가 문 밖에 서 계시니라 ¹⁰ 형제들아 주의 이름으로 말한 선지자들을 고난과 오래 참음의 본으로 삼으라 ¹¹ 보라 인내하는 자를 우리가 복되다 하나니 너희가 욥의 인내를 들었고 주께서 주신 결말을 보았거니와 주는 가장 자비하시고 긍휼히 여기시는 이시니라 (약 5:7-11)

약 5:7-11　야고보는 성도들에게 "주께서 강림(τῆς παρουσίας τοῦ κυρίου)하시기까지 길이 참으라"(약 5:7)라고 권면한다. 야고보는 "주께서 강림하시기까지"(약 5:7)라고 말하고, "주의 강림이 가까우니라"(약 5:8)라고 말함으로 말세가 예수님의 초림으로부터 이미 시작되었음을 함축하고 있으며, 성도들은 예수님의 재림을 바라다보면서 인내하는 삶을 사는 사람들이라고 가르친다. 야고보도 말세를 "이미와 아직"의 구도로 확실하게 이해하고 있다. 야고보가 "그(하나님)가 그 피조물 중에 우리로 한 첫 열매가 되게 하시려고 자기의 뜻을 따라 진리의 말씀으로 우리를 낳으셨느니라"(약 1:18, 개역개정)라고 말한 것은 성도들이 이미 시작된 말세의 기간에 어떻게 하나님의 자녀가 될 수 있었는지를 설명하는 것이요, "시련을 견디어 낸 자가 주께서 자기를 사랑하는 자들에게 약속하신 생명의 면류관을 얻을 것이기 때문이라"(약 1:12, 개역

개정)라고 말한 것은 예수님의 재림 때에 성도들이 받을 영광을 생각하고 쓴 것이다. 야고보는 바울이나 베드로처럼 예수님의 초림 때부터 "말세"가 시작된 것을 확실하게 증언한다. 베드로 사도는 오순절 사건을 설명하면서 요엘서 2:28-32을 사도행전 2:17-21에서 인용한다. 그런데 베드로는 요엘서의 "그 후에"(욜 2:28)를 "말세에"(행 2:17)로 바꾸어 요엘서의 예언이 말세에 오순절을 통해 성취되었음을 확인한다. 이 말씀은 예수님의 초림으로 말세가 이미 시작되었음을 알리는 것이다. [266] 바울은 성도들이 "말세를 만난"(고전 10:11) 사람들로서 그리스도의 사건을 되돌아보고, "죽은 자들 가운데서 다시 살리신 그의 아들이 하늘로부터 강림하심을 기다리는"(살전 1:10) 사람들이라고 말한다. 우리는 야고보의 교훈에 예수님의 초림과 재림이 함축되어 있음을 본다.

그러면 예수님의 강림을 바라다보면서 사는 성도들은 어떤 삶을 이어가야 하는가? 야고보는 농부가 밭에 씨를 뿌려놓고 이른 비와 늦은 비를 기다리면서 귀한 열매를 바라보는 것처럼 오래 참는 삶을 살아야 한다고 가르친다(약 5:7). 야고보는 하나님께서 그의 백성이 약속한 땅에 들어가면 허락하시겠다고 약속하신 그 약속을 기억한 것 같다. 모

---

[266] 신약성경은 예수님의 초림으로 말세가 시작된 것임을 확인한다. 성경을 심각하게 접근하는 독자는 예수님의 탄생과 죽음과 부활 그리고 오순절이 약간의 시간적 차이를 가지고 있는데 언제가 정확한 말세의 기점인지에 대한 질문을 하게 된다. 그런데 예수님의 탄생과 죽음과 부활 그리고 오순절 사건은 구속역사의 한 단위(unit)로 함께 취급해야 한다. 하지만 연구의 편의상 복음서를 연구할 때는 말세를 예수님의 탄생이나 공생애 시작으로 생각하고, 바울서신을 연구할 때는 예수님의 죽음과 부활을 말세의 시작점으로 생각하며, 사도행전을 연구할 때는 말세의 시작점을 오순절 사건으로 설명한다. 중요한 것은 예수님의 탄생, 죽음과 부활, 오순절을 구속역사 성취의 한 단위로 묶어서 예수님의 초림으로 표현한다는 사실이다. 야고보는 예수님의 초림을 말세의 시작으로 생각하고(약 5:3), 예수님의 재림을 말세의 완성으로(약 5:7) 분명하게 확인한다.

세(Moses)는 "여호와께서 너희의 땅에 이른 비, 늦은 비를 적당한 때에 내리시리니 너희가 곡식과 포도주와 기름을 얻을 것이요"(신 11:14)라고 기록한다. 이스라엘 백성들이 필요한 곡식과 포도주와 기름은 하나님이 이른 비와 늦은 비를 주실 때 얻을 수 있다. 박윤선은 7절의 "'이른 비'는 입종(立種) 직후에 오는 비요, '늦은 비'는 곡실(穀實)이 익어가는 때에 필요한 단비이다. 농부는 그 사업에 있어서 조급히 덤비지 않고, 오래 참아 절기(節氣)의 시종(始終)을 기다려 나아간다."[267]라고 설명한다. 모세는 하나님의 백성들에게 그들이 하나님을 전적으로 의존해야 살 수 있다고 가르친다. 마찬가지로 야고보도 주의 강림이 가까운 상황에서 성도들이 오래 참고 하나님의 뜻을 구해야 함을 가르친다. 야고보는 바울처럼 예수님의 초림과 재림을 잇는 "이미와 아직"의 구도로 말세를 이해하고 있다. 이와 같은 구속역사의 구도 속에 야고보는 성도들이 하나님의 자녀답게 생활해야 할 것을 강조하고 있다.

야고보는 마치 농부가 씨를 뿌려 놓고 열매를 기다리는 인내로 "주께서 강림하시기까지 길이 참으라"(약 5:7)라고 권면하고 있다. 성도들은 주님의 강림이 더딘 것 같아도 참아야 하고, 그들에게 어려운 시련이 닥쳐와도 "마음을 굳건하게 하고"(약 5:8) 오래 참아야 한다. 야고보는 성도들의 삶이 예수님의 초림과 재림 사이에 처해 있어서 구속적 긴장을 경험할 수밖에 없음을 확인한다. 하나님의 백성인 성도들은 예수님의 초림과 재림 사이에 그들의 신분(state)은 결코 변하지 않을 것이지만 그들의 경험(experience)은 많은 변화를 가져올 것이다. 야고보

[267] 박윤선, 『히브리서·공동서신』(1965), p. 227.

는 그들이 고통스러운 경험을 할지라도 그들의 신분은 결코 변하지 않을 것이기 때문에 그들은 "서로 원망하지 말라"(약 5:9)라고 권면하는 것이다. 성도들은 어떤 고난과 고통의 경험을 할지라도 그들의 정체성을 지켜야 한다. 성도들은 성도됨의 정체성(identity)을 지키는 것이 하나님의 심판을 면하는 길이다(약 5:9). 홀스트(Horst)는 "주님의 재림이 가까이 왔다(보라 심판주가 문 밖에 서 계시니라)(약 5:9)라는 인식은 대적들에 대한 모든 분노의 느낌과 형제들에 대한 성급한 한숨과 불평을 억제하게 한다."[268]라고 함으로 성도들의 삶이 인내의 삶이어야 함을 설명한다.

데이빗즈(Davids)는 "야고보서에서 가장 강력한 종말론적 구절은 야고보서 5:5-11의 주제적 반복이다. 여기서 기독교인은 주님이 강림하시기까지 인내하는 태도로 고난을 참도록 요청받는다. 이 강림은 가까이 와 있다(약 5:8). 이처럼 저자는 교회가 역사의 종말에 처해 있음을 본다. 이 세대와 오는 세대 간의 긴장이 높다. 새로운 세대의 도래는 가까이 와 있다. 당장의 필요는 악에 대해 저항하는 것이 아니요, 선한 것을 유지하는 것이다. 교회는 욥(Job)처럼 종말론적 투쟁의 결의를 기다리는 동안, 교회에 임할 강력한 억압 앞에서 단결할 필요가 있다."[269]라고 해석한다.

야고보는 이제 선지자들의 인내와 욥의 인내를 예로 들어 성도들이 그들의 삶의 본을 따라야 한다고 가르친다. 그래서 야고보는 다시 한

---

268 J. Horst, "μακροθυμία," *Theological Dictionary of the New Testament*, Vol. IV (Grand Rapids: Eerdmans, 1973), p. 385.

269 Peter Davids, *Commentary on James (NIGTC)* (1982), p. 38.

번 "형제들아"(약 5:10)라고 사랑의 감정을 실어 그들을 호칭하고 있다. 야고보서의 수신자들은 야고보와 함께 목적이 같고, 방향이 같고, 목적이 같은 진정한 형제들이다. 예수님은 그를 낳은 역할을 한 마리아(Mary)를 십자가상에서 보시고 요한(John)에게 어머니를 부탁할 만큼 가족들에 대한 애정과 배려를 아끼지 않으신 인자한 분이시지만 그가 이 세상에 오신 목적을 생각하면서 사신 분이다. 그러므로 어떤 사람이 예수님에게 "당신의 어머니와 동생들이 당신께 말하려고 밖에 서 있나이다"(마 12:47)라고 말하자, 예수님은 "누가 내 어머니이며 내 동생들이냐 하시고 손을 내밀어 제자들을 가리켜 이르시되 나의 어머니와 나의 동생들을 보라 누구든지 하늘에 계신 내 아버지의 뜻대로 하는 자가 내 형제요 자매요 어머니이니라"(마 12:48-50)라고 대답하신 것이다. 예수님이 "내 아버지의 뜻대로 하는 자"가 "형제"라고 규정하신 것처럼 야고보서의 수신자들은 야고보의 형제요 자매들이다.

야고보가 인내의 본으로 제시하는 두 가지 예는 선지자들의 인내(약 5:10)와 욥(Job)의 인내(약 5:11)이다. 첫 번째 인내의 모델은 선지자들의 삶이다. 야고보는 이 구절에서 "본"(ὑπόδειγμα)이라는 용어를 문장의 맨 처음에 위치시킴으로 선지자들의 인내의 본과 욥의 인내의 본을 강조하고 있다. 그들의 삶은 성도들에게 인내의 본이 된다. 야고보는 바로 전 자연의 원리를 사용하여 농부의 인내를 가르쳤는데 이제는 사람의 삶을 이용하여 인내의 본을 제시한다. "본"(example)의 용도는 좋은 방향[270]으로 작용하기도 하고(요 13:15), 나쁜 방향으로 작용하기

---

270   Josephus, *Jewish War*, VI. 103: "ἀλλά τοι, Ἰωάννη, καὶ μετανοῆσαι μὲν ἐκ κακῶν

도 한다(히 4:11; 벧후 2:6).[271] 야고보는 본 구절에서 선지자들과 욥의 좋은 본을 설명하고 있다. 구약 성경은 수많은 선지자들이 하나님을 섬기는 것 때문에 고통을 당해야 했고, 그런 상황에서 그들은 인내했고 심지어 순교하기까지 했다(참조, 히 11:13-38). 야고보가 "선지자들"을 복수로 사용하여 그들의 고난과 오래 참음의 본을 제시한 것은 인내의 삶을 산 선지자들의 숫자에 관심이 있어서가 아니요, 오히려 "야고보의 주된 관심은 이 지상에서 하나님을 섬기면서 산 모든 사람들의 공통된 특징이 진정으로 인내의 삶이었음을 보여줌으로, 인내의 가치를 강조하고 그의 믿음의 공동체를 튼실하게 하기 위해서였다."[272] 야고보는 "선지자들을 본으로 삼으라"(약 5:10)라고 말함으로 선지자가 아닌 다른 사람들도 같은 태도로 삶을 살아야 한다는 교훈을 함축하고 있다. 야고보는 "주의 이름으로 말한 선지자들"(약 5:10)이라고 표현함으로 선지자들이 주님을 섬기는 것 때문에 고난을 받았음을 밝히고 있다. 주님을 섬기면서 고난을 받으나 피하지 않고 그 고난을 참아내는 선지자들은 후대의 사람들에게는 물론 교회 공동체에 믿음과 인내의 본이 되었다.[273] 야고보는 지금 선지자들을 포함하여 주님을 섬기는 일

οὐκ αἰσχρὸν ἐν ἐσχάτοις καὶ καλὸν ὑπόδειγμα βουλομένῳ σώζειν τὴν πατρίδα σοι πρόκειται βασιλεὺς Ἰουδαίων Ἰεχονίας." (....... you have a noble example set before you in Jeconiah, king of the Jews.). Cf. Flavius Josephus, *The Jewish War*, Books IV-VII, Trans. H. St. J. Thackeray (Cambridge: Harvard University Press, 1968), p. 404.

271 Ralph P. Martin, *James* (*Word Biblical Commentary*), Vol. 48 (Waco: Word Books, Publisher, 1988), p. 192.

272 Martin, *James* (*Word Biblical Commentary*), Vol. 48 (1988), p. 193.

273 Friedrich Hauck, "Prophets and Prophecies in the New Testament," *Theological Dictionary of the New Testament*, Vol. VI (Grand Rapids: Eerdmans, 1971), p. 835.

때문에 고난을 받는 모든 성도들도 참아야 한다는 교훈을 함축하고 있다. 성도들은 이미 실현된 하나님 나라에서 살면서 앞으로 완성될 하나님 나라를 소망하며 구속적 긴장 속에서 살고 있다. 따라서 성도들은 구약의 선지자들을 "고난과 오래 참음의 본"(약 5:10)으로 삼고 살아야 한다. 야고보는 믿음과 행위의 관계를 강조하면서 예수님의 초림과 재림 사이의 기간에 살고 있는 성도들이 예수님의 삶의 본을 따라 살 것을 가르치고 있다.[274]

야고보는 하나님을 섬기고 하나님께 영광을 돌리기 위해 고난과 고통 중에서도 인내의 삶을 산 선지자들을 본으로 삼으라(약 5:10)라고 명령한 후 "보라 인내하는 자를 우리가 복되다 하나니"(약 5:11)라고 한다고 설명한다. 이 말씀은 산상보훈의 예수님의 말씀을 생각나게 한다. 예수님도 "의를 위하여 박해를 받는 자는 복이 있나니 천국이 그들의 것임이라"(마 5:10)라고 가르치시고, "나로 말미암아 너희를 욕하고 박해하고 거짓으로 너희를 거슬러 모든 악한 말을 할 때에는 너희에게 복이 있나니 기뻐하고 즐거워하라"(마 5:11-12)라고 가르치신다. 예수님이 나로 말미암아 박해 받는 자가 복이 있다고 말씀하신 것처럼 야고보는 주의 이름으로 박해는 받지만 오래 참는 자가 복 되도다고 가르친다.[275]

274 박형용, 『신약개관』 (서울: 아가페출판사, 2009), pp. 229-232.

275 J. Jeremias, "παῖς Θεοῦ in Later Judaism in the Period after the LXX," *Theological Dictionary of the New Testament*, Vol. V (Grand Rapids: Eerdmans, 1973), p. 712.: "Jesus as the Suffering Servant is, according to context, held up as an example of service (Mk. 10:45 and par), unselfishness (Phil. 2:5-11), innocent and voluntary suffering (1 Pt. 2:21-25) and humility (1 Cl. 16. 1-17)."

야고보는 이제 두 번째 복된 사람의 본으로 욥(Job)의 인내를 예로 든다(약 5:11). 욥이 경험한 하나님의 징벌은 욥의 범죄로 인한 결과로 오는 고통이 아니었다(욥 1:8-12). 욥은 동방의 의인이었다. 성경은 욥을 가리켜 "그 사람은 온전하고 정직하여 하나님을 경외하며 악에서 떠난 자더라"(욥 1:1; 욥 1:8 참조)라고 묘사한다. 그런데 사탄의 시기로 인해 하나님이 사탄에게 욥의 생명은 건드리지 말고 고통을 주어도 된다고 허락하셨기 때문에 사탄의 간계로 인한 고통을 욥이 경험한 것이다(욥 1:10-11). 데이빗즈(Davids)는 "욥은 그의 재물을 너그럽게 나누어 사용했지만 그럼에도 불구하고 하나님에 대한 그의 증거가 사탄을 화나게 만들어 고난을 받은 사람 중에 한 사람이다. 그가 고난을 당하는 동안 그는 완전하게 오래 참는 인내를 증명함으로 정당하게 하나님의 칭찬을 결국 받았다."[276]라고 욥의 인내의 삶을 평가한다. 욥의 인내의 결과는 자비하시고 긍휼이 풍성하신 하나님이 욥에게 "이전 모든 소유보다 갑절이나 주셨고"(욥 42:10), 사탄의 궤계로 잃었던 아들과 딸의 숫자(욥 1:2)와 같은 열 자녀들을 다시 주셨다(욥 42:13). 그런데 야고보가 고난을 오래 참음으로 인내한 욥의 마지막 생애를 묘사하면서 두 개의 특이한 용어를 사용한다. 하나는 "주께서 주신 결말"(τὸ τέλος κυρίου)이라는 표현인데 "결말"이라는 용어는 야고보서에서 이 구절에서만 사용된 용어요, 또 하나는 신약성경 중 본 구절(약 5:11)에서만 유일하게 사용된(hapax legomenon) "가장 자비하시고"(πολύσπλαγχνος)라는 표현이다. "주께서 주신 결말"은 직역하면 "주의 마지막"으로 처리할 수 있

---

276   Peter Davids, *Commentary on James (NIGTC)* (1982), p. 187.

다.[277] 그런데 "결말"(τὸ τέλος)이라는 용어 사용이 주목을 받는 것은 이 용어가 예수님의 종말론적 성취로 흔히 사용되기 때문이다(참조, 고전 15:24).[278] 그러므로 야고보가 야고보서에서 이 용어를 사용할 때 예수 님의 재림을 생각하고 이 표현을 사용했는지 밝힐 필요가 있는 것이 다. 그러나 문제의 답은 바로 문맥에서 찾을 수 있다. 야고보는 "주께 서 주신 결말을 보았거니와 주는 가장 자비하시고 긍휼히 여기시는 이 시니라"(약 5:11)라고 설명한다. 야고보는 "긍휼히 여기시는"(οἰκτίρμων) 이란 용어(눅 6:36(2회); 약 5:11)와 신약성경 중 본 절에서만 유일하게 사 용된 "가장 자비하시고"(πολύσπλαγχνος)라는 용어를 과거 시상(aorist) 인 "보았거니와"(εἴδετε)와 함께 사용함으로 예수님의 재림이나 예수님 의 종말론적 성취를 생각한 것이 아니요, 가장 자비하시고 긍휼이 풍 성하신 하나님이 고난을 참고 승리한 욥의 마지막 생애에 베푸신 축복 을 뜻한다고 생각할 수 있다.

야고보는 이 구절에서 수신자들에게 선지자들의 삶을 본받으라고 권고하고, 욥의 오래 참는 인내를 상기시켜 주며, 이런 인내의 삶을 산 성도들에게 하나님의 풍성한 자비가 있을 것임을 가르치고 있다. 하나 님은 그의 성도들을 끝까지 책임지신다.

---

277 한글번역의 경우 개역한글과 개역개정, 그리고 바른 성경은 "주께서 주신 결말"로, 우리말 성경은 "주께서 주신 결과"로, 표준새번역과 표준새번역개정은 "주(님)께서 나중에 그에 게 어떻게 하셨는지를"으로 번역 처리했고, 영어번역의 경우 ESV와 RSV는 "the purpose of the Lord"로, NIV는 "what the Lord finally brought about"로, NASB는 "the outcome of the Lord's dealings"로, AV는 "the end of the Lord"로, NKJV는 "the end *intended* by the Lord"로 번역 처리했다.

278 H. Hübner, "τέλος," *Exegetical Dictionary of the New Testament,* Vol. 3 (Grand Rapids: Eerdmans, 1993), pp. 347-348.

3. 맹세의 위험성(약 5:12)

> ¹² 내 형제들아 무엇보다도 맹세하지 말지니 하늘로나 땅으로나 아무 다른 것으로도 맹세하지 말고 오직 너희가 그렇다고 생각하는 것은 그렇다 하고 아니라고 생각하는 것은 아니라 하여 정죄 받음을 면하라 (약 5:12)

약 5:12 야고보는 다시 한번 "내 형제들아"라는 표현을 통해 수신자들에 대한 그의 마음의 애정을 표시한다. 수신자들은 같은 주를 섬기고, 같은 하나님 나라의 백성이며, 같은 구원의 반열에 참여한 형제들이다. 그러나 야고보서는 "무엇보다도"(πρὸ πάντων)를 제일 앞에 위치시켜 강조하고 있다(약 5:12). 헬라어의 의미를 문자적으로 이해한다면 "무엇보다도"는 "모든 것 앞에," "다른 것보다 우월성을 인정하여," "다른 것보다도 먼저"(above all) 등의 뜻을 가지고 있다. 야고보가 야고보서 전체에서 "내 형제들아"라는 표현을 13회 사용하는데(약 1:2, 19; 2:1, 14; 3:1, 10, 12; 4:11; 5:7, 9, 10, 12, 19) 제5장에서 다시 "내 형제들아 무엇보다도 맹세하지 말지니"(약 5:12)라고 말함으로 수신자들에 대한 야고보의 애정을 표시하며 또한 바로 이전 구절들과는 거리가 있는 맹세에 관한 새로운 주제를 제시하고 있다.

야고보의 맹세에 대한 교훈은 예수님의 맹세에 대한 교훈을 다시 듣는 것과 같다. 예수님은 "나는 너희에게 이르노니 도무지 맹세하지 말지니 하늘로도 하지 말라 이는 하나님의 보좌임이요 땅으로도 하지 말라 이는 하나님의 발등상임이요 예루살렘으로도 하지 말라 이는 큰 임금의 성임이요 네 머리로도 하지 말라 이는 네가 한 터럭도 희고 검게 할 수 없음이라 오직 너희 말은 옳다 옳다, 아니라 아니라 하라 이에서 지나는 것은 악으로부터 나느니라"(마 5:34-37)라고 가르치셨다. 예수님의 교훈과 야고보의 교훈은 거의 동일하다고 할 수 있다. 예수님이 "도무지 맹세하지 말지니"(마 5:34)라고 말씀하신 것에 대해 야고보는 "무엇보다도 맹세하지 말지니"(약 5:12)라고 말하고, 예수님이 하늘, 땅, 예루살렘, 네 머리로도 맹세하지 말라(마 5:34-36)라고 말씀하신 것에 대해 야고보는 "하늘, 땅, 아무 다른 것으로"(약 5:12)도 맹세하지 말라고 말한다. 그리고 예수님이 "너희 말은 옳다 옳다, 아니라 아니라 하라 이에서 지나는 것은 악으로부터 나느니라"(마 5:37)라고 말씀하신 것에 대해 야고보는 "오직 너희가 그렇다고 생각하는 것은 그렇다 하고 아니라고 생각하는 것은 아니라 하여 정죄 받음을 면하라"(약 5:12)라고 말한다. 야고보는 예수님이 하신 말씀과 비교할 때 약간의 표현의 차이는 있지만 거의 정확하게 예수님의 맹세에 대한 교훈을 그대로 전하고 있다.

야고보는 예수님의 맹세에 대한 교훈을 상기시키면서 마음을 같이 나눌 수 있는 형제들에게 "맹세"라는 과격한 행동을 통해 세상일을 판단하지 말고, 사건들을 있는 그대로 판단하면서 사는 것이 실수하지 않는 것이라고 가르친다. 그런데 우리가 주목해야 할 부분은 예수님과 야고보가 "하늘로나 땅으로나 아무 다른 것으로도 맹세하지 말고"(약 5:12)라고 가르친 점이다. 야고보가 왜 "하늘," "땅," "아무 다른 것"으로 맹세하지 말라고 했는가? 유대인들은 하나님의 이름으로 맹세하지 않으면 아무런 문제가 없다고 생각했다. 하나님의 이름으로 맹세하면 "너는 네 하나님 여호와의 이름을 망령되게 부르지 말라"(출 20:7; 참조, 신 5:11)라는 율법을 범한 것이 된다. 그래서 유대인들은 하나님의 이름은 직접 언급하지 않고 대신 하늘과 땅으로 맹세를 함으로 율법의 속박에서 벗어났다고 생각한 것이다. 칼빈(Calvin)은 "그들은 하나님의 이름을 공개적으로 언급하지 않으면 아무런 해(harm)가 되지 않는다고 가장한다. 이는 옛날 계략일 뿐이다. 그래서 유대인들은 하늘과 땅으로 맹세를 할 때, 그들은 하나님의 이름을 남용하지 않았다고 생각한다." "그리스도는 우리가 마태복음 5:34에서[279] 보듯 이런 우매한 짓에 대해 강하게 비난하신다. 그리고 지금 야고보는 우리에게 이런 종류의 간접적인 언급을 피하라고 말함으로 그의 주인의 법칙을 지지한다. 왜냐하면 사람은 사실상 공허하게 맹세함으로 하나님의 이름을 남용하기 때문이다. 그리고 그가 어떤 용어로 치장할지라도 결과가 없기 때문이다. 짧게 말해서 하나님의 이름을 직접 언급해서 맹세하는 것과 마찬가지로 하늘과 땅으로 맹세하는 것도 허용될 수 없다. 그리스도가 그 이유를 주신다: 하나님의 영광이 만물에 나타나 있고 그리고 그의 빛이 어디에나 있다."[280]라고 해석한다.

야고보는 "하늘로나 땅으로나 아무 다른 것으로도 맹세하지 말고"(약 5:12)라고 말한 다음 성도들은 진실한 말만 해야 할 것을 당부한

---

279 참고로, 예수님은 헛 맹세를 하지 말라는 교훈을 마 5:34 한 절에서만 언급한 것이 아니요, 마 5:33-37에서도 자세하게 설명하셨음을 밝혀둔다.

280 John Calvin, *A Harmony of the Gospels Matthew, Mark and Luke, Vol. III and The Epistle of James and Jude* (1975), p. 312.

다. 야고보는 "오직 너희가 그렇다고 생각하는 것은 그렇다 하고 아니라고 생각하는 것은 아니라 하여 정죄 받음을 면하라"(약 5:12)라고 권면한다. 야고보는 자신의 말이 실제에 의거하여 참이면 "그렇다"(Ναί)라고 인정하고, 자신의 말이 사실에 근거하지 않은 것이면 "아니라"(οὔ)라고 사실에 근거한 진실만을 말하라고 권고하고 있다. 맹세를 사용하는 것은 믿음에 역행하는 행동이다. 맹세는 믿음의 반대인 불신과 통한다. 믿음은 "그렇다"라고 말하면 항상 "그렇다"를 뜻한다. 야고보는 그렇게 진실만을 말함으로 "정죄 받음을 면하라"(ἵνα μὴ ὑπὸ κρίσιν πέσητε.)[281]라고 결론을 짓는다(약 5:12). 하나님은 진실하시고 거룩하시기 때문에 진리에서 떠난 어떤 종류의 맹세도 인정하시지 않고 심판을 하실 수밖에 없다. 그래서 야고보는 하나님의 이름으로 맹세하는 것은 말할 것도 없고, 하늘로나 땅으로도 맹세해서는 안 된다고 단호하게 명령하는 것이다. 맥카트니(McCartney)는 "하나님의 백성들은, 종말론적 공동체로서, 그들의 왕국 생활에서 종말의 실재(the reality of the eschaton)를 나타내도록 요청받는다. 그리고 하나님의 종말론적 왕국에서는 모든 사람은 진리를 말하고 그리고 약속을 지킨다."[282]라고 설명한다. 야고보는 지금 "이미와 아직"의 종말론적 상황에 처한 성도들에게 오직 진리만을 말하면서 살아야 한다고 권면한다.

---

[281] 헬라어의 의미를 살리면 "너희들이 심판 아래 떨어지지 않도록"으로 번역할 수 있다.

[282] Dan McCartney, *James* (*Baker Exegetical Commentary on the New Testament*). (2009), pp. 248-249.

4. 믿음의 기도와 하나님의 응답(약 5:13-18)

¹³ 너희 중에 고난 당하는 자가 있느냐 그는 기도할 것이요 즐거워하는 자가 있느냐 그는 찬송할지니라 ¹⁴ 너희 중에 병든 자가 있느냐 그는 교회의 장로들을 청할 것이요 그들은 주의 이름으로 기름을 바르며 그를 위하여 기도할지니라 ¹⁵ 믿음의 기도는 병든 자를 구원하리니 주께서 그를 일으키시리라 혹시 죄를 범하였을지라도 사하심을 받으리라 ¹⁶ 그러므로 너희 죄를 서로 고백하며 병 낫기를 위하여 서로 기도하라 의인의 간구는 역사하는 힘이 큼이니라 ¹⁷ 엘리야는 우리와 성정이 같은 사람이로되 그가 비가 오지 않기를 간절히 기도한즉 삼 년 육 개월 동안 땅에 비가 오지 아니하고 ¹⁸ 다시 기도하니 하늘이 비를 주고 땅이 열매를 맺었느니라 (약 5:13-18)

약 5:13-18 야고보는 야고보서 5:13-18에서 기도의 중요성과 그 효과에 대해서 설명하고 있다. 야고보는 성도들도 이 세상에 살면서 고난과 고통을 경험할 수밖에 없다고 말한다. 성도들도 부활체를 입기 전까지는 때때로 정신적인 고통, 육체적인 고통, 재정적인 문제로 오는 고통, 인간관계 문제로 발생하는 고통, 종교적인 문제로 발생하는 고통 등 수많은 고난을 당할 수 있다. 야고보는 이런 고통과 고난이 엄습해 올 때 성도들이 대처할 수 있는 방법은 기도하는 것이라고 가르친다(약 5:13-18). 성도가 어려움에 처할 때 하나님께 기도하는 것은 성도의 특권이다. 하나님은 성도의 기도를 반드시 들으시지만 성도의 원대로 응답하시지 않고 하나님의 전지(omniscience)와 지혜(wisdom)에 따라 하나님의 뜻대로 응답하신다. 예수님은 "무엇이든지 너희가 땅에

서 매면 하늘에서도 매일 것이요 무엇이든지 땅에서 풀면 하늘에서도 풀리리라 진실로 다시 너희에게 이르노니 너희 중의 두 사람이 땅에서 합심하여 무엇이든지 구하면 하늘에 계신 내 아버지께서 그들을 위하여 이루게 하시리라"(마 18:18-19)라고 기도를 권장하신다.

야고보는 "고난 당하는 자"(약 5:13)를 위해 기도하라고 권고한 후 "병든 자"(약 5:14)를 위해서도 기도하라고 권고한다. 야고보는 기도에 관해 믿음의 공동체의 중요성을 강조한다. 그래서 야고보는 "너희 중에 병든 자가 있느냐 그는 교회의 장로들을 청할 것이요 그들은 주의 이름으로 기름을 바르며 그를 위하여 기도할지니라"(약 5:14)라고 권면하는 것이다. 교회는 그리스도의 몸이요(고전 12:27) 성도들은 몸의 각 지체들이다(고전 12:18-26). 그러므로 한 지체가 병이 들면 전체 몸이 영향을 받을 수밖에 없다. 개인이나 교회가 기도할 때 "주의 이름으로" 기도하지 아니하면 우리의 기도가 하나님께 상달되지 않는다. 예수님은 하나님과 우리 사이를 연결해 주시는 중계자시요, 메시아이시요, 대속주이시다. 구약의 성도들이 성전을 통해 하나님께 나아가듯 신약의 성도들은 성전 되신 예수님을 통해(요 2:21) 하나님께 나아갈 수 있다. 그러므로 성도들은 반드시 "예수님의 이름으로" 기도해야 한다. 그리고 야고보가 "기름을 바르며 그를 위해 기도하라"(약 5:14)라고 가르친 것은 병자를 배려하는 행동의 표현이다. 기도의 응답은 하나님이 하시기 때문에 우리 편의 어떤 행동이 요구되지 않는다. 하나님은 말씀 한 마디로 세상을 창조하신 분이시다. 하나님은 기도의 응답을 위해 우리 편의 어떤 행동도 필요로 하지 않는다. 야고보가 "기름을 바르며"(약 5:14)라고 표현한 것은 개인이나 교회의 장로들이 병자에게 기름을 바르며 기도할 때 병자가 심리적으로 안도의 마음을 갖게 되고 더욱 하나님을 의존하는 마음을 갖기 때문이다. 예수님은 맹인들의 눈을 뜨게 하시면서 "그들의 눈을 만지시며"(마 9:29) 그들을 고쳐주셨고, 나병환자를 깨끗하게 하실 때도 "손을 내밀어 그에게 대시며"(막 1:41; 눅 5:13) 그를 깨끗하게 해 주셨으며, 태어날 때부터 맹인이 된 사람을 고치실 때도 "진흙을 이겨 바르므로"(요 9:10, 15) 그를 보게 하셨다. 예수님은 얼마든지 "더러운 귀신을 명하사"(눅 8:29) 귀신을 사람에게서 나오게 하시거나, "더러운 귀신을 꾸짖으시고"(눅 9:42) 아이를 귀신으로부터 자유하게 하실 수 있다. 예수님이 귀신들린 자나 맹인을 고치시기 전 이런 특별한 행동을 하신 것은 그들을 배려하신 것이요 그들과의 연대를 나타내 보여주신 것이다.[283]

야고보는 하나님의 능력을 믿기 때문에 "믿음의 기도는 병든 자를 구원하리니 주께서 그를 일으키시리라 혹시 죄를 범하였을지라도 사하심을 받으리라"(약 5:15)라고 하며 기도가 응답될 것을 확신하는 것이다. 성도는 신실하신 하나님을 믿고 기도에 임하여야 한다. 하나님이 원하시면 얼마든지 병든 자를 고쳐주실 수 있고, 특별히 그 기도가 회개의 기도이면 하나님께서 그 죄를 용서해 주실 수도 있다(약 5:15). 이처럼 기도는 성도의 생활에서 하나님을 인정하는 행위이며 하나님의 응답을 이끌어 낼 수 있는 성도의 특권이다. 성도들은 그리스도의 대

---

283 Frederick Dale Bruner, *The Christbook: A Historical/Theological Commentary* (Matthew 1-12) (Waco: Word Books, 1987), p. 349.: "That Jesus should have touched these diseases and not merely spoken to them teaches us again how intimately Jesus establishes solidarity with us. If we are oppressed in skin, eye, or anything, Jesus touches us at the point of our oppression; he does not merely talk to us."

속적 죽음으로 구원을 받았지만 아직도 아담(Adam)의 질서에 따른 현재의 몸을 가지고 살기 때문에 죄를 지을 수 있다. 하나님은 성도들이 회개의 기도를 통해 죄 사함을 받을 수 있는 길을 열어 주셨다. 그래서 야고보는 "믿음의 기도"는 "혹시 죄를 범하였을지라도 사하심을 받으리라"(약 5:15)라고 함으로 믿음을 통해서만 기도가 응답될 수 있음을 천명하는 것이다.

야고보는 이제 야고보서 5:16에서 "그러므로 너희 죄를 서로 고백하며 병이 낫기를 위하여 서로 기도하라"(약 5:16)라고 서로 죄를 고백하라고 명령하고, 병이 낫도록 기도하라고 명령한다. 성도 상호간 서로 자신의 죄를 고백하는 것은 쉬운 일이 아니다. 그러나 야고보는 서로 죄를 고백하라고 명령한다(약 5:16). 우리는 여기서 개인적인 죄(personal sins)와 공적인 죄(public sins)를 구분할 필요가 있다. 성도가 어떤 개인에게 죄를 지었을 경우 그는 그 개인에게 죄를 고백하고 용서를 구해야 한다. 키스터마커(Kistemaker)는 "다른 죄들은 사적인 것인데 직접 관련된 사람들 외에 다른 사람들에게는 공개될 필요가 없다. 그러므로 분별력과 제한이 자신의 개인적인 죄를 고백하기 원하는 죄인을 마땅히 선도해야 한다."[284]라고 해석한다. 그러므로 개인적인 죄는 모든 사람에게 공개할 필요가 없다. 개인적인 죄를 모든 사람에게 공개할 경우 인간의 연약성 때문에 유익보다는 오히려 해악이 더 많을 수 있다. 그리고 어떤 죄는 교회의 모든 성도들에게 해당되는 공적인 죄가 될 수 있다. 이런 공적인 죄는 마땅히 교회의 모든 성도들 앞

---

[284]   Simon J. Kistemaker, *James and I-III John* (*N.T.C.*) (1986), p. 178.

에서 고백되어야 한다. 성도가 자신의 죄를 모든 성도들 앞에서 고백하면 그 행위는 그 자체로 회개의 표시이며 용서를 구하는 것이 된다. 공적인 죄를 공개적으로 고백하면 쓸데없는 오해를 차단할 수 있고 수군수군하는 죄를 방지할 수 있다. 야고보는 "믿음의 기도는 병든 자를 구원하리니 주께서 그를 일으키시리라"(약 5:15)라고 함으로 믿음의 기도와 주님의 응답을 연결시킨다. 야고보는 "믿음의 기도"(ἡ εὐχὴ τῆς πίστεως)라는 표현을 통해 기도에 법칙이 있는데 그것은 바로 "믿음"으로 하는 것이라고 설명한다.

그러면 서로 죄를 고백하는 유익은 무엇인가? 보스(Vos)는 "어떤 사람이 다른 누구에게도 알려지지 않은 범죄에 대해 양심의 부담을 느낄 때에 형제와 그 죄들을 공유하면 위안이 될 수 있다. 죄에 대한 깊은 의식은 항상 진리를 위한 갈망을 일깨운다, 그리고 사람이 실제로 나쁜 것처럼 알려지는 것은 분에 넘친 선한 이름을 갖는 것보다 더 만족스러울 수 있다. 그러나 그런 개인적인 죄의 고백은 그 고백이 평범한 형제 앞에서 고백되든 목사 앞에서 고백되든 자발적인 것이어야만 한다. 그 사람 스스로 이 고백을 해야 하는지 판단해야만 한다. 심각한 위험이 존재하는 것은 사람의 위로와 면책이 오로지 하나님만이 주실 수 있는 면죄의 자리를 차지할 수 있다는 점이다."[285]라고 함으로 "너희 죄를 서로 고백하며"(약 5:16)의 장단점을 정리한다.

성도가 개인적인 죄를 해당 상대방에게 고백하면 우선 두 사람 사

---

[285] G. Vos, *Reformed Dogmatics* (Ecclesiology, The Means of Grace, Eschatology), Vol. Five (Bellingham: Lexham Press, 2016), pp. 106-107.; Cf. John Calvin, *Institutes of the Christian Religion*, Vol. 1 (Philadelphia: The Westminster Press, 1967), p. 636. (Book III, Chapter 4, Verse 12).

이의 교제 관계의 회복이 시작된다. 그리고 두 성도 모두에게 하나님
을 향한 기도의 문이 활짝 열린다. 왜냐하면 성도가 고백하지 않은 죄
를 마음에 품고 있으면 그의 기도는 하나님의 마음을 움직일 수 없는
기도이기 때문이다. 그리고 성도가 공적인 죄를 교회 앞에서 고백하면
죄책으로부터 자유함을 누릴 수 있게 되고 교회 공동체 내에는 화목이
시작된다. 교회 공동체는 죄를 고백한 성도를 위해 구체적으로 기도할
수 있게 된다. 열두 사도의 교훈은 "너는 교회에서 너의 죄를 고백하도
록 하라. 그리고 악한 양심을 가지고 기도에 임하지 않도록 하라. 이것
이 생명의 길이니라."(*Didache*, 4. 14)[286]라고 가르친다.

야고보는 믿음으로 하나님께 간구하는 기도에 대한 하나님의 응답
을 설명하면서 엘리야(Elijah)의 기도의 예를 든다. 야고보는 상당히 구
체적으로 "엘리야는 우리와 성정이 같은 사람이로되 그가 비가 오지
않기를 간절히 기도한즉 삼 년 육 개월 동안 땅에 비가 오지 아니하고
다시 기도하니 하늘이 비를 주고 땅이 열매를 맺었느니라"(약 5:17-18)라
고 열왕기상 17장과 18장의 내용을 요약하여 전한다. 윙클러(Winkler)
는 "이처럼 야고보가 위대한 선지자를 묘사한 것은 그의 독자들이 설
복되어 그(엘리야)의 본을 따르도록 하기 위해서이다. 그는 우리 인류
의 보통 조건으로부터 향상된 상태에 있는 것이 아니요 우리 자신들과
똑같은 체질과 본성을 가진 사람이다."[287]라고 해석한다. 칼빈(Calvin)

286 박형용, 『신약정경론』, (수원: 합동신학대학원출판부, 2002), pp. 126-127.: "ἐν ἐκκλησίᾳ
     ἐξομολογήσῃ τὰ παραπτώματά σου, καὶ οὐ προσελεύσῃ ἐπὶ προσευχήν σου ἐν
     συνειδήσει πονηρᾷ. αὕτη ἐστὶν ἡ ὁδὸς τῆς ζωῆς."(*Didache*, 4. 14). "열두 사도의 교
     훈"은 『신약정경론』의 부록 pp. 114-155에 실려 있음.

287 Edwin T. Winkler, "Commentary on the Epistle of James," *An American Commentary*

은 엘리야가 우리와 똑같은 성정을 가진 사람이라는 사실을 강조하면
서 엘리야가 그랬던 것처럼 "우리도 마땅히 기도의 법칙을 지켜야 하
는데 그것은 믿음으로 기도하는 것이다."[288]라고 설명한다.

박윤선은 야고보서 5:17의 "엘리야는 우리와 성정이 같은 사람"이
라는 사실을 근거로 "기도의 응답을 얻는 자는 어떤 비범(非凡)한 인물
혹은 초인(超人)이 아니라, 범인이라고 그는 언명(言明)한다. 누구나 기
도하되 간절히 하기만 하면, 응답을 얻는다고 그는 말하였다."[289]라고
함으로 누구든지 간절한 마음으로 기도하면 응답이 있다고 설명한다.
우선 야고보는 엘리야의 기도 응답을 설명하면서 비가 오지 않은 기간
을 "삼 년 육 개월 동안"으로 명시한다. 누가복음은 예수님께서 직접
"내가 참으로 너희에게 이르노니 엘리야 시대에 하늘이 삼 년 육 개월
간 닫히어 온 땅에 큰 흉년이 들었을 때에"(눅 4:25)라고 하심으로 엘리
야 시대에 비가 오지 않은 기간이 삼 년 육 개월임을 정확하게 지적하
신 것을 기록하고 있다. 그런데 구약 열왕기상 17장과 18장을 보면 어
느 곳에도 삼 년 육 개월이란 기간이 명시되어 있지 않다. 우리가 비가
오지 않은 기간과 연결시켜 생각할 수 있는 열왕기상의 기록은 "내 말
이 없으면 수 년 동안 비도 이슬도 있지 아니하리라"(왕상 17:1)의 말씀
과 "많은 날이 지나고 제 삼년에 여호와의 말씀이 엘리야에게 임하여
이르시되 너는 가서 아합(Ahab)에게 보이라 내가 비를 지면에 내리리

on the New Testament (1890), pp. 72-73.

288 John Calvin, A Harmony of the Gospels Matthew, Mark and Luke, Vol. III and The Epistle of James and Jude (1975), p. 317.; John Calvin, Institutes of the Christian Religion, Vol. 2 (1967), p. 864. (Book III, Chapter. XX, Verse 11).

289 박윤선, 『히브리서 · 공동서신』 (1965), p. 230.

라"(왕상 18:1)라는 말씀뿐이다. 그런데 예수님과 야고보는 명시적으로
비가 오지 않았던 기간을 "삼 년 육 개월"이라고 확인한다. 이 문제에
대해 몇 가지 질문이 제기된다. 예수님과 야고보가 언급한 "삼 년 육
개월"이 엘리야 시대에 비가 오지 않았던 정확한 기간인가? 예수님과
야고보가 "삼 년 육 개월"을 상당히 긴 기간을 의미하는 뜻으로 상징적
으로 사용했는가? 우리는 이 질문에 대해 어떻게 답을 하느냐에 따라
본문을 이해하는데 차이가 있음을 알 수 있다.

칼빈(Calvin)은 비가 오지 않은 기간 문제에 대해서는 침묵하고, 맥
카트니(McCartney)도 야고보가 엘리야의 기도를 언급한 것은 "엘리야
의 기도의 효과"(the effectiveness of his prayer)를 강조하기 위한 것이라
고 설명하면서 비가 오지 않은 기간에 대해서는 역시 침묵한다.[290] 그
런데 여러 학자들은 약간의 설명의 차이는 있지만 야고보가 언급한
"삼 년 육 개월"(약 5:17)을 문자적(literally)으로 이해하지 않고 상징적
(figuratively)으로 이해하여 "상당히 오랜 기간"을 가리키는 뜻이라고 해
석한다.[291] 마샬(Marshall)도 누가복음 4:25을 해석하면서 "엘리야의 경
우 그 땅은 바알(Baal)을 의지했기 때문에 하나님의 심판 아래 있었다.
그래서 하나님께서 이스라엘 밖에 있는 엘리야(여기서는 과부에게)에게

---

290 Calvin, *A Harmony of the Gospels Matthew, Mark and Luke, Vol. III and The Epistle of James and Jude* (1975), pp. 317-318.; McCartney, *James* (2009), pp. 259-260.; 이복우, 『주는 가장 자비하시고 긍휼히 여기시는 이시니라』 (2022), pp. 406-409.

291 Kistemaker, *James and I-III John* (N.T.C.) (1986), p. 181. "Therefore, we ought to take the expression figuratively, not literally."; Peter Davids, *Commentary on James* (N.I.G.T.C.) (1982), p. 197.; Ralph P. Martin, *James* (*Word Biblical Commentary*), Vol. 48 (1988), p. 213.: "The period of three and a half years for the duration of the drought (cf. Luke 4:25) may be a symbolic figure reflecting the yearly number for a period of

자비를 베푸신 것은 놀랄 일이 아니다. 기근의 기간의 해석을 신적인 보복을 제시하는 숫자인 삼년 반(3 1/2)으로 잡는 것은 이 해석을 확증한다."[292]라고 하며 상징적인 의미를 함축시켜 설명한다. 그리고 헨드릭센(Hendriksen)은 "성경의 불일치를 찾는 사냥꾼들은 이 사건의 역사적인 기록(왕상 17:1-7; 18:1)과 누가복음 4:25의 '하늘이 삼 년 육 개월간 닫히어 온 땅에 큰 흉년이 들었을 때"라는 기록 사이에서 상충을 발견한다. 그러나 구약성경은 어디에서도 기근의 기간에 대해 언급한 곳이 없으므로 상충이라고 할 수 없다. 전체 기간을 삼 년 반으로 잡는 것은 이 구절(눅 4:25) 뿐만 아니라 또한 야고보서 5:17에서도 증거하는 것처럼 강한 구전에 의존하고 있다."[293]라고 정리한다.

그러나 렌스키(Lenski)는 "야고보(약 5:17)나 예수님(눅 4:25)이나 상징적인 숫자를 사용하지 않는다."[294]라고 하며 "삼 년 육 개월"을 문자적으로 이해한다. 렌스키는 기근이 시작된 이후(왕상 17:1) 엘리야가 시돈의 사르밧(Zarephath) 과부 집에서 보낸 기간과 열왕기상 18:1의 "많은 날이 지나고 제 삼년에"의 기간을 정리한 후 "기근이 "삼 년 육 개월" 지속되었다는 것은 잘 알려진 역사적 사실이다. 그 역사는 유대인들에

---

judgment (Dan 7:25; 12:7; Rev 11:2; 12:14; cf. Dibelius, 256-57).''; Douglas J. Moo, *The Letter of James* (*Tyndale*) (1990), p. 188.; James Adamson, *The Epistle of James* (*NICNT*), p. 201.

292   I. Howard Marshall, *Commentary on Luke* (*NIGTC*) (Grand Rapids: Eerdmans, 1978), p. 188.

293   William Hendriksen, *The Gospel of Luke* (*New Testament Commentary*) (Grand Rapids: Baker, 1978), p. 258.

294   Lenski, *The Interpretation of the Epistle to the Hebrews and the Epistle of James* (1966), p. 670.

의해 결단코 잊힐 수 없는 역사이다. 유대인들은 우리가 우리 민족의 역사를 아는 것보다 훨씬 더 그들의 역사를 잘 알고 있었다."[295]라고 함으로 기근이 지속된 기간이 "삼 년 육 개월"임을 확실히 한다. 우리는 비가 오지 않은 "삼 년 육 개월"의 기간을 상징적인 의미로 이해하기보다 문자적인 의미로 이해하는 것이 더 바르다고 생각한다. 왜냐하면 예수님도 비가 오지 않은 기간을 정확하게 "삼 년 육 개월"이라고 명시하셨고(눅 4:25), 야고보도 "삼 년 육 개월"을 분명히 밝혔기 때문이다(약 5:17). 비가 오지 않은 기근의 기간에 대한 전통적인 판단은 삼 년 육 개월이었음에 틀림없다.[296] 그리고 열왕기상 17장과 18장의 기록을 자세히 들여다보면 열왕기상 18:1의 "많은 날이 지나고 제 삼년"은 열왕기상 17장의 사건이 있은 지 제삼년 째의 해를 가리키는 것으로 기근이 시작된 지 삼년 째로 이해할 수 있고, 엘리야가 사르밧 과부 집에서 머문 시기가 어떻게 진행되었는지에 따라 그 기간이 비가 오지 않은 "삼 년 육 개월"에 영향을 미칠 수 있기 때문에 "삼 년 육 개월"을 문자적으로 이해하는데 큰 무리가 없다.

295 Lenski, *The Interpretation of the Epistle to the Hebrews and the Epistle of James* (1966), p. 670.

296 Alexander B. Bruce, "The Synoptic Gospels," *The Expositor's Greek Testament*, Vol. 1 (Grand Rapids: Eerdmans, 1980), p. 491.

5. 미혹된 자들을 회복시킴(약 5:19-20)

> ¹⁹ 내 형제들아 너희 중에 미혹되어 진리를 떠난 자를 누가 돌아서
> 게 하면 ²⁰ 너희가 알 것은 죄인을 미혹된 길에서 돌아서게 하는 자
> 가 그의 영혼을 사망에서 구원할 것이며 허다한 죄를 덮을 것임이
> 라 (약 5:19-20)

약 5:19-20   야고보는 서신의 형식으로 야고보서를 마무리하지 않
는다. 오히려 야고보는 무슨 말을 더 하려는 인상을 남기면서 갑작스
럽게 편지를 마무리 한다. 그런데 야고보는 편지를 마치려고 하면서
"내 형제들아"라는 표현을 다시 사용함으로 이 마지막 권고를 믿는 성
도들에게 하고 있다. 야고보는 너희 중에 미혹되어 진리를 떠난 자가
있는데 그를 미혹된 길에서 돌아서게 하는 자가 그의 영혼을 사망에서
구원하는 자이며 또한 허다한 죄를 덮는 일을 하는 자라고 말한다(약
5:19-20).²⁹⁷ 야고보는 지금 한 생명의 귀중함을 가르치고 있는 것이다
(마 12:11; 18:6; 25:45). 진리를 떠난 자는 한 사람을 가리킨다. 구원하는
사람도 성도들 각 사람을 가리키고 있다. 야고보는 단수를 사용하여
이를 강조하고 있다. 야고보는 성도 중 어떤 사람이 실족하게 되면 그
를 돌이킬 책임은 교회의 선생들과 장로들을 포함한 모든 성도들에게

---

297   Alexander Ross, *The Epistles of James and John* (1970), p. 102.

있음을 분명히 하고 있다.[298] 예수님은 "내가 너희에게 이르노니 이와 같이 죄인 한 사람이 회개하면 하나님의 사자들 앞에 기쁨이 되느니라"(눅 15:10; 참조 눅 15:7)라고 함으로 한 생명의 귀중함을 가르치셨다.

칼빈(Calvin)은 야고보서 5:20을 해석하면서 "우리는 그리스도께서 배고픈 자에게 음식을 주고 목마른 자에게 마실 것을 주는 행위를 얼마나 가치 있게 생각하시는지를 잘 안다. 그러나 그리스도에게는 영혼의 구원이 몸의 생명보다 훨씬 더 귀중하다. 그래서 우리는 경계해야만 한다. 또한 그리스도에 의해 구속받은 영혼들이 우리들의 부주의로 인해 멸망할까 조심하여야 한다. 왜냐하면 그들의 구원이 하나님에 의해 일정부분 우리 손에 맡겨졌기 때문이다. 우리는 그들에게 구원을 제공할 수는 없지만 하나님께서 우리들의 사역을 통해 거의 멸망에 가까운 그들을 구원하고 보존하는데 사용하신다."[299]라고 설명한다. 본문을 문자적으로 해석하면 "그의 영혼을 사망에서 구원할 것이며"(약 5:20)라는 표현은 육체적 죽음을 가리키지 않고, 영적인 죽음에서 그를 구원한다는 의미가 있다.

성도가 형제 중에 "미혹되어 진리를 떠난 자"가 있어서 그를 돌아서게 하면 성도는 두 가지 일을 하는 것과 같다. 첫째는 그의 영혼을 사망에서 구원하는 것이다. 둘째는 사랑을 실천하는 사람이 되는 것이다. 왜냐하면 사랑은 허다한 죄를 덮기 때문이다. 야고보가 "죄인을 미혹된 길에서 돌아서게 하는 자가 그의 영혼을 사망에서 구원할 것이며

---

298   James Adamson, *The Epistle of James* (1976), p. 203.

299   Calvin, *A Harmony of the Gospels Matthew, Mark and Luke, Vol. III and The Epistle of James and Jude* (1975), p. 318.

허다한 죄를 덮을 것임이라"(약 5:20)라고 말씀한 내용은 "미움은 다툼을 일으켜도 사랑은 모든 허물을 가리느니라"(잠 10:12)라고 말씀한 솔로몬의 잠언의 말씀과 "주의 백성의 죄악을 사하시고 그들의 모든 죄를 덮으셨나이다(셀라)"(시 85:2)라고 말씀한 고라 자손의 시를 생각나게 한다. 베드로는 "무엇보다도 뜨겁게 서로 사랑할지니 사랑은 허다한 죄를 덮느니라"(벧전 4:8)라고 말함으로 잠언 10:12의 말씀과 더 비슷하게 표현한다. 하지만 야고보가 "허다한 죄를 덮을 것임이라"(약 5:20)라고 말씀한 내용은 잠언 10:12에서 직접 인용했다고 말할 수는 없다.[300] 왜냐하면 잠언(LXX)에 사용된 헬라어의 용어들과 야고보서 5:20의 용어들이 큰 차이를 보이고 있기 때문이다. 야고보는 사람이 구원을 받으면 그는 허다한 죄의 용서를 받게 될 것이며 따라서 허다한 죄가 덮어지는 것이나 다름이 없다는 뜻으로 "허다한 죄를 덮을 것임이라"(약 5:20)라고 말한 것으로 볼 수 있다.

헨리(Henry)는 야고보서의 마지막 문장인 "허다한 죄를 덮을 것임이라"(καλύψει πλῆθος ἁμαρτιῶν)(약 5:20)는 말씀이 "성경의 구절 중 가장 위안이 되는 구절이다. 우리는 여기서 비록 우리들의 죄들이 많을지라도, 심지어 대량일지라도 그 죄들은 감추어지거나 혹은 용서받게 될 것임을 배운다."[301]라고 설명한다. 야고보는 그의 편지의 마지막에

---

300 야고보는 약 5:20의 마지막 부분을 "καλύψει πλῆθος ἁμαρτιῶν"(허다한 죄를 덮을 것임이라)라고 표현한 반면, 구약(LXX)의 잠언 10:12은 "τοὺς μὴ φιλονεικοῦντας καλύπτει φιλία."(사랑은 모든 허물을 가리느니라)로 표현되어 있다. 두 구절에 사용된 용어들을 비교하면 야고보가 직접 잠언의 말씀을 인용했다고 주장하는 것은 무리가 따른다.

301 Matthew Henry, *Matthew Henry's Commentary on the Whole Bible*, Vol VI (Old Tappan: Fleming H. Revell Company, n.d.), p. 1001.

서 비록 구원받은 성도일지라도 잠시 미혹될 수 있다는 사실과 그러나
그것이 절망적인 것이 아니요 구원받을 소망이 있음을 밝히고 있다.
야고보는 "미혹된 영혼을 사망에서 구원하시는" 하나님의 은혜와 "미
혹된 자를 돌아서도록 돕는" 성도들의 책임을 동시에 언급하고 있다(약
5:20). 반즈(Barnes)는 "죄는 이 우주의 모든 악의 근원이다: 그리고 은
혜를 베푸는 마음이 반드시 가져야 할 위대한 목적은 죄의 파괴적인
효과가 계속 존재할 수 있고; 죄인이 용서함을 받을 수 있으며; 그리고
죄있는 영혼이 미래의 세계에서 죄의 결과로부터 구원함을 받을 수 있
다는 것이어야 한다."[302]라고 정리한다. 야고보는 그의 편지 마지막 구
절에서 죄 용서 문제를 다루면서 구체적으로 예수 그리스도의 대속적
사역을 언급하지는 않는다. 하지만 야고보는 그의 편지를 시작하면서
자신을 "주 예수 그리스도의 종"(약 1:1)으로 소개한 것으로 보아 그리
스도의 대속적 사역을 전혀 생각하지 않았다고 결론짓는 것은 무리가
따른다. 야고보는 그의 편지를 편지처럼 끝내지 않고 보통의 책처럼
끝낸다.[303]

302 Albert Barnes, *Notes on the New Testament: James-Jude* (1980), p. 100.: "Sin is the source of all the evil in the universe: and the great object which a benevolent heart ought to have, should be that its desolating effects may be stayed; that the sinner may be pardoned; and that the guilty soul may be saved from its consequences in the future world."

303 John A. Bengel, *Bengel's New Testament Commentary*, Vol. 2, p. 724.; 참고로 Penner (Todd C. Penner, *The Epistle of James and Eschatology*, 1996)는 야고보서를 사도시대 이후의 시기에 저작된 것으로 주장하면서(p. 35) 그 당시의 편지 쓰는 형식을 근거로 내세워 야고보서의 마지막이 편지 형식이라고 주장한다(pp. 149-150).

유다서 주해

서론

1. 유다서의 저자

유다서의 저자인 유다는 자신을 "예수 그리스도의 종이요 야고보의 형제"(약 1:1)라고 소개한다. 야고보와 형제인 유다라는 표현은 예수님의 가족의 이름을 떠올리게 한다. 마태(Matthew)는 "이는 그 목수의 아들이 아니냐 그 어머니는 마리아, 그 형제들은 야고보, 요셉, 시몬, 유다라 하지 않느냐"(마 13:55; 참조, 막 6:3)라고 함으로 야고보와 유다가 형제의 관계임을 분명히 밝힌다. 보컴(Bauckham)은 "우리는 편지의 일반적인 특성인 유대주의적 성격, 팔레스틴 유대주의 문헌과 하가다 전통(haggadic tradition)에 빚을 진 점, 묵시록적 전망과 해석적 방법, 교리적인 신조보다 도덕적 실행에 더 관심을 둔 점 등은 모두 예수님의 동생 유다가 유다서의 저자라는 견해와 전적으로 일치한다."[1]라고 설명함으

---

1 Richard J. Bauckham, *Jude, 2 Peter. Word Biblical Commentary*, Vol. 50 (Waco: Word Books, 1983), pp. 16, 21, 23.: 참조, P. Eusebius, *The Ecclesiastical History* (Grand Rapids: Baker, 1977), pp. 102-103 (Book 3. Chapters 19 and 20).: Eusebius가 전하는 바에 의하면 Hegesippus의 진술에 "이단 중 어떤 사람들이 육신에 따라 주님의 형제인 유다의 후손들을 고발했다. 왜냐하면 그들은 다윗의 가족으로 또한 그리스도와 연관되어 있었기 때문이다."(p. 102; Chapter XIX).라는 내용이 있음을 확인한다. Hegesippus는 2세기 헬라 기독교 역사가요 영지주의(Gnosticism) 이단을 반대한 정통주의의 챔피언이었다. Eusebius는

로 유다서의 저자가 예수님의 동생 유다(Jude or Judas)라고 주장한다. 예수님의 동생 유다가 유다서의 저자임이 거의 확실하다.

유다는 예수님의 공생애 기간 동안에는 예수님을 구주로 믿지 않았지만 예수님의 부활 이후 예수님을 따르게 되었다(요 7:3-5). 유다가 그의 서신에서 "예수 그리스도의 종이요 야고보의 형제인 유다"(유 1:1, 개역개정)라고 자신을 소개한 것은 의미심장하다. 왜냐하면 유다는 자신을 "예수 그리스도와 야고보의 형제"라고 소개하지 않고, "예수 그리스도의 종"이라고 소개하고 있기 때문이다. 유다는 그의 형 예수님을 구세주로 받고 믿은 것이며 또한 유다는 이 말씀을 통해 그의 겸손을 드러내고 있다. 바로 이 예수님의 동생 유다가 야고보서의 저자인 야고보와 형제 사이이며 유다서의 저자이다.[2]

Hegesippus가 초대 예루살렘 교회와 팔레스틴의 운명에 대해 현존하는 가장 직접적인 증인이라고 한다. 참조, *The New Encyclopaedia Britannica*, Vol. 5 (1994), p. 799.; 참조, 이순한, 『공동서신 강해』(서울: 한국기독교교육연구원, 1993), pp. 440-441.; Cf. Pheme Perkins, *First and Second Peter, James, and Jude* (Interpretation) (Louisville: John Knox Press, 1995), p. 142.; J. B. Mayor, "The General Epistle of Jude," *The Expositor's Greek Testament* (Grand Rapids: Eerdmans, 1980), pp. 226-227.; Andrew M. Mbuvi, *Jude and 2 Peter* (*New Covenant Commentary Series*) (Eugene, Oregon: Cascade Books, 2015), p. 12.; Herbert W. Bateman IV, *Jude* (*Evangelical Exegetical Commentary*) (Bellingham: Lexam Press, 2017), pp. 13, 19.: "The author of the letter of Jude is Jude the half-brother of Jesus and blood brother of James (Mark 6:3; Matt. 13:55; Eusebius, *His. eccl.* 3.19.1-3.20.6)." (p. 13). "Therefore it seems more than reasonable to assume that Jude the blood brother of James wrote the letter." (p 19).

2   David A. deSilva, "Jude," in *James and Jude*, by John Painter and David A. deSilva (Grand Rapids: Baker Academic, 2012), p. 179.

2. 유다서의 기록 연대

유다서의 기록 연대는 유다가 예수님의 동생인 유다이냐 아니면 다른 유다이냐에 따라 어느 정도 한계가 정해진다. 필자는 유다서의 저자인 유다가 예수님의 동생 유다라고 생각하기 때문에 유다서의 기록연대는 대략 A.D. 64-68년으로 추정한다. 일반적으로 예수님의 탄생연대는 B.C. 4년으로 추정되기 때문에[3] 유다의 출생은 그로부터 몇 년이 지난 후라고 추론할 수 있다. 예수님이 A.D. 29년에 십자가상에서 죽으시고 부활하셨기 때문에 유다는 그 당시 대략 30세-38세가량 되었을 것이다. 그렇다면 유다서의 기록 연대를 A.D. 64-68년경으로 잡을 경우 유다서를 기록할 당시 유다는 60세에서 70세 사이 어느 나이에 해당된 것으로 추정된다. 분명한 것은 유다가 유다서를 쓸 당시에 나이가 많은 노인이었다는 것이다.

어떤 이는 "우리 주 예수 그리스도의 사도들이 미리 한 말을 기억하라"(유 1:17)라는 말을 근거로 유다가 이 말을 사용한 것은 사도들이 죽은 이후 상당 기간이 지났음을 증언하는 것이기 때문에 유다서는 사도시대 이후 늦은 시기에 기록되었을 것으로 주장한다.[4] 하지만 이런 주장은 받아들이기에 그 타당성이 빈약하다. 유다는 유다서 1:17에서 이미 죽은 사도들을 회상하면서 이 말을 기억하라고 권면하고 있지 않

---

3 박형용,『목사님, 이것이 궁금해요』(수원: 합신대학원출판부, 2020), pp. 143-146. 본서의 "왜 12월 25일이 성탄일로 정해졌나요?"의 부분을 참조할 것.

4 참조, Jerome H. Neyrey, *2 Peter, Jude: A New Translation with Introduction and Commentary* (Anchor Bible 37C) (New York: Doubleday, 1993), pp. 33-34.

다. 유다는 단순히 예수 그리스도의 사도들이 미리 한 말을 기억하라고 권면하고 있을 뿐이다.[5] 그러므로 유다가 유다서를 쓸 당시에는 일부 사도들이 살아있을 개연성이 충분하다. 그리고 유다는 "가만히 들어온 사람들"이 잘못된 행동을 할 때 교회가 그들을 교정해야 한다거나 그들이 교정되지 않으면 교회에서 그들을 축출해야 된다고 말할 수도 있는데 야고보는 여기서 제도화된 교회를 언급하지 않는다.[6] 이 사실은 유다서가 이른 시기인 A.D. 64-68년경에 기록되었다는 이론을 지지하는 것이다.

큄멜(Kümmel)은 유다서 내의 "가만히 들어온 자들"이 영지주의자들(Gnostics)의 영향을 받은 "자유롭게 사고하는 영지주의의 거짓교사들"(libertine-Gnostic false teachers)이라고 규정하고,[7] 이와 같은 영지주의와의 관계를 근거로 유다서의 기록연대를 2세기로 전환되는 어느 시기라고 주장한다.[8] 이와 같은 주장은 유다서의 저자를 예수님의 동생으로 받을 수 없는 주장이다. 왜냐하면 유다가 100세 넘게 살았다고 주장할 아무런 근거가 없기 때문이다. 참고로 유다서의 기록 연대는 로마 황제 네로(Nero)가 통치하던 시기(A.D. 54-68)와 비슷한 시기로 생각할 수 있다. 유다서의 저작연대는 대략 A.D. 64-68년경으로 생각하는

5   Richard J. Bauckham, *Jude and the Relatives of Jesus in the Early Church* (Edinburgh: T & T Clark, 1990), pp. 170-171.

6   David A. deSilva, "Jude," in *James and Jude*, by John Painter and David A. deSilva (2012), pp. 179-180.

7   Werner Georg Kümmel, *Introduction to the New Testament* (Nashville: Abingdon, 1981), p. 426.

8   Kümmel, *Introduction to the New Testament*, p. 429.

것이 가장 합리적이다.

3. 유다서와 베드로후서의 관계

유다서와 베드로후서의 문헌적 유사성은 이미 확인된 바 있다. 물론 유다서와 베드로후서는 별개의 다른 서신이다. 유다서와 베드로후서 2장을 비교하면 많은 부분에서 그 내용이 비슷함을 찾을 수 있다.[9] 유다서와 베드로후서의 관계에서 네 가지 견해가 제시된다. 첫째, 유다서와 베드로후서는 전혀 관계가 없는데 단지 수신자들의 형편이 비슷할 뿐이었다. 둘째, 유다서와 베드로후서가 공통된 같은 자료를 자신의 목적에 따라 쉽게 풀어 설명했을 뿐이다. 셋째, 베드로후서가 유다서의 내용을 활용했을 가능성이 크다. 그 이유는 유다서의 내용이 베드로후서의 내용보다 더 정확하고 상세하기 때문이다. 서로 관계된 내용을 비교할 때 베드로후서가 유다서보다 더 짧다. 일반적으로 짧은 내용의 서신이 긴 내용의 서신에서 인용했다고 보는 것이 더 타당하기 때문이다. 넷째, 유다가 베드로후서의 내용을 보고 자신의 서신을 자신의 목적에 부합하게 독창적으로 기록했다.[10] 이처럼 유다서와 베드로후서의 관계를 근거로 유다서의 기록 배경을 네 가지로 설명한다.

---

9   참고로 유다서와 베드로후서 사이의 비슷한 구절들을 정리하면 다음과 같다. 유 1:3/벧후 1:5; 유 1:4/벧후 2:1; 유 1:6/벧후 2:4; 유 1:7,8/벧후 2:6,9,10; 유 1:9/벧후 2:11; 유 1:10/벧후 2:12; 유 1:11/벧후 2:15; 유 1:16/벧후 2:18; 유 1:17, 18/벧후 3:1-3.

10   Merrill C. Tenney, *New Testament Survey* (Grand Rapids: Eerdmans, 1974), p. 371.

그러면 이 네 가지 견해 중 어느 견해가 가장 타당성이 있는 견해인가? 일반적으로 베드로후서와 유다서의 내용을 비교할 때 유다가 베드로후서를 참조한 것으로 보는 것이 가장 적합하다. 쟌(Zahn)도 이 네 가지 견해 중 네 번째 견해가 가장 타당성이 있다고 주장한다.[11]

유다가 베드로후서를 참조했다는 견해는 두 편지에 사용된 동사의 시상에서 그 증거를 찾을 수 있다. 베드로는 "너희 중에도 거짓 선생들이 있으리라"(벧후 2:1)라고 쓰며 "있으리라"(ἔσονται)[12]라는 동사를 미래 시상으로 사용한다. 그리고 베드로는 계속해서 "말세에 조롱하는 자들이 와서"(벧후 3:3)의 표현 중 "와서"(ἐλεύσονται)[13]를 미래 시상으로 처리한다. 반면 유다는 "가만히 들어온 사람"(유 1:4)이란 표현 중 "들어온"(παρεισέδυσαν)[14]이란 동사를 과거 시상으로 처리한다. 유다가 사용한 "들어 온"이란 용어는 신약성경 중 이곳에서만 사용되는 단어이다 (hapax legomenon). 이와 같은 시상의 차이로 보아 베드로후서에서는 거짓 교사들이 미래에 들어올 것으로 묘사되었는데, 유다서에서는 거짓 교사들이 이미 들어와 있는 것으로 묘사된 것으로 보아 유다서가 베드로후서보다 약간 늦게 기록되었고 유다서가 베드로후서를 참조했다고 추정하는 것이 더 타당하다.[15]

---

11 Theodor Zahn, *Introduction to the New Testament*, Vol. II (New York: Charles Scribner's Sons, 1909), pp. 262-270.

12 "있으리라" (εἰμί)동사의 미래, 중간태, 직설법, 3인칭.

13 "와서" (ἔρχομαι)동사의 미래, 중간태, 직설법, 3인칭.

14 "들어 온" (παρεισδύνω)동사의 단순과거, 능동태, 직설법, 3인칭.

15 R. C. H. Lenski, *The Interpretation of I and II Epistles of Peter, the three Epistles of John, and the Epistle of Jude* (Minneapolis: Augsburg Publishing House, 1966), pp. 597-599.

그런데 시상의 차이를 근거로 유다서가 베드로후서보다 늦게 기록되었다고 주장하는 이론에 한 가지 장애처럼 보이는 문제가 존재한다. 그것은 베드로가 거짓 교사들의 행동을 묘사하면서 현재시상을 사용했기 때문이다. 베드로는 "주관하는 이를 멸시하는"(벧후 2:10)이란 표현 중 "멸시하는"(καταφρονοῦντας)이란 용어를 현재분사로 처리하고, "이들은…. 떨지 않고"(벧후 2:10)의 표현 중 "떨지 않고"(τρέμουσιν)를 역시 현재 시상으로 처리한다. 그리고 베드로는 "이 사람들은 물 없는 샘이요"(벧후 2:17)라는 표현을 현재 시상(εἰσιν)으로 처리하고, "그들이 …유혹하는도다"(벧후 2:18)의 동사도 현재 시상(δελεάζουσιν)으로 처리하고, "그들이 일부러 잊으려 함이로다"(벧후 3:5)의 동사도 현재 시상(λανθάνει)으로 처리한다. 그러므로 베드로가 베드로후서를 기록할 당시 거짓 교사들이 이미 교회 공동체 안에 들어와 있었던 것 아니냐는 질문을 할 수 있다. 이 문제가 해결되지 않으면 유다서가 먼저 기록되었는지, 아니면 베드로후서가 먼저 기록되었는지 확인할 수 없게 되는 것이다.

일반적으로 받아들여진 견해는 베드로(Peter)가 거짓교사들의 활동을 현재시상으로 처리한 것은 이들이 앞으로 교회 공동체 안으로 스며들어 올 것인데 그들이 들어와서는 이런저런 행동을 한다는 뜻으로 현재 사상을 사용한 것으로 이해하는 것이다. 렌스키(Lenski)는 "베드로가 그들의 모습을 그릴 때, 이 시상들은 적절한 것이었다. 거짓교사들, 조롱하는 자들이 있을 것(shall be)이고, 올 것(shall come)이다. 그런 후 그들은 이렇게, 저렇게 존재(are)하고, 이것, 저것을 한다(do). 이와 같은 결과로서 나타나는 그 이후의 묘사는 베드로가 사용한 세 개의 결정적인 미래 시상과 베드로가 언급한 예언을 취소시키지도 않고 무효화 시키지도 않는다."[16]라고 해석한다. 그러므로 베드로가 거짓 교사들이 잠입할 시점을 예언적 미래로 처리한 것을 유다는 과거 시상을 사용하여 이미 성취된 것으로 설명했다고 보는 것이다. 따라서 베드로후서에 사용된 현재 시상에 관계없이 유다가 베드로후서를 참고하여 그의 서신을 기록했다고 추론하는 것이 더 타당하다.[17]

유다는 처음에 "일반으로 받은 구원에 관하여"(유 1:3) 수신자들에게 편지할 생각을 하고 있었다. 그런데 베드로가 이미 예언한 것처럼 "가만히 들어온 사람 몇"(유 1:4)이 교회를 혼란하게 만들고 잘못된 교훈을 가르치기 때문에 유다는 "성도에게 단번에 주신 믿음의 도를 위하여 힘써 싸우라"(유 1:3)라는 말씀이 의미하는 것처럼 성도들에게 권면할 필요를 느껴 유다서의 내용과 같은 편지를 쓰게 된 것이다. 유다는 이미 시작된 배도의 정황을 목격하고 성도들에게 과거의 역사적 예증을 들어 배도의 특성을 설명하고 배도자들을 어떻게 대해야 할 것인지를 가르치기 위해 유다서를 쓴다.

16 Lenski, *The Interpretation of I and II Epistles of Peter, the three Epistles of John, and the Epistle of Jude*, p. 598.

17 Lenski, *The Interpretation of I and II Epistles of Peter, the three Epistles of John, and the Epistle of Jude*, p. 598.

4. 유다서의 정경성 문제

유다(Jude)는 에녹서를 익숙하게 알고 있었음에 틀림없다. 왜냐하면,
유다가 유다서를 쓸 당시 많은 사람들이 에녹서를 친숙히 알고 있는
상태였기 때문에 자연히 유다도 에녹서의 내용을 잘 알고 있었다고 생
각한다. 유다가 유다서 1:14-15에서 에녹서를 인용하고 있는 것이 이
를 증거하고 있다.[18] 유다가 위경인 에녹서를 인용했기 때문에 정경성
문제가 대두된다.

유다서의 정경성 문제는 야고보서의 정경성 문제에서 이미 다룬 셈
이다. 독자들의 편의를 위해 여기서는 간략하게 설명하기 원한다.
1646년에 완성되고 1648년에 영국의회의 승인을 받은 웨스트민스터
신앙고백(Westminster Confession of Faith)은 유다서를 정경의 한 책으로
인정했다. 무라토리안 정경(Muratorian Canon, A.D. 170-180)은 유다서를
정경으로 인정했으며 그 이후 유다서(Jude)는 사도의 기록이 아니라는
불확실성 때문에 정경 문제에 있어서 논의의 대상이 되었지만[19] 오리
겐(Origen, A.D. 185-254)이나 유세비우스(Eusebius, A.D. 260-340?) 그리고
아다나시우스(Athanasius, A.D. 296-373?)와 같은 교회의 리더들이 야고
보서와 유다서를 포함한 현재의 신약 27권을 모두 정경적 문서로 인정
했다.[20] 결국 A.D. 382년에 모인 로마(Rome)회의는 현재의 신약 27권

18 A. T. Robertson, *A Grammar of the Greek New Testament in the Light of Historical Research* (Nashville: Broadman Press, 1934), p. 124.: "He has literary affinities with some of the apocryphal books and with some of Paul's writings."

19 박형용, 『신약정경론』 (수원: 합동신학대학원출판부, 2002), p. 79.

20 아다나시우스(Athanasius)는 A.D. 367년 부활절 편지에서 야고보서와 유다서를 포함한 현

을 정경으로 인정했고, 대략 10년 뒤 A.D. 393년에 모인 히포(Hippo)
의 회의와 A.D. 397년에 모인 칼타고(Carthage)회의에서 로마회의의
결정을 인준함으로 신약 정경의 문제가 확정되었다. A.D. 382년 이후
현재의 신약성경 27권은 교회의 정경으로 계속 인정을 받아 온 셈이
다.[21]

우리는 여기서 유다서가 정경으로 인정받게 되는 역사의 과정에서
한 가지 주목할 부분이 있다. 그것은 유다가 에녹서를 인용한 것이 잘
못인가? 라는 질문이다. 그것은 그렇지 않다. 하나님은 역사의 주인이
시기에 이와 같은 역사의 과정을 거쳐 유다서를 하나님이 교회의 지도
자들과 회의들을 사용하여 그의 교회의 표준적 문서인 정경으로 수납
될 수 있도록 인도하셨다고 생각할 수 있다. 유다서와 이미 언급한 야
고보서는 하나님께서 그의 신약교회에 반드시 필요한 하나님 자신의
계시이기에 모든 역사적 여건을 조종하시어 신약 정경에 포함되도록
인도하신 것이다.[22] 하나님이 유다를 영감시켜 그가 필요한 모든 자료
들을 그의 서신 기록 목적을 위해 사용할 수 있도록 하셨기 때문에 유
다가 위경(Pseudepigrapha)인 에녹서의 자료들을 인용한 것은 유다서의
정경 문제나 무오성에 관해 하등의 문제가 되지 않는다. 이 문제는 우
리가 성경 저자들이 성령의 감동으로 성경을 기록한 것을 인정하면 아
무런 문제가 되지 않는다. 성경 저자는 자신이 활용할 수 있는 자료는
얼마든지 성경 기록에 사용할 수 있었다. 다만 성령이 성경 저자들을

재의 신약 27권을 모두 정경적 문서로 인정한 첫 사람이었다.

21 박형용, 『신약정경론』 (2002), pp. 83-90.

22 박형용, 『신약정경론』 (2002), p. 113.

유기적으로 영감(Organic Inspiration) 시켜 어떤 자료를 사용하든지 하나님의 뜻에 반하지 않게 하고 잘못 없게 기록하게 하신 것이다. 그러므로 유다가 에녹서를 인용한 것은 아무런 잘못이 없고 유다서의 정경성(canonicity)에 아무런 영향을 미치지 않는다.

5. 유다서의 가치

우리는 유다서를 공동서신중의 한 서신으로 분류한다. 그 이유는 유다서가 한 교회나 또는 한 개인에게 보내진 서신이 아니며 그 당시의 기독교 공동체에 보내진 서신이기 때문이다. 그 당시 기독교 공동체는 유다서를 하나님의 말씀으로 받았다. 초대교회의 역사를 보면 유다서가 정경의 한 책으로 포함될 가치가 있느냐? 라는 질문을 할 수 있다. 왜냐하면 유다서는 단지 1장으로 구성된 짧은 책일뿐만 아니라 그 내용도 어떤 특별한 교리를 강조하고 있지 않기 때문이다. 그러나 우리는 정경에 속한 다른 책에서 발견할 수 없는 몇 가지 특별한 가치를 유다서에서 발견할 수 있다. 첫째, 유다서는 예수님의 동생들이 예수님의 부활 후에 예수님을 구주로 인정하고 살았음을 증거하는 역할을 한다(유 1:1, 1:4, 1:17). 둘째, 유다가 성도들의 경건한 행동(actions)과 말(words)을 강조한 사실을 통해 유다와 함께 가정에서 생활한 예수님의 삶과 언어가 어떠한 것이었는지를 들여다볼 수 있다(유 1:15). 셋째, 유다가 위경인 에녹서의 내용을 인용하여 자신의 논의를 강조한 것으로 보아 영감된 상태의 신약 저자들이 자신이 필요한 내용이라면 어느 자료이든지 자유롭게 인용할 수 있다는 사실을 확인해 준다(유 1:14-16).
넷째, 유다서의 송영은 다른 서신들의 송영과 약간의 차이가 있다. 다
른 서신들은 일반적으로 저자의 소원(hope)을 표현하는 경우가 많이
있는데, 유다서는 "영원 전부터"라는 표현으로 성도가 현재 누리는 하
나님의 축복을 강조하고 있다(유 1:25).

유다서의 유용성에 대한 것스리(Guthrie)의 정리가 유익하다. "그러
나 편지의 영원한 영적 가치를 부인하는 것은 어느 역사적 시대에나
적절한 주요 메시지를 놓치는 것이다. 진정으로 유다는 과거의 예들을
인용함으로써 나쁜 행위에 대한 하나님의 심판이라는 주제를 설명하
고 있다. 만약 유다가 자기 시대에 적용하기 위해서 이용한 예들(이스
라엘 백성들, 소돔과 고모라, 가인, 발람, 고라)이 그의 시대에 적용될 수 있
는 것들이었다면 하나님의 공의의 성격과 인간들의 음란하고 악한 성
격들이 변하지 않은 이상 그의 서신 전체는 오늘날도 여전히 적용될
수 있는 것임은 확실하다. 인간들이 엄중한 질책을 받아야만 할 행위
들을 계속 저지르는 한 유다서는 언제나 가치 있는 책으로 남아 있을
것이다."[23]

6. 유다서의 내용개관

유다서는 한 장으로 되어있는 짧은 서신이지만 그 내용을 이해하기 위

---

23   Donald Guthrie, *New Testament Introduction* (Downers Grove: Inter-Varsity Press, 1974), p. 928.

해 대략 네 부분으로 나누어 다루는 것이 유익하다.

유다서 1:1-4절은 유다의 인사와 기록 목적을 기록한다. 유다의 원래 계획은 "일반으로 받은 구원에 관하여"(유 1:3) 수신자들에게 편지를 쓰는 것이었다. 그런데 유다는 "가만히 들어온"(유 1:4) 거짓 교사들이 있는 것을 알고 그들이 교회를 어지럽게 할 것을 생각하면서 성도들에게 "단번에 주신 믿음의 도를 위하여 힘써 싸우라"(유 1:3)고 권면을 하고 있다. 거짓 교사들은 "가만히 들어온 사람"들이며, "경건하지 아니한" 자들이며, "하나님의 은혜를 도리어 방탕한 것으로 바꾸"는 사람들이며, 특히 "우리 주 예수 그리스도를 부인하는 자"들이다(유 1:4). 유다는 거짓 교사의 잘못된 교훈을 밝히고 진정한 믿음의 교훈이 어떤 것임을 제시하고 있다.

유다서 1:5-16절은 거짓 교사들의 잘못을 구약의 예를 들어 구체적으로 설명하는 부분이다. 이 부분은 유다서를 받는 수신자들이 어떠한 위협에 처해 있는지를 알 수 있게 한다. 이런 상황에서 유다는 거짓 교사들에 대해 묘사하고 그들에게 심판이 기다리고 있음을 설명한다. 유다는 먼저 여호와 하나님이 그의 백성 이스라엘을 애굽에서 구원하신 사건과 출애굽 과정에서 하나님의 말씀을 믿지 못하는 사람들이 멸망한 사실을 상기시킨다(유 1:5). 유다는 타락한 천사들을 여호와 하나님이 "큰 날의 심판까지 영원한 결박으로 흑암에 가두어 두셨다"(유 1:6)라고 함으로 하나님을 거역하는 일이 얼마나 심각한 잘못인지를 밝힌다. 유다는 "소돔과 고모라와 그 이웃 도시들"(유 1:7)에서 사는 사람들

도 "육체를 더럽히며 권위를 업신여기며 영광을 비방하는" 삶을 살다
가 멸망의 길로 갔다고 경고한다. 그리고 유다는 거짓 교사들이 "가인
의 길"로 행하고, "발람의 길"로 몰려갔으며, "고라의 패역"을 따른 사람
들로(유 1:11) "원망하는 자며 불만을 토하는 자며 그 정욕대로 행하는
자라 그 입으로 자랑하는 말을 하며 이익을 위하여 아첨"(유 1:16)하는
자들이라고 지적하고 성도들은 그들의 길로 행해서는 안 된다고 권면
한다. 유다는 거짓 교사들이 경건하지 않은 자들로 경건하지 않은 행
위를 즐겨한 사람들로 결단코 하나님의 심판을 면하지 못할 것임을 분
명히 한다(유 1:15-16).

유다서 1:17-23절은 성도들이 거짓 교사들을 어떻게 대처할 것인지를
구체적으로 설명한다. 유다는 "사랑하는 자들아"(ἀγαπητοί)라는 표현
을 유다서에서 세 번(유 1:3, 17, 20) 사용하는데 이 단락에서 두 번이나
사용한다. 유다는 "사랑하는 자들아"라는 표현으로 예수 믿는 성도들
을 지칭하고 있으며 성도들에게 권고하기도 하고(유 1:20-23) 경고하기
도 한다(유 1:17-19). "사랑하는 자들아"라는 표현은 이 단락을 전반부와
후반부로 나누는 역할을 한다. 유다는 이 단락의 전반부(유 1:17-19)에
서 성도들은 "우리 주 예수 그리스도의 사도들이 미리 한 말을 기억"(유
1:17)하면서 거짓 교사들의 잘못된 행동과 미혹하는 말을 유념하고 대
처해야 한다고 경고한다. 유다는 성도들에게 마지막 때에 거짓 교사들
이 나타날 것을 경고하고 있는 것이다. 거짓 교사들은 "분열을 일으키
며 육에 속한 자며 성령이 없는 자"(유 1:19)들이다. 거짓 교사들의 관심
은 자신들만을 생각하기 때문에 화합보다는 분열을 일으키게 되고, 그

들 안에 성령이 내주하지 않기 때문에 세상적인 일에만 관심을 갖는 사람들이다. 유다는 이 단락의 후반부(유 1:20-23)에서 성도들이 "거룩한 믿음 위에 자신을 세우며 성령으로 기도해야 하고"(유 1:20), "하나님의 사랑 안에서 자신을 지키며 영생에 이르도록"(유 1:21) 예수님의 긍휼을 기다려야 한다고 권면한다. 그리고 유다는 성도들이 자신도 그리스도의 긍휼을 받은 자들이므로 약한 자들에게 긍휼을 베풀어야 한다고 권면한다(유 1:22-23). 사실상 유다서를 쓰는 목적이 유다서 1:20-23에 담겨 있다고 생각할 수 있다.

유다서 1:24-25절은 유다서의 송영이라 할 수 있다. 유다는 그의 송영을 시작하면서 하나님의 능력부터 언급한다. 하나님의 능력은 성도들을 "보호하시고," "넘어지지 않게 하시고," "그의 영광 앞에 서게 하실 수 있는" 능력이다(유 1:24). 유다는 하나님께서 성도들을 그의 영광 앞에 흠이 없이 기쁨으로 서게 하실 것을 확신하고 있다. 유다의 송영은 구속이 완성되는 종말의 때에 성도들이 하나님 앞에 흠이 없이 서게 될 것을 확신하는 내용이다. 유다가 여기서 사용한 "기쁨"(ἀγαλλίασις)은 예루살렘 초대 교회가 예수를 구주로 모시고 이 세상에서 사는 것이 얼마나 기쁜 삶인지를 보여주는데 사용한 것과 같은 용어이다(행 2:46). 이 기쁨은 체험적인 기쁨으로 말로 표현하기 힘든 기쁨(extreme joy)을 뜻한다. 유다는 바로 이런 기쁨을 제공해 주신 하나님께 "영광(δόξα)과 위엄(μεγαλωσύνη)과 권력(κράτος)과 권세(ἐξουσία)"가 항상 있다(유 1:24-25)고 선언한다. 유다서의 송영은 소원하는 기도문이 아니요 사실 자체를 확인하는 선언문의 형식을 취하고 있다.

본문 주해

1. 서론(유 1:1-2)

> ¹ 예수 그리스도의 종이요 야고보의 형제인 유다는 부르심을 받은
> 자 곧 하나님 아버지 안에서 사랑을 얻고 예수 그리스도를 위하여
> 지키심을 받은 자들에게 편지하노라 ² 긍휼과 평강과 사랑이 너희
> 에게 더욱 많을 지어다 (유 1:1-2)

유 1:1-2　유다는 유다서를 시작하면서 자신을 "예수 그리스도의 종
이요 야고보의 형제"(유 1:1)라고 소개한다. 유다는 그 당시 사용된
"종"(δοῦλος)이란 의미를 잘 알고 있었다. 여기 사용된 "종"은 본래는
노예(slave)라는 의미이다. 노예는 자신의 권리가 전혀 보장되어 있지
않은 상태로 주인이 팔고 살 수 있는 물건 취급을 받는 신분이었다. 스
피크(Spicq)는 "둘로스(δοῦλος)를 종으로 번역하는 것은 일세기 언어의
정확한 의미를 흐리게 하는 것이기 때문에 잘못이다."[24]라고 설명한다.
노예가 "부동산이나 다름없는 고대 노예제도(ancient chattel slavery)의
맥락에서 이해할 때 유다는 예수 그리스도의 노예에 지나지 않는다.
사회 경제적인 의미로 노예는 일상용품처럼 사고 팔 수 있는 다른 사
람의 소유물에 지나지 않는다."[25] 유다는 예수 그리스도와의 관계에서

---

24   C. Spicq, *Theological Lexicon of the New Testament*, Vol. 1 (Peabody, MA: Hendrickson,
　　　1994), p. 380.

25   Gene L. Green, *Jude & 2 Peter* (*Baker Exegetical Commentary on the New Testament*)
　　　(Grand Rapids: Baker, 2008), p. 45.

자신의 위치를 분명하게 알고 있는 겸손한 사람이었다. 실제로 유다는 예수 그리스도의 동복동생이었음에도 불구하고 자신을 그의 "종"이라고 말하고 있는 것이다. 유다는 자신을 "예수 그리스도의 동생"이요 대신 "예수 그리스도의 종"('Ιησοῦ Χριστοῦ δοῦλος)으로 소개하면서 서신을 시작한다.

그리고 유다는 자신을 "야고보의 형제"라고 밝힌다. 유다와 야고보는 예수님을 낳은 마리아의 아들들로 형제지간이었다. 마리아(Mary)는 성령으로 예수님을 낳은(눅 1:31-35) 후 요셉(Joseph)과의 사이에서 야고보, 요셉, 시몬, 유다를 아들들로 두었다. 그래서 마태는 "이는 그 목수의 아들이 아니냐 그 어머니는 마리아, 그 형제들은 야고보, 요셉, 시몬, 유다라 하지 않느냐"(마 13:55)라고 확인하고 있다. 유다는 예수님의 동생으로 "야고보의 형제"임에 틀림없다. 야고보서의 저자인 야고보(James)도 자신을 "주 예수 그리스도의 종"(약 1:1)으로 소개했는데, 유다(Jude) 역시 자신을 "예수 그리스도의 종"으로 소개하는 것은 그들이 형제라는 사실을 확인하는 데 도움을 준다.

유다는 자신을 소개한 후에 이 편지를 받을 수신자를 소개하면서 수신자의 특징을 세 가지로 설명한다. 유다는 유다서의 수신자들이 어디에서 사는지는 밝히지 않는다. 그러나 유다는 수신자들이 하나님의 부르심을 받은 자들이요, 하나님의 사랑을 받은 자들이며, 예수 그리스도에 의해 보존함을 받은 자들이라고 설명한다(유 1:1). 성도들은 하나님이 부르시고, 하나님이 사랑하시고, 하나님이 지켜주시는 백성들이다. 성도를 부르시는 분은 하나님이시다(롬 1:7; 8:30; 벧전 1:15). 하나님의 부르심은 하나님의 백성 됨의 시작이다. 그리고 하나님은 그가 부르신 그의 백성을 끝까지 책임지신다(롬 8:38-39). 보이스(Boice)는 "아버지께서 그의 아들을 보내셔서 우리들의 구원의 근거로 객관적이고 역사적인 구속 사역을 실행하신 것처럼, 그는 역시 성령을 보내셔서 여러 부분으로 구성된 구원을 개인적으로 우리에게 적용하신다. 이것은 하나의 단순하며 분할할 수 없는 행위가 아니다. 오히려 이 행위는 일련의 행위들과 과정들을 포함한다. 즉, 하나님의 부르심, 중생, 칭의, 수양, 성화, 그리고 영화를 포함한다. 성령은 각각의 경우에 그리스도의 사역을 개인적으로 우리에게 적용시키신다."[26]라고 하며 하나님의 부르심이 우리의 구원에 어떤 역할을 하는지 설명한다. 그러므로 하나님께서 한번 부르신 백성은 하나님이 끝까지 책임지신다(롬 8:37-39). 그래서 유다는 하나님이 부르신 자들을 하나님이 사랑하시고(롬 5:8), 하나님이 지켜주실 것을 확신하고 있는 것이다. 유다는 이 사실을 표현하기 위해 "사랑을 얻고"(ἠγαπημένοις)와 "지키심을 받은"(τετηρημένοις)을 표현할 때 완료 시상을 사용한 것이다.[27] 유다는 하나님의 선택함을 받은 백성이 어디에서 사는지는 밝히지 않지만 그들이 하나님의 사랑을 받은 사람들이요, 확실하게 보호를 받고 있는 대상임을 확인하면서 그들에게 편지를 쓰는 것이다.

유다는 하나님의 특별한 사랑을 받는 백성들에게 긍휼과 평강과 사랑이 넘치기를 소원한다. 바울은 편지를 쓰면서 일반적으로 은혜와 평

---

[26] James M. Boice, *Foundations of the Christian Faith* (Downers Grove: InterVarsity Press, 1986), p. 374.

[27] ἠγαπημένοις는 ἀγαπάω의 완료시상 수동태 분사 남성 복수 여격이요, τετηρημένοις는 τηρέω의 완료시상 수동태 분사 남성 복수 여격이다.

강(롬 1:7; 고전 1:3; 고후 1:2; 갈 1:3; 엡 1:2; 빌 1:2; 골 1:2; 살전 1:1; 살후 1:1; 딛 1:4; 몬 1:3)을 언급하고, 오로지 디모데에게 보내는 편지에서 은혜와 긍휼과 평강(딤전 1:2; 딤후 1:2)을 언급한다. 그런데 유다는 유다서에서 "은혜" 대신 "사랑"을 강조해서 "긍휼과 평강과 사랑"을 언급하고 있다 (유 1:2). 긍휼(ἔλεος)은 하나님의 공유적 속성으로 죄인들을 향한 하나님의 사랑과 선하심을 뜻한다. "공유적 속성"이란 말은 하나님이 긍휼을 베푸신 것처럼 성도들도 다른 사람들을 향해 긍휼을 베풀어야 한다는 것이다. "일반적인 긍휼은 창조와 섭리에 가장 잘 드러나 있다. 특별한 긍휼은, 오직 선택받은 자만을 위한 것으로, 죄로 인한 피해자에게 주시는 동정심을 뜻한다."[28] 하나님의 긍휼은 하나님께서 타락한 인간이 자기 스스로는 하나님께 돌아갈 수 없는 무능에 대해 나타내시는 하나님의 선하심을 뜻한다.[29] "평강"(εἰρήνη)은 예수 그리스도의 죽음과 부활을 통해 죄 문제를 해결 받고 영생을 소유한 성도가 하나님과의 화목의 관계에서 누리는 평안한 마음의 상태를 뜻한다. 하나님의 구속의 계획에는 하나님의 백성들에게 베푸시는 평강의 약속도 포함되어 있다(민 6:24-26; 시 29:11; 85:8; 119; 165; 잠 3:17; 사 9:6-7; 26:3; 57:19; 요 14:27; 롬 8:6; 살후 3:16; 딤후 2:22).[30] 죄인이 의인이 되었다는 사실, 영벌을 받아야 할 자가 영생을 소유하게 되었다는 사실, 공중의 권세 잡은 자를 따랐던 자가 하나님의 자녀가 되었다는 사실을 확인 받은 사

28 Burton L. Goddard, "Mercy," *Baker's Dictionary of Theology* (Grand Rapids: Baker, 1975), p. 348.

29 Wayne Grudem, *Systematic Theology* (Grand Rapids: Zondervan, 1994), p. 200.: "God's *mercy* means God's goodness toward those in misery and distress."

30 Grudem, *Systematic Theology*, p. 203.

람의 마음의 상태를 평안한 마음이라고 표현할 수 있다. "사랑"(ἀγάπη)
은 하나님의 속성이다. 하나님의 모든 행위는 사랑의 행위이다. 인간
이 범죄 할 때 구속을 계획하신 것도 하나님의 사랑의 행위요, 아들을
보내신 것도 하나님의 사랑의 행위이며, 아들의 죽음을 통해 그의 백
성을 구원하신 행위도 사랑의 행위이다. 예수님께서 사랑하시는 제자
요한(요 21:20)은 "하나님은 사랑이심이라"[31](요일 4:8)라고 말하고, "사랑
은 여기 있으니 우리가 하나님을 사랑한 것이 아니요 하나님이 우리를
사랑하사 우리 죄를 속하기 위하여 화목 제물로 그 아들을 보내셨음이
라"(요일 4:10)라고 증언한다. 그래서 바울은 "우리가 아직 죄인 되었을
때에 그리스도께서 우리를 위하여 죽으심으로 하나님께서 우리에 대한
자기의 사랑을 확증하셨느니라"(롬 5:8)라고 말할 수 있었다. 박윤선 박
사는 "'긍휼(矜恤)'은, 하나님께서 우리의 연약을 보시고 불쌍히 여기심
이고, '평강'은 우리가 하나님과 화목함이 된 영적 평안이고, '사랑'은 하
나님께서 그와 화목한 우리를 은조(恩助)하심이다."[32]라고 해석한다.

유다는 지금 이와 같은 긍휼과 평강과 사랑이 수신자들의 삶 속에
더욱더 증가하기를 소원하고 있다. 바울은 그의 편지를 시작하면서 전
하는 인사를 "하나님 우리 아버지와 주 예수 그리스도로부터 은혜와
평강이 있기를"(롬 1:7; 참조, 고전 1:3; 고후 1:2; 갈 1:3; 엡 1:2 등)이라는 표
현으로 동사(verb)를 생략하여 사용한다. 그런데 유다는 그의 인사에서
"긍휼과 평강과 사랑이 너희에게 더욱 많을지어다"[33](유 1:2)라고 말함

---

31   요일 4:8: "ὁ θεὸς ἀγάπη ἐστίν."

32   박윤선, 『히브리서 · 공동서신』 (1965), p. 410.

33   헬라어 원문은 "ἔλεος ὑμῖν καὶ εἰρήνη καὶ ἀγάπη πληθυνθείη."로 πληθυνθείη는

으로 "더욱 많을지어다"라는 동사를 사용한다. 유다는 수신자들의 구원받은 삶이 긍휼과 평강과 사랑의 특징으로 교회 안에 풍성하게 나타나기를 소원하면서 편지를 시작한다.[34]

2. 거짓 교사에 대한 경고(유 1:3-7)

[3] 사랑하는 자들아 우리가 일반으로 받은 구원에 관하여 내가 너희에게 편지하려는 생각이 간절하던 차에 성도에게 단번에 주신 믿음의 도를 위하여 힘써 싸우라는 편지로 너희를 권하여야 할 필요를 느꼈노니 [4] 이는 가만히 들어온 사람 몇이 있음이라 그들은 옛적부터 이 판결을 받기로 미리 기록된 자니 경건하지 아니하여 우리 하나님의 은혜를 도리어 방탕한 것으로 바꾸고 홀로 하나이신 주재 곧 우리 주 예수 그리스도를 부인하는 자니라 [5] 너희가 본래 모든 사실을 알고 있으나 내가 너희로 다시 생각나게 하고자 하노라 주께서 백성을 애굽에서 구원하여 내시고 후에 믿지 아니하는 자들을 멸하셨으며 [6] 또 자기 지위를 지키지 아니하고 자기 처소를 떠난 천사들을 큰 날의 심판까지 영원한 결박으로 흑암에 가두셨으며 [7] 소돔과 고모라와 그 이웃 도시들도 그들과 같은 행동으로 음란하며

πληθύνω의 단순과거(aorist), 희구법(optative), 수동태(passive), 3인칭(3rd person), 단수(singular)이다. πληθυνθείη는 "증가하게 된다"(be increased), "더욱 많아진다"(be multiplied)등의 뜻을 가지고 있다.

34   G. Delling, "πληθύνω," *Theological Dictionary of the New Testament,* Vol. VI (Grand Rapids: Eerdmans, 1971), p. 283. "The wish is at all events that the fulness of the divine gifts of salvation may be at work in the churches."

다른 육체를 따라 가다가 영원한 불의 형벌을 받음으로 거울이 되었느니라 (유 1:3-7)

유 1:3-7 유다는 편지를 받는 수신자들을 "사랑하는 자들아"(유 1:3, 17, 20)라고 호칭함으로 애정을 담아 권면을 시작한다. 유다는 수신자들에게 그가 편지를 쓰는 목적을 분명하게 밝힌다. 유다는 원래 "우리가 일반으로 받은 구원에 관하여"(유 1:3) 편지를 쓸 계획을 가지고 있었다. 그러나 갑작스런 상황의 변화 때문에 편지의 내용이 달라지게 되었음을 밝힌다. 갑작스런 상황의 변화는 교회 안으로 "가만히 들어온 사람"(유 1:4) 몇이 있어서 그들이 성도들의 믿음에 잘못된 영향을 끼치게 되었기 때문이다.

유다가 원래 쓰고자 했던 "구원"은 예수 그리스도의 십자가상의 죽음과 죽은 자들 가운데서의 부활을 통해 성취하신 영생을 소유하는 것이다(유 1:21). 유다가 이해하는 구원은 과거, 현재, 그리고 미래를 아우르는 효과를 가지고 있다. 유다는 "구원"을 설명하면서 "우리가 일반으로 받은 구원에 관하여"(περὶ τῆς κοινῆς ἡμῶν σωτηρίας)라고 표현함으로 구원이 유대인만을 위한 것도 아니요, 반대로 이방인만을 위한 것도 아님을 분명히 하고, 모든 사람들에게 필요한 것임을 강조하고 있다. 그린(Green)은 "이 구절(유 1:3)에서 기독교인의 경험은 '구원'이라는 한 단어로 요약되어 있고, 그리고 기독교인의 신념(belief)은 믿음(faith)이라는 단어로 요약되어 있다. 유다에게 구원은 과거의 구원(유 1:5)을 뜻할 뿐만 아니라, 현재의 경험(유 1:23-24)을 뜻하고 또한 하나님께 영광을 바치는 미래의 즐거움(유 1:25)을 뜻한다. 이 구원은 저자와 독자들인 유대인과 이방인 기독교인들이 함께 공유한다."[35]라고 정리한다.

　유다는 이와 같은 놀랄만한 구원을 받은 수신자 성도들에게 "가만히 들어온 사람"(유 1:4)들의 간교한 미혹에 빠지지 않도록 "힘써 싸우라"(유 1:3)고 권면할 필요를 느낀 것이다. 그래서 유다는 "성도에게 단번에 주신 믿음의 도를 위하여 힘써 싸우라는 편지로 너희를 권하여야 할 필요를 느꼈노니"(유 1:3)라고 쓰고 있다. 유다가 언급한 "성도에게 단번에 주신 믿음의 도를 위하여"는 "성도에게 단번에 주신 믿음을 위하여"로 번역하는 것이 원문의 뜻에 더 가깝지만, "믿음의 도"라는 표현으로 "주관적인 믿음"(fides qua creditur)이 아니라, "객관적인 믿음"(fides quae creditur)임을 강조한 번역이라고 사료된다.[36] 유다는 지금 수신자 성도들의 믿음이 냉랭하기 때문에 활활 타오르는 불길처럼 활성화시켜야 한다고 말하고 있는 것이 아니다. 박윤선은 유다서 1:3을 해석하면서 "여기 '단번'이란 말은, 헬라 원어로 하팍스(ἅπαξ)라고 하는데, 영구(永久)한 효과를 가지는 단회적 행동(單回的 行動)을 의미한다."[37]라고 정리한다. 오히려 유다는 믿음의 내용(the content of faith) 즉 객관적인 믿음을 보호하고 올바로 지켜야 된다고 권면하고 있는 것이다. "성도에게 단번에 주신"이라는 표현 자체가 수신자들의 주관적인 믿음을 가리키지 않고, 믿음의 내용을 가리키는 객관적인 믿음을 가리

35　Michael Green, *2 Peter and Jude* (*Tyndale New Testament Commentaries*) (Leicester: Inter-Varsity Press, 1987), p. 171.

36　Richard A. Muller, *Dictionary of Latin and Greek Theological Terms* (Grand Rapids: Baker, 1986), p. 117.

37　박윤선,『히브리서·공동서신』(서울: 영음사, 1965), p. 410.

키고 있음을 증거한다. 그러므로 여기서 사용된 "믿음의 도"(유 1:3)는
진리(the Truth) 혹은 복음(the Gospel)을 가리킨다.[38]

이 믿음은 예수님께서 "너희에게 말한 모든 것"(요 14:26)을 가리키
고, 예수님이 가르치신 "모든 진리"(요 16:13)를 뜻하며, "사도의 가르
침"(행 2:42)을 뜻한다. 유다가 수신자 성도들에게 이 편지를 쓰는 것은
새로운 교리를 가르치기 위함이 아니요, 이미 알고 있는 "믿음의 도"를
잘 지키도록 하기 위함이다. 키스터마커(Kistemaker)는 "문맥을 통해
볼 때 우리는 '믿음'(faith)이 기독교 신앙의 몸체를 뜻하는 것으로 이해
한다. 믿음은 사도들이 선포한 복음이요, 따라서 '사도의 가르침'(행
2:42)과 동등한 것이다. 이처럼 복음은 개인 성도가 하나님 안에서 갖
게 되는 신뢰와 확신이 아니다. 왜냐하면 그것은 주관적인 믿음이기
때문이다. 이 구절에서 유다는 기독교의 교리, 즉 객관적 믿음을 말하
고 있다."[39]라고 정리한다.

이제 유다는 "가만히 들어온 사람 몇이"(유 1:4) 어떤 악행을 자행하
는지 밝힌다. 거짓 교사들은 그들의 악행 때문에 이미 정죄의 판결을
받도록 정해진 자들이다. 진리를 왜곡하여 자신도 멸망하고 다른 사람
들도 미혹되게 하는 자들은 영원한 정죄의 심판을 면할 길이 없다. 그
들은 "옛적부터 이 판결을 받기로 미리 기록되어 있는"(유 1:4) 자들이
다. 성도들은 이들의 꾐에 넘어가 진리를 소홀히 하지 않도록 주의

38   J. B. Mayor, "The General Epistle of Jude," *The Expositor's Greek Testament*, Vol. V (Grand Rapids: Eerdmans, 1980), p. 255.

39   Simon J. Kistemaker, *Peter and Jude* (*New Testament Commentary*) (Grand Rapids: Baker, 1987), p. 371.

해야 한다. 그들은 "경건하지 아니한 자들"이요, "하나님의 은혜를 도리어 방탕한 것"과 바꾸고, "우리 주 예수 그리스도를 부인"하는 자들이다(유 1:4). 유다는 "가만히 들어온 사람들"(유 1:4)이 이단이라고 규정 짓지는 않는다. 그들이 교회 내에 가만히 들어올 수 있었던 이유는 적어도 그들이 믿는 자처럼 행세했기 때문이다. 그러나 그들은 실제적으로 "경건하지 아니한 자"들로 말로는 믿는다고 고백을 하면서 그들의 행위는 전혀 성도답지 않은 삶을 사는 사람들이다. 그래서 그들은 "하나님의 은혜"를 빙자해서 자신들의 욕망을 채우는 일을 서슴없이 행했다. 하나님의 은혜는 하나님의 용서하시는 사랑으로 죄인들은 그 사랑을 힘입어 자유 함을 누릴 수 있다. 그런데 거짓 교사들은 이와 같은 숭고한 자유를 하나님을 공경하는데 사용하지 않고 "도리어 방탕한 것으로 바꾸는"(유 1:4) 죄를 범한 것이다. 바울은 이와 같은 자들을 가리켜 "그들이 하나님을 시인하나 행위로는 부인하니 가증한 자요 복종하지 아니하는 자요 모든 선한 일을 버리는 자니라"(딛 1:16)라고 규정한다. 결국 이들은 "홀로 하나이신 주재 곧 우리 주 예수 그리스도를 부인하는 자"(유 1:4)들인 것이다. 헨리(Henry)는 "경건하지 않은 사람들이 그리스도를 믿는 믿음과 교회의 평강을 해치는 큰 대적들이다." "불경건한 자들은 하나님과 양심을 전혀 고려하지 않고 하나님 없이 이 세상을 살아가는 사람들이다."[40]라고 해석한다. "경건하지 않은 자들"은 주 예수 그리스도를 부인하지만 유다는 "주 예수 그리스도"를 가리켜 "홀

---

40 Matthew Henry, *Matthew Henry's Commentary on the Whole Bible*, Vol. VI (Old Tappan: Fleming H. Revell Company, n.d.), p. 1110.

로 하나이신 주재"라고 설명함으로 예수 그리스도가 성부 하나님과 동
등한 하나님이심을 확인한다. 41

이제 유다(Jude)는 하나님을 배반하고 부인하는 결과가 얼마나 심
각한 것인지를 구약에 기록된 사건들과 다른 자료들을 사용하여 거울
로 삼기를 원한다. 유다는 여기서 "내가 너희에게 알게 한다"라고 말하
거나 "내가 너희에게 경고한다"라고 말하지 않고, "너희가 본래 모든
사실을 알고 있으나 내가 너희로 다시 생각나게 하고자 하노라"(유 1:5)
라고 시작한다. 유다는 너희들이 이미 알고 있는 것이지만 내가 다시
생각나게 하는 것뿐이라고 겸양의 자세로 접근한다. 칼빈(Calvin)은
"하나님의 말씀의 방법은 우리가 전에 전혀 알지 못한 것을 우리에게
가르치실 뿐만 아니라, 우리가 알고 있는 교훈들을 심각하게 숙고할
충동을 주시기도 하시고, 그리고 우리의 지식이 무력한 나태에 빠져
들어가지 않도록 하신다. 요약하면 우리들이 하나님에 의해 부르심을
받으면, 우리들은 그의 은혜 안에서 한가하게 자랑만 해서는 안 되고,
오히려 그의 길을 신중하게 걸어가야만 한다. 왜냐하면 만약 사람이
이런 방법으로 하나님을 조롱하면, 그가 은혜를 경멸하는 잘못은 그에
게 큰 대가를 요구할 것이기 때문이다."42라고 하며 유다의 권면의 의

---

41 주재(δεσπότης)라는 용어는 신약성경에서 주로 하나님을 가리킬 때 사용되었다(눅 2:29;
행 4:24; 계 6:10). 그러므로 유 1:4에서도 "하나님"(θεόν)을 제공하여 읽으려는 시도가 있
다. 그 예로 AV와 NKJV는 유 1:4의 본 구절을 "denying the only Lord God, and our Lord
Jesus Christ."라고 "God"를 넣어서 번역한다. 하지만 근래의 번역들은 "하나님"(God)을
넣지 않고 "deny our only Master and Lord, Jesus Christ."(NASB, ESV)라고 번역한다.
United Bible Societies의 위원들은 "God"가 없는 짧은 본문을 택했다. Bruce M. Metzger,
A Textual Commentary on the Greek New Testament (London. New York: United Bible
Societies, 1971), p. 725.

42 John Calvin, *A Harmony of the Gospels Matthew, Mark and Luke, Vol. III and The*

도를 설명한다. 유다는 이렇게 그들이 이미 알고 있는 것을 생각나게 하는 것이 중요함을 환기시키고 이제 세 가지의 예[43]를 들어 수신자 성도들을 권면한다.

첫 번째 사건은 구약의 출애굽 사건(Exodus)을 통해 배우는 교훈이다.

유다는 출애굽 사건의 전 과정을 "주께서 백성을 애굽에서 구원하여 내시고 후에 믿지 아니하는 자들을 멸하셨으며"(유 1:5)라고 간략하게 설명한다. 유다는 하나님이 그의 백성을 애굽의 학대에서 구원해 내신 것과 하나님을 믿지 않는 자들을 멸하신 사건을 언급한다. 출애굽 사건은 그의 백성을 구원하시고자 하는 하나님의 계획으로 철저하게 처음부터 마지막까지 하나님의 간섭에 의해 진행된 것이다. 인간의 생각으로는 전혀 불가능한 일을 하나님께서 열 가지의 재앙[44]을 애굽 백성에게 내리심으로 실현된 기적이었다. 이스라엘 백성은 모두 하나님의 이 열 가지 재앙을 직접 체험한 백성이었다. 그뿐만 아니라 출애굽의 과정에서 앞에는 홍해가 가로막고 뒤에는 애굽 군대가 추격해 오는 상황에서 홍해를 갈라 무사히 건널 수 있게 하신 하나님의 권능을 목격하고 체험한 백성들이었다(출 14:16, 21-28).

이렇게 눈만 감아도 기억이 생생할 그런 놀랄만한 경험을 한 이스

Epistles of James and Jude (Grand Rapids: Eerdmans, 1975), p. 326.

43 유다서는 (1) 출애굽 사건(유 1:5), (2) 자기 처소를 떠난 천사들(유 1:6), (3) 소돔과 고모라 사건(유 1:7)의 순서로 설명하는 반면, 베드로후서는 (1) 범죄한 천사들(벤후 2:4), (2) 노아 홍수 사건(벤후 2:5), (3) 소돔과 고모라 사건(벤후 2:6)의 순서로 설명한다.

44 열 가지 재앙은 (1)물이 피가 됨(출 7:14-25), (2)개구리 재앙(출 8:1-7), (3)티끌이 이가 됨(출 8:16-19), (4)파리 떼의 재앙(출 8:20-24), (5)가축의 죽음 재앙(출 9:1-7), (6)악성 종기의 재앙(출 9:8-12), (7)우박의 재앙(출 9:13-26), (8)메뚜기 재앙(출 10:1-15), (9)흑암의 재앙(출 10:21-23), (10)처음 난 것의 죽음 재앙(출 12:29-30) 등이다.

라엘 백성이 모세가 시내산에서 십계명을 받을 때 금송아지를 우상으로 만들고 "이스라엘아 이는 너희를 애굽 땅에서 인도하여 낸 너희 신이라"(출 32:8)라고 고백하면서, 그 금송아지에게 예배하는 극악한 죄를 범하기에 이른다. 결국 하나님은 "너희 시체가 이 광야에 엎드러질 것이라 너희 중에서 이십 세 이상으로서 계수된 자 곧 나를 원망한 자 전부가 여분네(Jephunneh)의 아들 갈렙(Caleb)과 눈(Nun)의 아들 여호수아(Joshua) 외에는 내가 맹세하여 너희에게 살게 하리라 한 땅에 결단코 들어가지 못하리라"(민 14:29-30; 참조, 민 14:37; 26:64-65; 시 106:26; 히 3:16-19)라고 말씀하심으로 출애굽의 기적을 체험한 백성들은 약속의 땅으로 들어갈 수 없었다. 모세도 약속의 땅에 들어가지 못하고 비스가 산 꼭대기에 올라가 가나안을 둘러보았지만 그 땅을 밟지는 못했다. 그 이유는 신 광야에서 이스라엘 백성들이 물이 없어 불평할 때 모세와 아론이 하나님의 거룩성을 훼손시켰기 때문이다. 하나님은 신 광야에서 모세와 아론에게 "너희는 반석에게 명령하여 물을 내라"(민 20:8)라고 말로 명령하여 물을 얻을 것을 지시하셨는데, 모세(Moses)는 그 명령에 순종하지 않고 "그의 지팡이로 반석을 두 번 쳐서"(민 20:11) 물을 내게 함으로 하나님의 거룩성을 훼손시켰다. 하나님은 이런 이유를 근거로 "내 거룩함을 나타내지 아니한 고로 너희는 이 회중을 내가 그들에게 준 땅으로 인도하여 들이지 못하리라"(민 20:12)라고 하심으로 모세와 아론이 약속의 땅에 들어가지 못할 것을 선언하신다. 유다는 이와 같은 긴 출애굽의 사건들을 생각나게 하면서 "주께서 백성을 애굽에서 구원하여 내시고 후에 믿지 아니하는 자들을 멸하셨다"(유 1:5)라고 믿음을 강조해서 권면하고 있다. 매이요(Mayor)는 "예수님의 이름으로 세례를 받는 것이 사실인 것처럼 애굽으로부터의 구원은 사실이다. 그러나 그 사실을 마음에 두지 않고 실행하지 않으면 그 사실은 그것의 효과를 상실하게 된다."[45]라고 함으로 과거의 사건들을 거울로 삼아 현재의 삶을 거룩하고 성실하게 살아야 할 것을 설명한다. 그래서 유다는 수신자들에게 과거의 사건을 언급하면서 "내가 너희로 다시 생각나게 하고자 하노라"(유 1:5)라고 권고하는 것이다. 유다는 하나님의 놀랄만한 복을 받아 하나님의 백성이 된 성도들이 "가만히 들어온 사람"(유 1:4)들인 거짓 교사들의 꾀임에 빠져 실족하게 될 때 어떤 결과가 기다릴 것인지를 출애굽 기간에 불순종한 사람들의 예를 들어 경고하고 있다.

두 번째 사건은 "자기 처소를 떠난 천사들"(유 1:6)이 받게 될 심판을 예로 들어 권면한다. 자기가 맡은 책임을 다하지 못하고 자기 처소를 떠난 천사들의 결국은 "큰 날의 심판까지 영원한 결박으로 흑암에 갇히는"(유 1:6) 징벌을 받게 되어 있다. 그러면 유다가 언급한 "자기 처소를 떠난 천사들"(유 1:6)은 누구를 가리키는가? 유다서와 병행 구절인 베드로후서 2:4은 "하나님이 범죄한 천사들을 용서하지 아니하시고 지옥에 던져 어두운 구덩이에 두어 심판 때까지 지키게 하셨으며"(벧후 2:4)라고 함으로 자기 처소를 떠난 천사들이 범죄한 천사임을 밝힌다. 칼빈(Calvin)은 하나님께서 우리들의 교화를 위해 필요하다고 생각하시지 않은 내용들은 성경에 기록되지 않게 하시는데 유다가 "자기 처소를 떠난 천사들"(유 1:6), 즉 타락한 천사들을 이 구절에서 언급한 이

---

45   J. B. Mayor, "The General Epistle of Jude," *The Expositor's Greek Testament*, p. 255.

유는 타락한 천사들이 자기 자신도 파멸할 뿐만 아니라 다른 사람도 파멸로 이끄는 도구가 된다는 사실을 배우도록 하기 위해서라고 설명한다.[46] "자기 처소를 떠난 천사들"은 "택하심을 받은 천사들"(딤전 5:21)과 대비되는 타락한 천사들로서 많은 사람을 파멸로 이끄는 역할을 하기 때문에 경계의 대상이 된다. 하지만 유다는 수신자들에게 이런 타락한 천사들이 잠시 동안 활동할 것이지만 주께서 그들을 "큰 날의 심판까지 영원한 결박으로 흑암에 가두어"(유 1:6) 두셨음을 분명히 한다.

어떤 사람들은 "자기 처소를 떠난 천사들"을 창세기 6장의 "하나님의 아들들"과 연계시켜 해석하기도 한다(창 6:2-4 참조). 창세기 6장은 "하나님의 아들들이 사람의 딸들의 아름다움을 보고 자기들이 좋아하는 모든 여자를 아내로 삼는지라"(창 6:2)라고 기록한다. 그런데 여기 창세기 6:2의 "하나님의 아들들"을 유다가 "자기 처소를 떠난 천사들"(유 1:6)로 생각하고 유다서를 기록했다는 것이다.[47] 이는 대단히 잘못된 해석이다. 왜냐하면 영적인 존재인 천사들은 몸(body)을 가지고 있지 않기 때문에 사람들과 결혼할 수 없다는 것이 성경의 교훈이다. 예수님께서 사두개인들로부터 사람들이 부활할 때 결혼의 관계가 어떻게 되느냐는 질문을 받으시고 대답하시기를 "부활 때에는 장가도 아

---

46 John Calvin, *Institutes of the Christian Religion*, Vol. 1 (Philadelphia: The Westminster Press, 1967), p. 175. (Book 1, Chapter. XIV, Verse 16).

47 창세기 6:2의 "하나님의 아들들"은 하나님을 두려워하는 경건한 백성들을 뜻한다. Cf. G. Ch. Aalders, *Genesis* (*Bible Student's Commentary*), Vol. 1 (Grand Rapids: Zondervan, 1981), p. 154.: "'The sons of God' were the god-fearing people in distinction from the godless. In light of chapters 4 and 5 we can then think of the distinction between the line of Seth and the line of Cain."; Cf. H. C. Leupold, *Exposition of Genesis*, Vol. 1 (Grand Rapids: Baker, 1977), pp. 250-251.

니 가고 시집도 아니 가고 하늘에 있는 천사들과 같으니라"(마 22:30, 개역개정)라고 말씀하셨다. 이 말씀은 천사들은 결혼하지 않는다는 말씀이다. 그러므로 "자기 처소를 떠난 천사들"은 창세기 6:2에 언급된 "하나님의 아들들"이 아니요 정확한 시기는 알 수 없지만 하나님의 명령에 불순종하여 타락한 일부의 천사들이라고 생각된다.[48] 유다서는 천사들이 어떻게 타락하게 되었는지 설명하지 않는다. 우리가 추론할 수 있는 것은 천사들이 하나님의 명령에 불순종하여 타락하게 되었고 음란한 생활에 빠져 있었다는 것이다(유 1:7; 창 3:5 참조).

더 납득할 만한 해석은 유다가 위경인 에녹서에서 인용했다고 보는 것이다. 에녹서(1 Enoch, 6장-19장)의 기자는 악의 기원을 설명하면서 타락한 천사들이 아름다운 사람의 딸들을 연모하여 헬몬 산(Mount Hermon)에 내려왔고 여인들과 성적 관계를 가져 후손들을 출산하였다. 그 후손이 네피림(Nephilim)이라고 설명하며 바로 그들이 세상에 악을 퍼뜨렸기 때문에 하나님이 그들을 노아 시대에 홍수로 멸망시켰다고 전하고 있다. 유다가 유다서를 쓸 당시 이런 전설들이 잘 알려져 있었다. 여기서 확인하고 지나갈 하나의 문제가 대두된다. 어떻게 유다가 정경(Canon)이 아닌 구약 성경의 위경(Pseudepigrapha)에서 타락한 천사의 기록을 인용할 수 있었는가라는 문제이다.

유다는 구약 정경(Canon)에 언급된 사건들도 인용하고(유 1:5, 7, 11), 위경에 나온 이야기도 인용한다(유 1:6, 9, 14-15). 유다가 사용한 자

---

48   R.C.H. Lenski, *The Interpretation of I and II Epistles of Peter, the three Epistles of John, and the Epistle of Jude* (Minneapolis: Augsburg, 1966), p. 309.: "These are the angels that fell before Adam's fall. What their sin was neither Peter nor Jude state."

료는 "모세의 승천"(The Assumption of Moses)이란 책(유 1:9)에서와 "에녹서"(The Book of Enoch)라는 책(유 1:6, 14-15)에서 인용한 것이다. 유다가 이들 위경의 문헌들을 정경적인 문헌으로 인정했는지에 대해서는 확인할 길이 전혀 없다. 하지만 우리는 유다서를 포함한 신약 27권이 A.D. 393년 히포(Hippo)회의와 AD 397년 칼타고(Carthage)회의에서 최종적으로 정경으로 확정된 역사적 의미를 주목해야 한다.[49] 여기서 한 가지 확인하고 지나갈 것은 정경은 역사의 주인이신 하나님이 그의 교회를 위해 정해 주셨다는 사실이다. 하나님은 정경 구성을 하신 분이시지만(Constitutive), 교회는 정경 구성을 위한 반사적 행위만 한 것이다(Reflexive).[50] 교회는 진리의 창시자가 아니요, 진리를 지지하고 나타내도록 봉사하는 곳이다. 즉 그것은 본체적(ontic)인 것과 지적(noetic)인 것의 구분이다. 혹은 사실 그 자체와 그것을 인식하는 것의 구분인 것이다. 창조주와 피조물의 구분을 확증하는 것이다. 다른 말로 표현하면, 교회의 행위는 정경 구성의 행위가 아닌 것이다. 마찬가지로 교회회의의 행위도 정경 구성의 행위가 될 수 없다.[51]

유다는 그가 유다서를 쓸 때 "모세의 승천" 이야기와 "에녹서"의 이야기가 자신이 쓰고 있는 형편에 적절하다고 판단되어 인용하고 있는

---

[49] 박형용, 『신약정경론』 (수원: 합신대학원출판부, 2002), pp. 89-113.

[50] John Calvin, *Institutes of the Christian Religion*, Vol. 1 (1967), pp. 74-75. (Book 1, Chapter VII, Verse 1).

[51] William Hendriksen, I-II *Timothy and Titus* (NTC, Grand Rapids: Baker, 1974), p. 302: 교회회의의 결정에 의해 이 책들이 영감 된 성경으로 구성된 것이 아니요, 그 내용 자체에 의해 즉각적으로 성령의 내주하는 사람들의 마음에 하나님의 살아있는 말씀으로 증거된 것이다. "All Scripture is canonical because God made it so."

것이다. [52] 바울(the Apostle Paul)도 아덴(Athens)에서 "우리가 그를 힘입어 살며 기동하며 존재하느니라 너희 시인 중 어떤 사람들의 말과 같이 우리가 그의 소생이라"(행 17:28)라고 쓴 것을 정경 밖의 문헌에서 인용했다. 또한 바울이 참 아들 된 디도에게 "그레데인 중의 어떤 선지자가 말하되 그레데인들(Cretans)은 항상 거짓말쟁이며 악한 짐승이며 배만 위하는 게으름뱅이라"(딛 1:12)라고 쓴 말씀은 정경 밖의 문헌이지만 자신이 전하고자 하는 내용을 효과 있게 지원한다고 생각하여 자유롭게 인용한 것이다. 유다는 영감된 상태에서 하나님의 계시를 전달하는 데 필요한 자료들을 정경 안에서든 정경 밖의 문헌에서든 얼마든지 사용할 수 있었다. 우리는 영감된 상태에서 신약성경 저자는 하나님의 계시에 상충되지 않는 내용이라면 얼마든지 정경 이외의 문헌들을 사용할 수 있다는 것을 알아야 한다. 유다가 유다서에서 "자기 처소를 떠난 천사들"(유 1:6)에 관한 예를 인용한 것은 그들이 자신들의 책임을 완수하지 못할 때 반드시 심판이 뒤따랐다는 것을 강하게 경고하기 위함이다. 칼빈(Calvin)은 유다서 1:6을 해석하면서 "우리는 악마들이 갇힌 장소를 상상할 필요가 없다. 사도는 그들이 그들 자신의 배도로 그들의 영예를 상실했기 때문에 그들의 상태가 얼마나 비참한 것인지를 보여주려는 의도인 것이다."[53]라고 정리한다.

세 번째 사건은 소돔(Sodom)과 고모라(Gomorrah)가 멸망당할 때 타

---

52 Walter Dunnett, *An Outline of New Testament Survey* (Chicago: Moody Press, 1973), p. 161.; Cf. Michael Green, *2 Peter and Jude* (Leicester: Inter-Varsity Press, 1987), p. 57.

53 John Calvin, *A Harmony of the Gospels Matthew, Mark and Luke, Vol. III and The Epistles of James and Jude* (1975), p. 327.

락한 사람들이 "영원한 불의 형벌"의 심판을 받았다는 것이다(유 1:7). "소돔과 고모라"의 멸망 사건은 사실상 "소돔(Sodom)과 고모라(Gomorrah)와 아드마(Admah)와 스보임(Zeboiim)과 소알(Zoar)을 포함한 다섯 마을에 관한 사건이다(창 14:2; 신 29:23; 호 11:8; 창 29:1-38). 하나님의 멸망의 심판이 시작되기 전 소돔 성을 빠져나온 롯(Lot)이 소알 성으로 피할 수 있도록 하나님의 허락을 받았기 때문에 소알 성은 다른 성들과 함께 멸망당하지 않았지만(창 19:20-22), 아드마 성과 스보임 성은 소돔 성과 고모라 성과 함께 멸망을 받았다. 그러므로 유다가 "소돔과 고모라와 그 이웃 도시들도"(유 1:7)라고 기록한 것은 원래의 사건의 전모를 정확하게 이해하고 있었음을 증거한다.

소돔과 고모라의 백성들은 성적으로 문란한 삶을 이어가고 있었다(창 19:5-8). 유다는 소돔과 고모라의 백성들이 "그들과 같은 행동으로 음란하며 다른 육체를 따라 가다가"(유 1:7)라고 함으로 그들이 성적으로 문란한 삶을 살고 있었음을 분명히 한다. 유다가 "음란하며"와 함께 "다른 육체를 따라 가다가"(ὀπίσω σαρκὸς ἑτέρας)라고 기록한 것은 소돔과 고모라 사람들이 하나님의 창조 원리에 의한 성생활을 한 것이 아니요 하나님이 금지하는 동성애 간의 성생활을 한 것임을 증거 한다.

유다는 소돔과 고모라 백성들이 하나님의 뜻을 따르지 않고 역행하는 삶을 살았기 때문에 "영원한 불의 형벌을 받았다"(유1:7)고 경고한다. 유다는 소돔과 고모라의 백성들이 하나님의 뜻을 따르지 않는 다른 사람들에게 경고의 역할을 한다고 설명한다. 신약성경 가운데서 이 구절에서만 유일하게 사용된 "거울"(δεῖγμα: proof)이라는 용어는(유 1:7) 우리가 본받아야 한다는 의미보다는 우리가 경계로 삼아야 한다는 뜻이다. 바울이 "형제들아 너희는 함께 나를 본받으라 그리고 너희가 우리를 본받은 것처럼 그와 같이 행하는 자들을 눈여겨 보라"(빌 3:17)라고 말할 때 "나를 본 받으라"의 "본"(συμμιμητής: imitator)과 "우리를 본받은 것처럼"의 "본"(τύπος: example)은 다른 용어이다. 유다는 이 두 용어를 사용하여 그의 뜻을 정확하게 전달할 수 없음을 알고 특별한 용어인 "거울"(δεῖγμα: proof)이라는 용어를 사용한 것이다.

유다는 지금까지 설명한 것처럼 출애굽의 사건(유 1:5)과 자기 처소를 떠난 천사들(유 1:6)과 소돔과 고모라 사건(유 1:7)을 회상함으로 "가만히 들어온 사람"(유 1:4)의 미혹과 꾀임에 빠져서는 안 된다고 경고하고 있는 것이다. 우리는 여기서 하나님의 말씀에 기록된 과거의 사건들을 묵상함으로 얻을 수 있는 교훈의 기능을 알 수 있다. 하나님의 말씀은 어제나 오늘이나 영원히 변하지 않는 능력의 말씀이다(히 13:8). 그래서 유다는 수신자들이 이미 알고 있는 과거의 사건들을 다시 소환하여 현재의 상황을 어떻게 대처해야 할지를 가르친다. 유다가 "자기 처소를 떠난 천사들을...영원한 결박으로 흑암에" "가두셨다"(τετήρηκεν)라고 완료 시상을 사용한 것(유 1:6)은 천사들의 결박이 과거 그들이 잘못을 행한 시점부터 유다가 편지를 쓰는 시점까지 진행되고 있음을 확실히 하고 있는 것이다.[54] 유다는 하나님의 심판의 엄위하심과 불변하심을 분명히 함으로 가만히 들어온 거짓 교사들의 결국이 어떠할 것임을 확인하는 것이다.

---

[54] Nathaniel M. Williams, "Commentary on the Epistle of Jude," *An American Commentary on the New Testament*, Ed. Alvah Hovey (Valley Forge: Judson Press, 1888), p. 11.: "The perfect tense takes the readers back to the time of the wrong doing, and brings them forward to the writer's day."

3. 거짓 교사들의 악행들(유 1:8-16)

8 그러한데 꿈꾸는 이 사람들도 그와 같이 육체를 더럽히며 권위를 업신여기며 영광을 비방하는도다 9 천사장 미가엘이 모세의 시체에 관하여 마귀와 다투어 변론할 때에 감히 비방하는 판결을 내리지 못하고 다만 말하되 주께서 너를 꾸짖으시기를 원하노라 하였거늘 10 이 사람들은 무엇이든지 그 알지 못하는 것을 비방하는도다 또 그들은 이성 없는 짐승 같이 본능으로 아는 그것으로 멸망하느니라 11 화 있을진저 이 사람들이여, 가인의 길에 행하였으며 삯을 위하여 발람의 어그러진 길로 몰려 갔으며 고라의 패역을 따라 멸망을 받았도다 12 그들은 기탄 없이 너희와 함께 먹으니 너희의 애찬에 암초요 자기 몸만 기르는 목자요 바람에 불려가는 물 없는 구름이요 죽고 또 죽어 뿌리까지 뽑힌 열매 없는 가을 나무요 13 자기 수치의 거품을 뿜는 바다의 거친 물결이요 영원히 예비된 캄캄한 흑암으로 돌아갈 유리하는 별들이라 14 아담의 칠대 손 에녹이 이 사람들에 대하여도 예언하여 이르되 보라 주께서 그 수만의 거룩한 자와 함께 임하셨나니 15 이는 뭇 사람을 심판하사 모든 경건하지 않은 자가 경건하지 않게 행한 모든 경건하지 않은 일과 또 경건하지 않은 죄인들이 주를 거슬러 한 모든 완악한 말로 말미암아 그들을 정죄하려 하심이라 하였느니라 16 이 사람들은 원망하는 자며 불만을 토하는 자며 그 정욕대로 행하는 자라 그 입으로 자랑하는 말을 하며 이익을 위하여 아첨하느니라 (유 1:8-16)

유 1:8-16 유다는 이제 "가만히 들어온 거짓 교사들"을 가리켜 "꿈꾸는 이 사람들도"(유 1:8)라고 지칭한다. 유다가 이들을 가리켜 "꿈꾸는 이 사람들"이라고 명명한 것은 이들이 자신들은 초자연적인 계시를 받을 수 있다고 생각했기 때문일 수 있고, 또 이들이 음란한 성적 타락 때문에 성적 환상 속에서 꿈꾸는 듯 생활하기 때문일 수 있다.[55] 여하간 "꿈꾸는 이 사람들"은 정상적인 일을 정상적으로 생각하지 않고, 비정상적인 일들을 정상적인 것처럼 생각하면서 사는 사람들이다.

유다는 "꿈꾸는 이 사람들"의 허황된 삶을 지적하면서 역방향으로 설명한다. 유다는 "소돔과 고모라 백성들의 성적으로 타락한 음란한 생활"(유 1:7; 참조, 창 19:1-11)을 생각하면서 이들이 "육체를 더럽히는"(유 1:8) 음란한 생활을 하는 사람들이라고 규정하고, "자기 처소를 떠나 반역한 천사들"(유 1:6)을 생각하면서 이들이 "권위를 업신여기는"(유 1:8) 일을 하는 사람들이라고 설명하고, "출애굽할 때 불신한 이스라엘 백성들"(유 1:5)을 생각하면서 이들이 하나님의 "영광을 비방하는"(유 1:8) 행동을 하는 사람들이라고 묘사한다.[56] 꿈꾸는 이들은 성적으로 음란한 생활을 했고, 신적인 권위를 인정하지 않고 반역했으며, 하나님의 놀랄만한 이적과 기사를 보고도 하나님께 영광을 돌리지 않고 오히려 영광을 비방하기에 이르렀다. "꿈꾸는 자들"이라는 분사형은 이렇게 세 행위와 관련되어 사용되었다.[57] 그런데 유다서 1:8의 꿈꾸는 자들의 행위들 중 첫째 행위와 둘째 행위는 그 표현들이 특별히 문제

---

55 Simon J. Kistemaker, *Peter and Jude* (*New Testament Commentary*) (Grand Rapids: Baker, 1987), p. 383.; Horst Balz, "ὕπνος, ἐνυπνιάζομαι," *Theological Dictionary of the New Testament*, Vol. VIII (Grand Rapids: Eerdmans, 1972), p. 553.: "In contrast is the soberness of Jd. 8, where the libertinistic and gnostic opponents who are under attack are denounced as οὗτοι ἐνυπνιαζόμενοι."(p. 553).

56 Simon J. Kistemaker, *Peter and Jude*, p. 383.

57 유다는 μὲν... δὲ... δὲ 의 형식을 사용하여 거짓교사들의 세 가지 잘못된 행위를 구분한다.

될 것이 없지만, 세 번째 행위의 묘사인 "영광을 비방하는도다"(δόξας δὲ βλασφημοῦσιν)라는 표현에는 약간 애매한 부분이 있다. "영광"(δόξας)은 성경에서 "선한 천사"들과 연계되어 사용되었다(히 9:5). 그러므로 유다가 꿈꾸는 자들이 "영광"을 비방했다고 말하는 것은 선한 천사들을 비방하고 모욕했다고 이해할 수 있다. 결국 그들은 영적인 권위를 비방한 것이나 다름없다. 어떤 해석자들은 유다가 "영광"을 선한 천사와 악한 천사를 포함하는 의미로 사용했다고 주장한다. 하지만 "영광"이 성경 다른 곳에서 악한 천사를 가리키는 뜻으로 사용된 곳이 없다. 그리고 선하고 신실한 천사만이 하나님의 영광을 드러내기 때문에 악한 천사들을 "영광"(δόξας)으로 표현하는 것은 적절치 않다. 유다는 선한 천사들을 생각하면서 "영광"이란 표현을 쓴 것이다.[58] 유다가 경고하기를 원하는 것은 과거에 있었던 사건들을 회상할 때 그때의 사람들이 잘못된 삶을 살고 하나님의 뜻을 거역하는 일을 할 때에는 반드시 징벌을 받고 하나님의 심판에서 자유롭지 못했음을 강조하기 원하는 것이다. 사실상 "꿈꾸는 자들"이 권위를 업신여기는 행위는 "우리 주 예수 그리스도를 부인하는"(유 1:4) 행위나 다름없다.[59] 따라서 유다는 수신자 성도들도 가만히 들어온 거짓 교사들의 미혹에 넘어가서는 안 된다고 경고하고 있는 것이다.

유다는 이제 소위 "모세의 승천"(The Assumption of Moses)이라는 위경에서 모세의 시체에 관한 이야기를 인용한다(유 1:9). 천사장 미가엘

---

58 Simon J. Kistemaker, *Peter and Jude*, p. 384.; Richard J. Bauckham, *Jude, 2 Peter. Word Biblical Commentary*, Vol. 50 (Waco: Word Books, 1983), p. 57.

59 Richard J. Bauckham, *Jude, 2 Peter* (Waco: Word Books, 1983), p. 57.

(Michael)에 관해서는 신약에서 2회 나타난다(유 1:9; 계 12:7; 참조, 단 10:13, 21). 미가엘은 신약에서 "천사장"(archangel)으로 소개되고 있으며, 다니엘(Daniel)은 미가엘을 "가장 높은 군주 중 하나"(단 10:13)로 소개한다. 그런데 유다는 "천사장 미가엘이 모세의 시체에 관하여 마귀와 다투어 변론"(유 1:9)할 때의 일을 전한다.

성경은 모세의 죽음과 그의 시체에 대해 "여호와께서 그에게 이르시되 이는 내가 아브라함과 이삭과 야곱에게 맹세하여 그의 후손에게 주리라 한 땅이라 내가 네 눈으로 보게 하였거니와 너는 그리로 건너가지 못하리라 하시매 이에 여호와의 종 모세가 여호와의 말씀대로 모압 땅에서 죽어 벳브올 맞은편 모압 땅에 있는 골짜기에 장사되었고 오늘까지 그의 묻힌 곳을 아는 자가 없느니라"(신 34:4-6)라고 전한다. 모세의 묻힌 곳은 하나님만 아시고 인간은 아무도 모른다.

여기서 모세의 시체의 매장에 대한 모세의 언약(The Testament of Moses)의 실종된 끝부분을 재구성해 보는 것이 유익하리라 사료된다. "여호수아는 모세를 따라 느보 산(Mount Nebo)에 올라갔다. 거기서 하나님은 모세에게 약속의 땅을 보여주셨다. 그다음에 모세는 여호수아를 백성들에게 보내 모세 자신의 죽음을 알리게 했고 그리고 모세는 죽었다. 하나님은 천사장 미가엘을 보내 모세의 시체(몸)를 다른 장소로 옮겼고 그리고 거기에 묻었다. 그러나 악마인 삼마엘(Samma'el)이 모세의 영예로운 매장을 논하면서 그에게 반대했다. 본문은 아마 삼마엘이 모세의 몸을 백성들에게 가지고 가서 그들로 모세의 몸을 경배의 대상이 되도록 하기 원했다고 말했을 수 있다. 그러므로 미가엘과 악마는 모세의 몸에 관해 논쟁을 벌였다. 악마는 모세를 살인죄로 고발을 했는데 그 이유는 모세가 애굽 사람을 죽여 모래에 묻었기 때문이다. 그러나 이런 비난은 모세를 비방(βλασφημία)하는 것에 지나지 않는다. 그리고 미가엘은, 비방을 용납하지 않고, 악마에게 '악마야, 주께서 너를 꾸짖으시기를 원한다'라고 말했다. 이에 악마는 도주했고, 그리고 미가엘은 모세의 몸을 하나님이 명령하신 곳으로 옮겨 거기에서 모세의 몸을 자기 자신의 손으로 묻었다. 이처럼 모세의 매장을 본 사람이 아무도 없다."[60]

"모세의 언약"의 요약을 일별하면 유다가 천사장 미가엘과 마귀가 모세의 시체에 대해 논쟁을 하고 있는 사건을 인용한 것은 천사장 미가엘이 마귀를 책망할 수 있는 위치에 있었지만 "주께서 너를 꾸짖으시기를 원하노라"(유 1:9)라고만 언급하고 하나님이 심판자이심을 강조했는데 어찌하여 "이 꿈꾸는 자들이" 비방을 하고 하나님의 자리를 차지하려고 하는가라는 이유에서이다(참조, 슥 3:2). 베드로(Peter)의 설명은 유다서의 내용을 이해하는 데 도움을 준다. 베드로는 "더 큰 힘과 능력을 가진 천사들도 주 앞에서 그들을 거슬러 비방하는 고발을 하지 아니하느니라 그러나 이 사람들은 본래 잡혀 죽기 위하여 난 이성 없는 짐승 같아서 그 알지 못하는 것을 비방하고 그들의 멸망 가운데서 멸망을 당하며"(벧후 2:11-12)라고 설명한다. 유다는 천사장 미가엘도 주님께 판단의 권한을 넘기고 비방하지 않았는데 감히 꿈꾸는 거짓 교사들이 마음대로 비방을 해대는 것은 있을 수 없는 일이라고 말하고

---

60   Bauckham, *Jude, 2 Peter. Word Biblical Commentary* (1983), pp. 72-73. "모세의 언약"(The Testament of Moses)의 끝부분은 현재 존재하지 않지만 교회 교부들이 그 끝부분에 대한 이런저런 자료들을 남겨두었기에 재구성한 것이다.

있다.61 박윤선은 "모세의 시체는 하나님께서 감추셨으므로 사람들이 모르게 되었다(신 34:6). 하나님께서 그렇게 하신 이유는, 사람들이 모세의 무덤에 미신적으로 숭배할 것을 방지하시려는 까닭인 듯하다."62 라고 요약 설명한다.

유다는 이와 같은 사실을 근거로 다음 절에서 "이 사람들은 무엇이든지 그 알지 못하는 것을 비방하는도다"(유 1:10)라고 경고하고 있다. 유다는 꿈꾸는 사람들인 거짓 교사들이 "이성 없는 짐승같이 본능으로"(유 1:10) 세상일을 판단한다고 설명한다. 이들은 영적인 판단력이 결여되어 있으며 하나님의 지혜와는 거리가 먼 사람들이므로 영적인 진리를 이해하지 못하고 자신의 어리석음도 깨닫지 못하는 사람들이다. 유다는 이렇게 짐승과 같이 본능으로 생각하고 행동하는 이들의 결국은 멸망으로 빠지는 것뿐이라고 강조하고 있다. 야고보는 꿈꾸는 자들이 자신들을 짐승의 위치에 귀착시키는 잘못을 행하고 있으며 하나님의 존재와 영적인 진리들을 비방하기에 이르렀다고 말하고 있다(유 1:10).

유다는 이제 유 1:11에서 구약에 기록된 세 사건들을 예로 들어 꿈꾸는 거짓 교사들도 구약의 인물들이 멸망한 것처럼 멸망하게 될 것임을 선언한다. 렌스키(Lenski)는 "'화 있을진저'(유 1:11)는 소원도 아니요, 재앙을 불러올 저주도 아니다. 그러나 그리스도 자신의 심판을 반복하

61　Michael Green, *2 Peter and Jude*, p. 184.: "The point of the story lies just here. If an angel was so careful in what he said, how much more should mortal men watch their words."

62　박윤선,『히브리서 · 공동서신』(1965), p. 414.

는 평결(verdict)이다."[63]라고 함으로 그 용어의 엄중함을 상기시킨다. 유다가 언급한 구약의 세 사건은 가인(Cain)의 사건, 발람(Balaam)의 사건, 그리고 고라(Korah)의 사건이다(유 1:11).[64] 그래서 유다는 "화 있을진저 이 사람들이여"라고 시작함으로 이들이 가인과 발람과 고라처럼 잘못된 길로 행했음을 분명히 밝힌다. 유다는 이 세 사람들의 잘못을 정확하게 요약하여 설명한다. 유다는 가인을 설명할 때는 "가인의 길"(τῇ ὁδῷ Κάϊν)이라고 표현했고, 발람을 설명할 때는 "삯을 위하여 발람의 어그러진 길"(τῇ πλάνῃ τοῦ Βαλαὰμ μισθοῦ)이라고 표현했고, 고라를 설명할 때는 "고라의 패역(반역)"(τῇ ἀντιλογίᾳ τοῦ Κόρε)이라고 표현했다.

첫째, 가인의 길은 어떤 길이었는가? 우리는 가인(Cain)에 관한 기록을 성경 네 곳에서 발견할 수 있다(창 4:1-15, 25; 히 11:4; 유 1:11; 요일 3:12).[65] 가인은 인류의 조상인 아담과 하와의 큰 아들로 태어났고 그에게 아벨 (Abel)이라는 동생이 있었다(창 4:1-2). 그런데 가인은 그의 마음에 죄가 가득하여 결국 그의 동생 아벨을 죽였다(창 4:8). 그래서 가인은 그의 아우를 죽인 첫 살인자가 되었고 성경은 항상 그를 살인자로 묘사한다 (요일 3:12). 가인은 하나님에 대한 믿음이 없었고 그의 아우를 사랑하지 않았다. 유다가 언급한 "가인의 길"은 하나님을 두려워하지 않고 불의를 행하면서 사랑을 실천하지 않는 그런 삶의 길을 말한다. 그런데

---

63   R.C.H. Lenski, *The Interpretation of I and II Epistles of Peter, the three Epistles of John, and the Epistle of Jude* (1966), p. 633.

64   베드로는 오직 발람(Balaam)의 사건만 언급한데 비해(벧후 2:15-16) 유다는 가인(Cain)과 고라(Korah)의 사건을 추가시켜 설명한다(유 1:11).

65   J. B. Smith, *Greek-English Concordance to the New Testament* (Scottdale: Herald Press, 1974), p. 186 (section 2535) 참조.

유다는 바로 꿈꾸는 자들이 "가인의 길"로 행하는 범죄를 저질렀다고 경고하고 있다.

둘째, 발람의 어그러진 길은 어떤 길이었는가? 발람(Balaam)은 구약에서는 여러 곳에서 언급되지만 신약에서는 세 곳에서만 언급된다(벧후 2:15; 유 1:11; 계 2:14). 우리는 모압 왕 십볼의 아들 발락(Balak)이 브올의 아들 발람을 초청하여 이스라엘 백성을 저주하라는 요구를 하지만 발람은 "하나님이 내 입에 주시는 말씀 그것을 말할 뿐이니이다"(민 22:38)라고 하며 이스라엘 백성을 저주하지 않는 기사를 읽는다(민 22장-24장). 얼핏 이 내용만 읽으면 발람이 전혀 잘못을 행하지 않은 것처럼 보인다. 그런데 같은 책인 민수기는 "보라 이들이 발람의 꾀를 따라 이스라엘 자손을 브올의 사건에서 여호와 앞에 범죄하게 하여 여호와의 회중 가운데에 염병이 일어나게 하였느니라"(민 31:16)라고 하며 발람의 잘못을 지적한다. 그리고 요한 사도는 버가모(Pergamum)교회에 보내는 말씀에서 "발람이 발락을 가르쳐 이스라엘 자손 앞에 걸림돌을 놓아 우상의 제물을 먹게 하였고 또 행음하게 하였느니라"(계 2:14)라고 발람의 범죄를 구체적으로 설명한다. 베드로는 "그들이 바른 길을 떠나 미혹되어 브올의 아들 발람의 길을 따르는도다 그는 불의의 삯을 사랑하다가 자기의 불법으로 말미암아 책망을 받되 말하지 못하는 나귀가 사람의 소리로 말하여 이 선지자의 미친 행동을 저지하였느니라"(벧후 2:15-16)라고 설명한다. 이와 같은 성경의 기록은 발람이 이스라엘 백성들을 유혹하여 우상숭배의 죄를 짓게 유도했고, 행음하게 하는 잘못을 범한 사실이 확실하다는 것을 증거한다. 그러므로 유다는 발람이 이스라엘을 타락하게 만든 것처럼 꿈꾸는 거짓 교사들이 믿음의 공동체 교회를 미혹에 빠트려 넘어지게 만들기 때문에 경성해야 한다고 권면하고 있는 것이다.

셋째, 고라의 패역(반역)은 어떤 것이었는가? 고라(Korah)는 구약에는 여러 곳에서 등장하지만 신약에는 유 1:11에서 유일하게 등장한다(hapax legomenon). 민수기는 고라(Korah)와 다단(Dathan)과 아비람(Abiram)이 당을 지어 모세와 아론을 대적하고 여호와를 멸시한 사건을 자세히 기록하고 있다(민 16:1-35). 고라는 레위의 증손인데 레위-고핫-이스할-고라로 이어진다(출 6: 16, 18, 21; 민 16:1). 고라와 그 일당들은 모세와 아론의 리더십을 받아들이지 않고 반역하는 일을 작당해서 행한다(민 16:2, 35). 이는 여호와 하나님을 멸시하는 중죄를 범한 것이다(민 16:30). 결국 하나님이 땅의 입을 열게 하사 "고라에게 속한 모든 사람과 그들의 재물을 삼키게"(민 16:32) 하시고, 불을 보내서서 고라의 반역에 동조한 "분향하는 이백오십 명을"(민 16:35) 불태우게 하셨다.

하나님은 이처럼 하나님이 공동체의 리더로 그 권한을 인정한 모세와 아론을 대항하고 반역을 작당하여 꾀한 고라의 패역을 그대로 용납하시지 않고 잔혹한 방법으로 그들을 멸망시키셨다. 그러면 유다는 고라의 예를 사용하여 그 당시 꿈꾸는 거짓 교사들에게 어떤 경고를 주고자 하는가? 유다는 한 마디로 거짓 교사들의 결국도 참혹한 멸망이라고 경고하는 것이다. 키스터마커(Kistemaker)는 "고라의 죄가 가인과 발람의 죄와 어떻게 다른가?"라는 질문에 대해 "가인은 하나님과의 관계를 깨뜨렸고, 발람은 삯을 챙기기 위해 하나님의 백성을 죄에 빠지도록 인도했지만, 고라는 모세와 아론을 이스라엘의 지도자들로 임명하신 하나님의 지혜를 의심했다. 이처럼 유다의 대적들은 기독교 교회 안에서의 사도적 지도력과 교훈을 배척했다."[66]라고 정리한다. 유다는 고라와 그 동조자들이 멸망한 것처럼, 이들 꿈꾸는 거짓 교사들의 결국도 당연히 멸망이라고 경고하고 있는 것이다.

유다는 구약의 역사적 인물들인 가인과 발람과 고라의 잘못된 행동들을 언급함으로 그 당시의 가만히 들어온 꿈꾸는 거짓 교사들도 기독교 공동체를 파괴한 범죄 때문에 멸망에 이르게 될 것임을 확실하게 경고하는 것이다. 펄킨스(Perkins)는 유다서 1:11을 해석하면서 유다가 "길에서 걷는 행위"에서 "자신을 잘못에 빠지게 하는 행위"로, "자신을 잘못에 빠지게 하는 행위"에서 "반역으로 멸망당하는 형편"(유 1:11)으로 설명함으로 거짓 교사들의 잘못을 상승의 논리를 사용하여 지적한다고 해석한다.[67] 유다는 가인의 경우는 "가인의 길에 행하였으며"로 묘사하고, 발람의 경우는 "삯을 위하여 어그러진 길로 몰려갔으며"로 묘사하고, 고라의 경우는 "패역을 따라 멸망을 받았도다"(유 1:11)라고 하며 점점 강도를 높여 거짓 교사들의 잘못을 설명한다. 유다는 지금 인간이 잘못을 시작하면 그 잘못의 강도가 심화되는 행동을 한다는 사실을 지적하고 있는 것이다. 인간이 잘못에서 회복할 수 있는 길은 그 잘못을 인지하는 즉시 회개하고 다시는 그 잘못을 범하지 않는 것이다.

유다는 계속 유 1:12-13에서 이들 거짓 교사들이 기독교 교회 내에서 어떤 극악한 일을 하고 있는지를 밝힌다.

첫째, 가만히 들어온 거짓 교사들은 두려움 없이 애찬을 함께 먹는

---

66   Simon J. Kistemaker, *Peter and Jude*, p. 390.

67   Perkins, *First and Second Peter, James, and Jude*, p. 152.

암초(σπιλάς) 역할을 하는 자들이다(유 1:12). 유다는 이들이 "기탄 없이" 성도들과 어울린다고 말한다. 이 말은 이들의 마음속에 전혀 "두려움을 갖지 않고" 자연스럽게 신앙공동체 모임에 끼어들어 미혹하는 일을 거침없이 하고 있다는 뜻이다. 특히 거짓 교사들은 성도들이 진정으로 친교 하는 "애찬"(love feast)에 참여하여 애찬을 더럽히는 일을 감행하고 있기 때문에 유다는 그들이 "너희의 애찬에 암초"(유 1:12)라고 말하는 것이다.[68] 거짓 교사들은 애찬을 빌미로 자신들의 허랑방탕한 삶을 정당화하고 있다.

둘째, 이들은 자기 자신들의 몸만 보살피는 자들이다. 꿈꾸는 거짓 교사들은 이기주의자들로 다른 사람을 전혀 배려하지 않는 사람들이다(유 1:12). 바울은 교회가 성찬을 나눌 때 어떤 이들이 "하나님의 교회를 업신여기고 빈궁한 자들을 부끄럽게"(고전 11:22) 했다고 지적하고 이들을 책망한다(고전 11:20-34). 거짓 교사들은 자신의 몸만 보살피고 다른 사람을 전혀 배려하지 않는다. 여호와 하나님은 에스겔(Ezekiel)을 통해 "내 목자들이 내 양을 찾지 아니하고 자기만 먹이고 내 양 떼를 먹이지 아니하였도다"(겔 34:8)라고 말씀하셨는데 유다는 바로 꿈꾸는 거짓 교사들이 같은 죄를 범하고 있다고 경고한다.

셋째, 이들은 비는 내리지 않고 지나가는 구름과 같은 알맹이 없는 존재들이다. 구름은 물을 품고 다니면서 비를 뿌려 땅을 적시는 것이 정상이다(유 1:12). 아합(Ahab)이 북 이스라엘을 통치하던 때 여호와 하

---

68   John Calvin, *A Harmony of the Gospels Matthew, Mark and Luke, Vol. III and The Epistles of James and Jude* (1975), p. 330-331.: "He says that these feasts are treated with disrespect by offensive men, who afterwards treat themselves to an orgy."

나님께서 엘리야(Elijah)를 통해 "수년 동안 비도 이슬도 있지 아니하리라"(왕상 17:1)라고 말씀하시고 비를 주시지 않다가, 비를 다시 내리게 허락하실 때 엘리야는 "사람의 손 만한 작은 구름"(왕상 18:44) 한 조각을 본다. 그런데 "조금 후에 구름과 바람이 일어나서 하늘이 캄캄해지며 큰 비가 내리는지라"(왕상 18:45)라는 말씀이 뒤를 잇는다. 하나님의 창조 원리는 구름이 많으면 비가 오게 마련이다. 그런데 유다는 꿈꾸는 거짓 교사들이 물 없는 구름과 같은 실속이 없는 무익한 존재들임을 밝힌다.

넷째, 이들은 열매가 풍성해야 할 가을에 열매 없는 죽은 나무와 같은 존재들이다(유 1:12). 유다는 "뿌리까지 뽑힌 열매 없는 가을 나무"(유 1:12)를 은유로 사용하여 거짓교사들을 묘사한다. 유다는 거짓 교사들을 묘사하면서 "죽고 또 죽어"라는 표현을 통해 "두 번 죽었다"(δὶς ἀποθανόντα)라고 설명한다. 거짓 교사들이 두 번 죽었다(twice dead)는 말은 무슨 뜻인가? 가을 나무들은 "뿌리가 뽑힌 것"이 한 번 죽는 것이요, "열매가 없는 것"이 두 번 죽는 것이다. 이 사실을 은유의 의미로 푼다면 거짓 교사들은 "허물과 죄"(엡 2:1)로 이미 한 번 죽었고, 그리고 그들의 삶의 뿌리인 예수 그리스도로부터 끊어짐을 받아 두 번 죽은 것이라 할 수 있다.[69] 유다는 꿈꾸는 거짓 교사들이 두 번 죽은 가을 나무처럼 기독교 공동체에 아무 쓸모가 없는 유해한 존재들임을 분명히 하는 것이다.

다섯째, 이들은 악한 일을 하면서도 부끄러움을 모르는 바다의 거

69   Michael Green, *2 Peter and Jude*, pp. 190-191.

친 물결과 같은 존재들이다(유 1:13). 이 말씀은 이사야서의 말씀을 떠올리게 한다. "악인은 평온함을 얻지 못하고 그 물이 진흙과 더러운 것을 늘 솟구쳐 내는 요동하는 바다와 같으니라"(사 57:20). 바다는 성경 여러 곳에서 부정적인 역할을 하는 것으로 묘사된다(계 16:3 참조). 바다는 아무도 확실하게 다스릴 수 없는 불안정하고 예측할 수 없는 역할을 한다. 성경이 "새 하늘과 새 땅"에 "바다도 다시 있지 않더라"(계 21:1)라고 묘사한 이유는 새 하늘과 새 땅에서는 바다의 파괴적인 역할이 끝났다는 뜻이다. 유다가 사용한 "거품을 뿜는"(ἐπαφρίζω)이란 용어는 신약성경의 이곳에서만 사용된(hapax legomenon) 특별한 용어이다(유 1:13).[70] 유다는 거짓 교사들이 마치 파도가 거품을 뿜어내는 것처럼 그들의 수치를 뿜어내고 있다는 사실을 은유적으로 표현한 것이다. 거짓 교사들은 기독교 공동체에 해악을 끼칠 뿐 유익한 일을 하지 않는 "수치의 거품을 뿜어내는 바다"와 같은 존재들이다.

여섯째, 이와 같이 상기한 다섯 가지 방법으로 기독교 공동체에 해를 끼치는 꿈꾸는 거짓 교사들은 "흑암으로 돌아갈 유리하는 별들"(유 1:13)처럼 소망 없이 영원한 망각 속으로 빠져들어 갈 자들이다. "유리하는 별들"은 어두움을 밝히는 역할을 하지만 별들의 궤도가 오락가락 하기 때문에 항해를 위해 전혀 도움이 안 된다. 유다가 사용한 "유리하는"(πλανῆται)이라는 용어는 유다가 유다서 1:11에서 사용한 "어그러진"(πλάνη)이라는 용어와 어근을 같이 한다. 유다는 이 용어를 사용하

---

70 A. T. Robertson, *A Grammar of the Greek New Testament in the Light of Historical Research* (1934), p. 125.: "He has 20 words (one doubtful) not found elsewhere in the N. T."

여 거짓 교사들이 악마가 미혹하는 행동을 하는 것과 같은 해악을 기독교 공동체에 끼치고 있음을 밝히고 있다.[71] 유다는 이들 거짓 교사들이 갈 곳은 "영원히 예비된 캄캄한 흑암"(유 1:13)이라고 분명히 한다. 하나님의 백성인 교회 공동체를 미혹하고 성도들의 삶의 방향을 혼란스럽게 하는 거짓 교사들은 하나님의 엄중한 심판을 면할 길이 없다. 그들은 소망 없이 영원한 흑암의 망각 속에 처해지게 될 것이다.

이제 유다(Jude)는 유다서 1:14-15을 위경(Pseudepigrapha)인 에녹서(I Enoch)를 인용하여 거짓 교사들의 악행을 다시 한번 설명하고, 유 1:16에서 에녹서의 내용을 거짓 교사들에게 적용한다. 유다는 "아담의 칠대 손 에녹"(유 1:14)의 예언을 전한다. 에녹의 조상을 거슬러 올라가면 에녹(Enoch)-야렛(Jared)-마할랄렐(Mahalalel)-게난(Kenan)-에노스(Enosh)-셋(Seth)-아담(Adam)으로 이어진다(창 5:3-24; 대상 1:1-3). 매이요(Mayor)는 유다가 "아담의 칠대 손 에녹"(유 1:14)이라고 표현한 것은 유대인 저자들이 숫자 칠(7)의 거룩성을 강조하기 때문일 개연성이 있다고 해석한다.[72] 에녹은 하나님과 동행한 성도로 "하나님이 그를 데려가시므로 세상에 있지 아니하였더라"(창 5:24)라는 말씀이 뜻하는 것처럼 죽음을 보지 않았다. 성경에 기록된 인물들 중 하나님이 죽음을 보지 않게 하시고 데려가신 사람은 에녹과 엘리야(Elijah) 두 사람밖에 없다(창 5:24; 왕하 2:11). 바로 이렇게 경건한 삶을 산 에녹이 거짓 교사들

---

71 H. Braun, "πλανάω, πλάνη, πλανήτης," *Theological Dictionary of the New Testament*, Vol. VI (Grand Rapids: Eerdmans, 1971), p. 250.

72 J. B. Mayor, "The General Epistle of Jude," *The Expositor's Greek Testament*, p. 271.: "It is probably the sacredness of the number 7 which led the Jewish writers to lay stress upon it in Enoch's case."

에 대해 예언을 한 것이다.

유다는 에녹서를 잘 알고 있었음에 틀림없다. 유다는 유다서 1:14
을 에녹서(I Enoch 1:9)에서 거의 문자 그대로 인용한다. 유다가 에녹서
를 바울서신들이나 다른 성경과 동등하게 취급했다는 증험은 찾아낼
수 없지만, 적어도 유다는 에녹서의 내용을 그의 논의(argument)를 지
원하기 위해 인용한 것으로 보아 에녹서를 높이 평가한 것임은 틀림없
다.[73] 유다는 에녹서에 기록된 "거짓 교사들"에 대한 에녹의 예언을 "보
라 주께서 그 수만의 거룩한 자와 함께 임하셨나니"(유 1:14)라는 말로
시작한다. 에녹의 예언 중 "주께서"의 "주"(κύριος)는 에녹의 관점에서
는 여호와 하나님을 가리킨다고 생각할 수 있지만, 유다가 이 말씀을
인용한 유다의 관점에서는 "주 예수 그리스도"를 가리킴이 틀림없다.
유다는 지금 예수 그리스도께서 강림하시면 셀 수조차 없는 수만의 거
룩한 자와 함께 오셔서 거짓 교사들을 심판하실 것을 예고하고 있는
것이다(참조, 마 16:27; 24:30-31; 25:31). 주 예수 그리스도는 재림하셔서
모든 사람을 판단하시되 경건한 자들에게는 그의 자비를 베푸실 것이
지만, 불경건한 자들에게는 그들이 행한 대로 정죄하실 것이다(요 5:27-
29). 유다는 에녹서에 기록된 내용을 활용하여 그 당시의 "가만히 들어
온 거짓 교사들"(유 1:4, 8, 11)이 하나님께 반역하고 교회공동체를 미혹
하게 하는 일에 대해 확실한 심판이 있을 것임을 "이는 뭇 사람을 심판

---

[73] Donald Guthrie, *New Testament Introduction* (Downers Grove: Inter-Varsity Press, 1974), p. 917. I Enoch은 처음에는 기독교 교회에서 많이 읽혀졌으나 후에 정경에는 포함 되지 않았다. 에녹서의 인용과 관련한 유다서의 정경성 문제는 "4. 유다서의 정경성 문제" 부분과 유 1:6의 해석 부분을 참고하기 바란다.

하사"(유 1:15)라는 말로 분명히 한다.[74]

그리고 유다는 유 1:15에서 거짓 교사들이 행한 악행을 두 가지로 정리한다. 그것은 그들이 행한 "경건하지 않은 행위(way)"와 "주를 거슬러 한 모든 완악한 말(words)"이다(유 1:15). 그들의 범행은 "행동과 말"에서 나타난다. 칼빈(Calvin)은 "그는(유다) 행위와 말에 대해 이야기한다. 왜냐하면 이 부패 전달자들이 악한 생활을 통해서 뿐만 아니라 많은 부분 불순하고 부적절한 말을 통해 그들의 악행을 저질렀기 때문이다."[75]라고 설명한다. 유다는 거짓 교사들의 행동과 말이 얼마나 불경건한 것인지를 강조하기 위해 "경건하지 않은"이란 표현을 네 번이나 사용한다.[76] 이 말씀은 예수님 재림 때에 무섭게 정죄 받을 죄가 불경건이라는 사실을 암시한다. 유다는 기독교 공동체에 해악을 끼친 거짓 교사들의 결국은 예수님의 심판을 받아 정죄될 것임을 분명히 한다(유 1:15).

이제 유다는 "가만히 들어온 사람"(유 1:4)을 가리켜 "이 사람들은"(유 1:16)으로 표현한다. 유다는 교회에 해악을 끼치는 사람들을 가리켜

[74] William Hendriksen (*Survey of the Bible,* Grand Rapids: Baker, 1976, p. 367)은 유다가 위경인 에녹서(The Book of Enoch)와 모세의 승천(The Assumption of Moses)에서 인용한 것을 인정하지 않고 다만 유다가 어디에서 이 정보를 얻었는지는 알 수 없다고 말한다. Hendriksen은 "그것은 문제가 되지 않는다. 사실은 유다가 기록한 것이 진정으로 영감되었다는 것이다."(p. 367)라고 정리한다.

[75] Calvin, *A Harmony of the Gospels Matthew, Mark and Luke, Vol. III and The Epistles of James and Jude* (1975), p. 332.

[76] "경건하지 않은"(ἀσέβεια, ἀσεβής)이란 용어는 헬라어 원문에서는 3회 나타나지만 한글 번역(개역한글, 개역개정)에는 4회 사용되고 있으며, 영어번역(NIV, NKJV, RSV, ESV, NASB)도 "ungodly"를 4회 사용한다. 그 이유는 헬라어의 문장 구조상 "경건하지 않은"이란 표현을 덧붙여 번역하는 것이 문장 이해에 도움이 되기 때문이다. 바른성경은 "이는 모든 이들을 심판하시고 그들이 경건하지 않게 행한 모든 불경건한 행위와 불경건한 죄인들이 주께 거슬러 말한 모든 사나운 말에 대하여 정죄하시려는 것이다"(유 1:15)라고 번역함으로 "경건하지 않은"을 3회 사용하여 헬라어 원본과 일치시켰다.

"가만히 들어온 사람"(유 1:4)으로 표현하기도 하고, "꿈꾸는 이 사람들"(유 1:8)이라고 표현하기도 하며, 또 단순히 "이 사람들"(유 1:10, 11, 14, 16, 19)이라는 표현을 사용하기도 한다. 유다는 유 1:16에서 이 사람들의 악행을 다섯 가지로 설명한다.

첫째, 이 사람들은 "원망하는 자"들이다. 유다는 신약성경 중 이곳에서만 사용된(hapax legomenon) 의성어(擬聲語), 즉, 소리흉내말인 "원망하는 자"(γογγυστής)라는 표현을 사용하여 거짓 교사들을 묘사한다. 거짓 교사들은 자신들의 삶과 하나님에 대해 항상 원망하는 말을 입에 달고 다녔다.[77]

둘째, 이 사람들은 "불만을 토하는 자"들이다. 유다는 "원망하는 자"와 마찬가지로 신약성경 중 이곳에서만 사용된(hapax legomenon) "불만을 토하는 자"(μεμψίμοιρος)라는 특이한 용어로 거짓 교사들을 묘사한다. 키스터마커(Kistemaker)는 "그들은(거짓 교사들은) 그들의 역경과 손실과 실망에 대해 하나님에게 책임이 있다고 생각한다. 그들은 하나님에 대해 혹독한 말을 하는 불경건한 죄인들이다."[78]라고 해석한다. 거짓 교사들은 하나님을 대항하여 불만을 토하고, 하나님이 그들에게 제공한 그들의 인생행로에 대해 불만을 토하며, 또한 하나님의 인도하심을 불만족스럽게 생각한다.[79] 거짓 교사들은 그들이 소유한 어느 것도

77 A. J. Hess, "γογγύζω," *Exegetical Dictionary of the New Testament*, Vol. 1 (Grand Rapids: Eerdmans, 1990), pp. 256-257.

78 Simon J. Kistemaker, *Peter and Jude*, p. 399.

79 W. Grundmann, "μεμψίμοιρος," *Theological Dictionary of the New Testament*, Vol. IV (Grand Rapids: Eerdmans, 1973), p. 574.

만족하지 못하며 모든 것을 제공하신 하나님을 모욕하는 말을 다반사로 하는 사람들이다.

셋째, 이 사람들은 "정욕대로 행하는 자"들이다. 본 구절을 문자적으로 번역하면 "그들 자신의 소원대로 행하는 자"(κατὰ τὰς ἐπιθυμίας ἑαυτῶν πορευόμενοι)로 번역할 수 있다. 그러므로 "소원대로"는 악행과 관련 없이 중립적으로 사용될 수 있다.[80] 하지만 본 구절의 "소원대로"는 부정적 의미로 사용된 것이 확실하다. 왜냐하면 유다는 뒤따르는 유다서 1:18에서 같은 표현인 "정욕대로 행하며"(유 1:18)를 사용하면서 "경건하지 않은"(ἀσεβειῶν)이란 수식어를 사용하여 한정하고 있기 때문이다. 그러므로 거짓 교사들은 경건하지 않은 소망을 가지고 그 소망에 따라 경건하지 않은 행동을 하면서 사는 사람들이다.

넷째, 이 사람들은 "입으로 자랑하는 말을" 하는 자들이다. 유다가 사용한 "자랑한다"(ὑπέρογκος)는 용어는 신약성경에서 유 1:16과 벧후 2:18의 두 곳에서만 사용되는 용어로 바로 거짓 교사들을 묘사할 때 사용하는 용어이다. 거짓 교사들은 "허탄한 자랑의 말을 토하는"(벧후 2:18) 사람들이다. 거짓 교사들은 실속 없고 내용 없는 말로 성도들을 미혹하고 넘어지게 하는 자들이다.

다섯째, 이 사람들은 "자신의 이익을 위해 아첨하는" 자들이다(유 1:16). 거짓 교사들은 자신들의 물질적인 이익을 위해 공평을 상실하고

---

80 H. Hübner, "ἐπιθυμία, ἐπιθυμέω," *Exegetical Dictionary of the New Testament*, Vol. 2 (Grand Rapids: Eerdmans, 1991), p. 27.: "As in the LXX, where ἐπιθυμέω is most often used in an ethically neutral sense to designate humankind in its need (e.g., Gen 31:30; Deut 14:26), in the NT in most reference (11 of 16) it has the ambivalent sense, *desire, strive for, long to have/do/be* something."(italics original)

편파적인 말을 일삼는 사람들이다. 야고보서(James)는 "너희끼리 서로 차별하며 악한 생각으로 판단하는 자"(약 2:4)가 되지 말라고 권면하고 "만일 너희가 사람을 차별하여 대하면 죄를 짓는 것이니 율법이 너희를 범법자로 정죄하리라"(약 2:9)라고 경고하고 있다. 거짓 교사들은 "그들의 오만으로 하나님의 명예를 업신여겼고 그들의 아첨으로 그의 동료들을 속였다."[81] 가만히 들어온 거짓 교사들은 하나님을 모욕하는 자들이며, 교회 공동체에 분열을 야기하고, 성도들을 미혹하여 넘어지게 하며, 자신들의 배만 채우는 자들이다.

4. 훈계와 권면(유 1:17-23)

[17] 사랑하는 자들아 너희는 우리 주 예수 그리스도의 사도들이 미리 한 말을 기억하라 [18] 그들이 너희에게 말하기를 마지막 때에 자기의 경건하지 않은 정욕대로 행하며 조롱하는 자들이 있으리라 하였나니 [19] 이 사람들은 분열을 일으키는 자며 육에 속한 자며 성령이 없는 자니라 [20] 사랑하는 자들아 너희는 너희의 지극히 거룩한 믿음 위에 자신을 세우며 성령으로 기도하며 [21] 하나님의 사랑 안에서 자신을 지키며 영생에 이르도록 우리 주 예수 그리스도의 긍휼을 기다리라 [22] 어떤 의심하는 자들을 긍휼히 여기라 [23] 또 어떤 자를 불에서 끌어내어 구원하라 또 어떤 자를 그 육체로 더럽힌 옷까지도 미워하되 두려움으로 긍휼히 여기라 (유 1:17-23)

---

81   Simon J. Kistemaker, *Peter and Jude*, p. 399.

유 1:17-23 유다는 지금까지 에녹서를 인용하여 경건하지 않은 자들의 해악을 지적하고(유 1:14-16) 이제 유다서 1:17-23에서는 교회 공동체가 불경건한 거짓 교사들의 말과 행동에 대해 어떻게 대처해야할지를 권면한다. 유다는 이미 유다서 1:3에서 언급한 "사랑하는 자들아"(ἀγαπητοί)라는 표현을 이 단락에서 두 번(2회)이나(유 1:17, 20) 사용하여 교회 공동체에 대한 그의 애정을 표현한다. 성도들이 기억해야 할 것은 주 예수 그리스도의 사도들이 미리 예고한 말이다(유 1:17). 사도들은 "마지막 때"(ἐπ᾽ ἐσχάτου τοῦ χρόνου)에 경건하지 않고, 정욕대로 행하고, 조롱하는 자(유 1:18)들이 나타날 것을 예고했다. "마지막 때"는 그리스도의 오심으로 시작되었다(행 2:17; 히 1:2; 벧전 1:20; 갈 4:4). 유다는 마지막 때에 교회 공동체를 미혹에 빠뜨리는 거짓 교사들이 등장할 것이므로 성도들은 옷깃을 여미면서 사도들의 말을 들어야 한다. 사도들의 교훈은 예수 그리스도께서 그의 죽음과 부활을 통해 성취하신 복음의 핵심이다. 그래서 초대 예루살렘 교회도 "사도의 가르침을 받아"(행 2:42) 활동을 한 것이다. "사도들의 가르침"은 바로 예수님의 교훈이나 다름없다(요 17:17, 19; 행 1:21-22). 마지막 때는 예수님의 초림으로 시작되었으며(욜 2:28-32; 행 2:17; 히 1:2; 벧전 1:20; 갈 4:4) 예수님의 재림 때까지 계속 진행될 것이다(고전 15:23-24; 약 5:3; 벧전 1:5). 성도들은 현재 "지금"이라 불리는 마지막 때에 살고 있다(고후 6:2). 유다는 여기서 사도들이 예고한 거짓 교사들의 악행에 대해 몇 가지로 정리한다.

첫째, 사도들이 예고한 거짓 교사들의 불경건한 일은 "자기의 경건하지 않은 정욕대로 행하며 조롱하는 자들이 있을 것"(유 1:18)이라는 것이다. 유다는 조롱하는 자들이 나타날 것을 사도들이 이미 예고 해

두었다고 말한다. 유다가 사용한 "조롱하는 자"(ἐμπαίκτης)라는 용어는 신약성경에서 베드로후서 3:3과 유다서 1:18의 두 곳에서만 나타나는 비교적 희귀한 용어이다. 거짓 교사들이 조롱을 한다는 것은 그들이 하나님의 말씀에 무지해서 그런 행동을 하는 것은 아니다. 그들은 하나님의 계시의 말씀을 사용하여 오히려 하나님을 조롱하는 것이다. 유다는 이미 가만히 들어온 거짓 교사들이 하나님의 계시에 적대적이었고, 경건하지 않은 자들이었으며 예수 그리스도를 부인하는 자들이었음을 밝혔다(유 1:4).[82] 이렇게 하나님의 말씀을 사용하여 조롱하는 행위는 경미한 일이 아니요 심각한 것이다. 결국 거짓 교사들은 하나님과 그의 말씀과 그의 백성을 조롱하는 것이기 때문에 이들의 조롱은 하나님의 심판을 면하기 어렵다.[83]

둘째, 거짓 교사들은 "분열을 일으킬 것"(유 1:19)이다. 유다는 거짓 교사들이 편파적인 생각과 행동을 하는 사람들이라고 규정한다. 유다가 사용한 "분열을 일으키는 자"(ἀποδιορίζω)라는 용어는 신약성경 중 유다서 1:19에서만 사용된(hapax legomenon) 용어이다. 거짓 교사들은 파벌을 만들고 분열을 일으키는 사람들이다. "분열을 일으키다"라는 용어는 "한계를 정한다"라는 말에서 유래한다. 그런데 본 구절의 "한계를 정한다"(διορίζω)라는 용어의 더 자연스럽고 문자적인 의미는 '윤곽을 정한다'라는 의미와 함께 '분열하다'라는 뜻이다. 이런 의미에서 유다서 1:18 이하의 반항하는 거짓 교사들은 그들의 교훈으로 쪼개고 분

---

82   G. Bertram, "ἐμπαίκτης," *Theological Dictionary of the New Testament*, Vol. V (Grand Rapids: Eerdmans, 1973), p. 630.

83   Kistemaker, *Peter and Jude*, pp. 401-402.

열시키는 사람들이다."[84] 거짓 교사들은 자신들만을 중심으로 원을 그리므로 다른 사람들을 용납할 수가 없다.

셋째, 거짓 교사들은 "육에 속한 자며 성령이 없는 자"(ψυχικοί, πνεῦμα μὴ ἔχοντες)의 행동과 말을 할 것이다(유 1:19). 어떤 해석자들은 2세기의 영지주의(Gnosticism)[85]가 영과 육을 대칭적으로 이해하여 육은 악하고 영은 선한 것으로 생각하는 이론을 유다가 여기서 사용하고 있다고 해석한다. 하지만 유다가 영지주의의 이론을 여기서 사용했다고 주장하는 것에는 무리가 따른다. 물론 유다서에 영지주의적인 용어가 사용된 것만은 확실하지만 그렇다고 유다가 A.D. 64-68년경에 유다서를 쓰면서 앞으로 100년 후에 활발했던 영지주의의 이론을 인용했다고 말할 수 없기 때문이다. 오히려 영지주의자들이 유다가 이미 사용한 용어를 사용하여 그들의 이론에 적용했다고 보는 것이 옳다.[86]

84　K. L. Schmidt, "ὁρίζω, ἀποδιορίζω," *Theological Dictionary of the New Testament*, Vol. V (Grand Rapids: Eerdmans, 1973), pp. 455-456.

85　영지주의(Gnosticism)는 역사적인 예수를 단순한 인간이었다고 주장하고 하늘의 그리스도가 예수님의 생애의 어느 시점에 예수님을 소유하게 되었는데 예수님이 십자가를 지시기 전 예수님을 떠났기 때문에 십자가상에서 죽은 것은 오로지 인간인 예수였을 뿐이라고 주장한다. 영지주의는 그리스도가 육신을 입었다는 진리를 받지 못한다. Cf. A. M. Renwick, "Gnosticism," *Baker's Dictionary of Theology* (Grand Rapids: Baker, 1975), pp. 237-238.; 참조, 박형용, 『바울신학』. (수원: 합신대학원출판부, 2016), p. 46.

86　Simon Kistemaker, *Peter and Jude* (1987), p. 404.: "Although we know these key words were employed in second-century Gnostic teaching, we have no evidence that Gnosticism was an issue one hundred years earlier when Jude wrote his epistle. Perhaps we can say that the heretics in Jude's day were forerunners of the movement which in the second century became known as Gnosticism. 'It is safer to interpret Jude's words in their own context.'"; Cf. Richard J. Bauckham, *Jude, 2 Peter* (1983), p. 106.; Michael Green, *2 Peter and Jude*, p. 198.: "It is probably with a prototype of Gnosticism that we have to do here."

유다가 거짓 교사들이 "육에 속한 자며 성령이 없는 자니라"(유 1:19)라고 말한 것은 거짓교사들이 성령의 인도하심을 따르지 않고 자연적인 충동을 따라 행동하고 말하는 사람들임을 밝히는 것이다. 거짓 교사들은 일반 성도들을 "육에 속한 자"(ψυχικοί)라고 생각하고, 자신들은 "영에 속한 자"(πνευματικοί)로 생각하여 기독교 공동체를 분열시키는 사람들이지만 사실은 그들이 "육에 속한 자며 성령이 없는 자"들이라고 유다는 지적하고 있는 것이다. 예수를 믿는 성도들은 성령이 그 안에 내주하시기 때문에 모두 "영적인 사람"들이다. 예수를 믿는 성도가 죄를 범하거나 실족하는 것은 아직도 아담(Adam)의 질서로 받은 몸을 가지고 살고 있기 때문에 실족하는 것이지 잠시 죄를 범했다고 해서 "육에 속한 자"로 전환되는 것은 아니다. 성도들의 영적인 신분은 "내가 확신하노니 사망이나 생명이나 천사들이나 권세자들이나 현재 일이나 장래 일이나 능력이나 높음이나 깊음이나 다른 어떤 피조물이라도 우리를 우리 주 그리스도 예수 안에 있는 하나님의 사랑에서 끊을 수 없으리라"(롬 8:38-39)라는 말씀처럼 확실하게 보장 받는다.

유다는 이제 "사랑하는 자들아"(ἀγαπητοί)라는 표현을 다시 한번 세 번째로 사용한다(유 1:3, 17, 20). 유다는 세 번째 중 마지막으로 "사랑하는 자들아"(유 1:20)라고 애정을 담아 편지의 독자들에게 그의 마음을 표현한다. 편지의 구조로 보아 유 1:20-23의 내용이 유다가 유다서를 쓰는 주요 목적이라고 할 수 있다. 유다는 원래 "일반으로 받은 구원에 관하여"(유 1:3) 편지를 쓰려고 하던 차에 "가만히 들어온 거짓 교사들"(유 1:4) 때문에 "믿음의 도를 위하여 힘써 싸우라"(유 1:3)고 권면해야 할 필요를 느껴 유다서를 쓰게 되었다고 말한다. 그리고 유다는 계속해서 거짓 교사들이 어떤 악행과 미혹하는 말로 교회 공동체를 괴롭혔는지를 구약의 예와 위경의 예를 들어 설명하고 이제 본 구절에서 유다서의 독자들에게 거짓 교사들을 대할 때 어떻게 대처하고 행동해야 할 것인지를 제시하고 있는 것이다(유 1:20-23).

유다는 유다서 1:20-21에서 "하나님의 사랑 안에서 자신을 지키며"(유 1:21)를 주 문장으로 처리한다. 본문의 번역(개역개정)이 "지키며"로 되어 있으나 헬라 원문은 명령형(Imperative)이기 때문에 "지키라"(τηρήσατε)[87]로 번역하는 것이 옳다. 유다는 "하나님의 사랑 안에서 자신을 지키라"(유 1:21)를 주된 문장으로 삼고 "너희의 지극히 거룩한 믿음 위에 자신을 세우며"(ἐποικοδομοῦντες)와 "성령으로 기도하며"(προσευχόμενοι)와 "영생에 이르도록 우리 주 예수 그리스도의 긍휼을 기다리면서"(προσδεχόμενοι)를 분사로 처리했다. 그러므로 유다서 1:20-21을 "사랑하는 자들아 너희는 너희의 지극히 거룩한 믿음 위에 자신을 세우며 성령으로 기도하며 영생에 이르도록 우리 주 예수 그리스도의 긍휼을 기다리면서 하나님의 사랑 안에서 자신을 지키라"(사역)로 번역할 수 있다.[88] 유다는 하나의 주 동사와 세 개의 분사를 사용하여 유다서 1:20-21을 기록한 것이다. 유다는 본 구절에서 삼위일체(Trinity)이신 성부, 성자, 성령을 언급한다. 그러면 유다가 독자들에게 권면하는 내용들은 무엇인가?

첫째, 성도들은 지극히 거룩한 믿음 위에 자신을 세워야 한다(유

87 "지키라"(τηρήσατε)는 τηρέω 의 단순과거, 능동태, 2인칭, 복수, 명령형이다.

88 물론 헬라어의 분사가 명령의 뜻으로 이해될 수도 있기 때문에 여기서 유다가 분사형을 사용하여 명령의 의미를 함축하고 있다고 생각할 수 있다. Cf. Maximilian Zerwick, *Biblical Greek* (Roma: Editrice Pontificio Istituto Biblico, 1963), pp. 129-130 (# 373)

307

1:20). 유다는 편지를 시작할 때 "단번에 주신 믿음의 도"(유 1:3)라는 표현을 통해 "믿음"을 이미 언급했다. 유다가 유 1:3에서 사용한 "믿음의 도"라는 표현은 "주관적인 믿음"을 가리키는 것이 아니요, "객관적인 믿음"을 가리킨다. 유다는 믿음의 내용이 훼손되지 않도록 성도들에게 힘써 싸우라고 권면하고 있는 것이다. 그런데 유다는 편지의 말미에 다시 한번 "믿음"을 언급한다. 유다는 "믿음"을 설명하면서 거룩이란 말의 최상급(superlative form)인 "지극히 거룩한"(ἁγιωτάτῃ)을 사용하여 "믿음"을 수식하게 한다. 키스터마커(Kistemaker)는 "이 믿음은 사도들이 가르쳤던 (참고, 행 2:42) 기독교 교리의 몸체이다. 여기 사용된 믿음은 성도들이 예수 그리스도를 믿는 개인적인 신뢰인 주관적 믿음이 아니요, 교회(the body of Christ)의 기초인 객관적인 믿음(기독교 신념)을 가리킨다."[89]라고 설명한다. 유다는 거짓 교사들이 온갖 달콤한 말과 행동으로 성도들을 넘어지게 하는 이 때에 성도들은 "지극히 거룩한" 기독교의 진리 위에 자신을 확실하게 고정시켜야 한다고 권면하고 있다.

둘째, 성도들은 성령으로 기도해야 한다(유 1:20). 거짓 교사들은 "성령이 없는 자"(유 1:19)들이지만 성도들은 성령을 소유한 사람들이기 때문에 "성령으로 기도"(유 1:20) 해야 한다. 사람이 예수를 믿으면 그 순간부터 성령은 성도 안에 내주하기 시작한다(고전 3:16; 6:19; 12:3). 성도 안에 내주하시는 성령은 성도가 무엇을 구할지 가르쳐 주신다(롬 8:26). 그래서 바울은 "모든 기도와 간구를 하되 항상 성령 안에서 기도하고 이를 위하여 깨어 구하기를 항상 힘쓰며 여러 성도를 위하여 구

---

89   Simon Kistemaker, *Peter and Jude* (1987), p. 405.

하라"(엡 6:18)라고 권면하는 것이다. 칼빈(Calvin)은 성령이 지도하지 않으면 아무도 옳은 방법으로 기도할 수 없기 때문에 유다가 "성령으로 기도하라"라고 진정으로 잘 말하고 있다고 해석한다.[90]

셋째, 성도들은 영생에 이르도록 우리 주 예수 그리스도의 긍휼을 기다리면서 살아야 한다(유 1:21). 유다는 "기다리라"(προσδεχόμενοι)는 표현을 통해 성도에게는 소망이 있음을 확인한다. 성도들은 이미 "영생"을 소유하고 사는 사람들이다(요 5:24; 약 1:12). 그러므로 성도들의 소망 성취는 그 시간성만 미래로 남겨둔 것뿐이지 예수님을 구주로 영접할 때 이미 소유한 것이다(롬 8:1, 23-25; 딛 2:13). 성도들은 이미 하나님 나라의 시민권을 소유하고 산다(빌 3:20). 유다는 이와 같은 복된 영생을 허락받은 성도들은 하나님이 종국적으로 성취하실 큰 역사를 대망하면서 살아야 한다고 강조하고 있다. 성도들이 기다려야 할 "긍휼"은 심판의 반대로 마지막 종말의 완성 때에 성도들에게 주어질 종말론적인 축복을 뜻한다. 이 하나님의 긍휼은 이미 예수 그리스도를 통한 인간의 구원 사역에서 나타났지만 그 완성이 미래로 남아 있을 뿐이다(눅 1:78; 롬 9:23; 엡 2:4; 벧전 1:3).[91] 성도들은 이미 하나님의 긍휼의 가슴속에 안겨있지만 그 긍휼의 완성을 바라보는 것이다.

넷째, 유다는 성도들이 "하나님의 사랑 안에서 자신을 지키라"(유 1:21)라고 명령한다. 유다는 유다서 1:20을 "사랑하는 자들아"(ἀγαπητοί)

---

90   Calvin, *A Harmony of the Gospels Matthew, Mark and Luke, Vol. III and The Epistles of James and Jude* (1975), p. 335.

91   Gene L. Green, *Jude & 2 Peter* (*Baker Exegetical Commentary on the New Testament*) (Grand Rapids: Baker Academic, 2008), p. 123.

라고 시작한 후 유다서 1:20-21에서 세 개의 분사를 사용하여 성도들
이 실천해야 할 교훈들을 열거하고(지금까지 열거한 첫째, 둘째, 셋째의 내
용) 유다서 1:21에서 "지키라"(τηρήσατε)라는 명령형(Imperative)을 사
용하여 "하나님의 사랑 안에서 자신을 지키는 것"(유 1:21)이 명령의 주
된 목적임을 드러낸다.[92] 문장의 구조로 볼 때 분사가 이끄는 첫째, 둘
째, 셋째의 내용은 넷째의 명령의 내용이 실현될 수 있도록 하는 보조
적인 역할을 한다. 물론 첫째, 둘째, 셋째의 내용이 확보되지 아니하면
넷째의 주된 목적도 성취될 수 없으므로 여기서 유다가 제시하는 교훈
모두가 중요한 것은 사실이다. 유다는 "하나님의 사랑 안에서" 자신을
지키라고 명령한다. 본 구절의 "하나님의 사랑"은 문맥에 비추어 볼 때
"하나님을 향한 인간의 사랑"을 뜻하지 않고, "인간을 향한 하나님의
사랑"(유 1:1 참조)을 뜻한다. 그러나 하나님의 사랑을 받은 사람은 하나
님을 사랑하지 않을 수 없고 다른 동료들도 사랑해야만 하기 때문에 "하
나님의 사랑 안에서"를 날카롭게 한정시켜 "인간을 향한 하나님의 사랑"
만으로 한정시킬 필요는 없다(유 1:2, 22 참조). 유다는 성도들에게 "지극
히 거룩한 믿음(faith)," "성령으로 기도(prayer)," "하나님의 사랑(love),"
"예수 그리스도의 긍휼(mercy)"을 언급하면서 하나님과 다른 성도들을

---

[92] 비슷한 문장 구조가 우리에게 익숙한 마 28:19-20에서도 발견된다. 마태는 "가
서"(πορευθέντες)를 분사로, "세례를 베풀고"(βαπτίζοντες)를 분사로, "가르
쳐"(διδάσκοντες)를 분사로, 그리고 "지키게 하라"(τηρεῖν)를 부정사로 처리하고, 그리고
"제자로 삼아"(μαθητεύσατε)를 명령형으로 처리한다(단순과거, 능동태, 2인칭, 복수, 명령
형). 그러므로 마 28:19-20의 주된 교훈은 제자로 삼는 것이다. 그러므로 문장의 구조를 살
려 번역하면 "그러므로 너희는 가서 아버지와 아들과 성령의 이름으로 세례를 베풀어서 내
가 너희에게 분부한 모든 것을 가르쳐 지키게 함으로 모든 민족을 제자로 삼으라."(사역)라
고 할 수 있다.

사랑함으로 믿는 자의 정체성을 지키라고 명령하고 있다(유 1:20-21).

유다는 이제 무엇을 위해 성도들이 "하나님의 사랑 안에서 자신을 지켜야 하는지를" 설명한다(유 1:22-23). 하나님의 사랑을 받은 성도들은 동료 성도들을 위해 봉사해야 한다. 유다의 형제인 야고보(James)는 "행함이 없는 믿음은 그 자체가 죽은 것이라"(약 2:17)라고 말하고, "영혼 없는 몸이 죽은 것같이 행함이 없는 믿음은 죽은 것이니라"(약 2:26)라고 강하게 설파한다. 마찬가지로 유다는 "지극히 거룩한 믿음 위에"(유 1:20) 서 있으며, "하나님의 사랑"(유 1:21)을 체험한 성도들은 "어떤 의심하는 자들을 긍휼히 여기라,"(유 1:22) "어떤 자를 불에서 끌어내어 구원하라," "어떤 자를 두려움으로 긍휼히 여기라"(유 1:23)라고 세종류의 사람들에 대해 성도들이 취해야 할 행동 원리를 제시하고 있다. 유다서 1:22-23의 사본 상의 차이로 인해 유다(Jude)가 성도들에게 권면하면서 두 그룹의 사람을 생각했는지 아니면 세 그룹의 사람을 생각했는지에 대한 견해가 나누인다.

우선 유다가 두 그룹의 사람들을 생각했다는 견해를 지지하는 사본은 유다서 1:22-23의 내용을 두 그룹의 사람들로 나눈다. 두 그룹의 사람들(two groups of people)로 나누는 사본 중 가장 신빙성이 있는 사본은 "어떤 의심하는 자들을 긍휼히 여기고 불에서 끌어내어 구하라, 어떤 자들을 두려움으로 긍휼히 여기라"[93]라고 처리한다. 그런데 본문을

---

[93] B 사본(4 세기)은 두 개의 οὓς를 사용하여 καὶ οὓς μὲν ἐλεᾶτε διακρινομένους σῴζετε ἐκ πυρὸς ἁρπάζοντες, οὓς δὲ ἐλεᾶτε ἐν φόβῳ.(유 1:22-23)라고 본문을 처리한다. 그런데 C' 사본과 K, L, P 사본은 "긍휼히 여기라"(ἐλεᾶτε) 대신 "책망하라"(ἐλέγχετε)를 사용하거나 본문의 내용을 재구성하여 두 그룹의 사람으로 처리한다. C' 사본(5세기)은 "어떤 의심하는 자들을 책망하라, 어떤 자들을 불에서 끌어내어 두려움으로 구하라" (καὶ οὓς

세 그룹의 사람들(three groups of people)로 나누는 사본은 "어떤 의심하는 자들을 긍휼히 여기라, 어떤 자들을 불에서 끌어내어 구원하라, 어떤 자들을 두려움으로 긍휼히 여기라"[94]로 본문을 정리한다.

여기서 우리는 유다가 두 그룹의 사람을 생각하고 편지를 썼는지 아니면 세 그룹의 사람을 생각하고 편지를 썼는지 밝힐 필요가 있다. 현존하는 사본의 신빙성을 근거로 판단할 때 우리는 아직도 의심의 구름 속에서 벗어날 수가 없다. 하지만 최선의 선택은 유다가 세 그룹의 사람들을 생각하고 편지를 썼다고 인정하는 것이다. 그 이유는 유다가 유다서를 쓰면서 세 그룹의 표현을 즐겨 사용했기 때문이다(유 1:2, 4, 8, 11). 그러므로 유다서 1:22-23의 경우도 유다가 두 그룹의 사람들을 생각했다고 받는 것보다는 문맥상 세 그룹의 사람들을 생각했다고 인정하는 것이 더 타당하다. 그리고 어떤 사본은 "긍휼히 여기라"($\dot{\epsilon}\lambda\epsilon\hat{\alpha}\tau\epsilon$)(א, B) 대신 "책망하라"($\dot{\epsilon}\lambda\dot{\epsilon}\gamma\chi\epsilon\tau\epsilon$)(A, C*)를 원문으로 채택하였는데 더 나은 사본의 지지를 받는 "긍휼히 여기라"($\dot{\epsilon}\lambda\epsilon\hat{\alpha}\tau\epsilon$)가 유다가 선택한 본문으로 보는 것이 더 타당하다.[95]

μὲν ἐλέγχετε διακρινομένους, οὓς δὲ σῴζετε ἐκ πυρὸς ἁρπάζοντες ἐν φόβῳ.)로 처리하고, K 사본(9세기)과 L 사본(9세기) 그리고 P 사본(9세기)은 "의심하는 자들을 긍휼히 여기라, 어떤 자들을 불에서 끌어내어 두려움으로 구하라" (καὶ οὓς μὲν ἐλεεῖτε διακρινόμενοι, οὓς δὲ ἐν φόβῳ σῴζετε ἐκ πυρὸς ἁρπάζοντες.)라는 문장구문을 선호한다.

94 א 사본(4 세기)은 세 개의 οὓς를 사용하여 καὶ οὓς μὲν ἐλεᾶτε διακρινόμενους, οὓς δὲ σῴζετε ἐκ πυρὸς ἁρπάζοντες, οὓς δὲ ἐλεᾶτε ἐν φόβῳ.(유 1:22-23)라고 본문을 구성한다. 그리고 A 사본(5세기)은 "긍휼히 여기라"(ἐλεᾶτε) 대신 "책망하라"(ἐλέγχετε)를 사용하여 "어떤 의심하는 자들을 책망하라, 어떤 자들을 불에서 끌어내어 구원하라, 어떤 자들을 두려움으로 긍휼히 여기라" (καὶ οὓς μὲν ἐλέγχετε διακρινομένους, οὓς δὲ σῴζετε ἐκ πυρὸς ἁρπάζοντες, οὓς δὲ ἐλεεῖτε ἐν φόβῳ.)라고 읽는다.

95 Bruce M. Metzger, *A Textual Commentary on the Greek New Testament* (1971), pp. 727-

그러면 유다는 세 그룹의 사람들에게 무슨 권면을 하는가? 유다의 서신을 받는 성도들은 거짓 교사들의 경건하지 않은 행동과 미혹 앞에서 어떤 삶의 자세를 가져야 하는가?

첫째로 성도들은 "의심하는 자들을 긍휼히"(유 1:22) 여겨야 한다. 믿는 성도 중에는 믿음이 강한 자가 있고 믿음이 연약한 자가 있다. 믿음이 연약한 자는 이단들의 미혹에 쉽게 빠질 수 있고 기독교의 진리를 의심할 수 있다. 유다는 지금 이와 같은 연약한 성도들을 비난만 하지 말고 자비와 사랑의 손길을 내밀어 도와주어야 한다고 권면한다. 마치 바울(Paul)이 "믿음이 연약한 자를 너희가 받되 그의 의견을 비판하지 말라"(롬 14:1)라고 권면하는 말씀과 같은 권면이다. 바울은 일반적으로 사람들이 비판부터 먼저 하는 기질을 가지고 있는데 성도들은 상대방을 배려하고 세워주는 역할을 해야 한다고 가르친다(롬 14:3-4). 유다는 의심하는 성도들도 주님의 백성이기 때문에 사랑과 긍휼의 실천을 통해서 형제들을 세워야 한다고 권면한다.

둘째로 성도들은 "어떤 자를 불에서 끌어내어 구원"(유 1:23)하여야 한다. 여기 언급된 "어떤 자"는 구원받아야 할 사람이기 때문에 성도의 반열에 들어 있는 사람임에 틀림없다. 하지만 여기서 언급된 어떤 자는 "불에서 끌어냄"을 받을 사람이기 때문에 죄 가운데 처해 있는 약한 사람으로 긴급하게 그 상황에서 건져냄을 받아야 할 사람이다(참조, 암 4:11). "불의 상징은 믿음이 연약한 자들과 죄로 무너져 내리는 사람들을 빠져들게 하는 임박한 파멸과 연관된다. 이 경우에 시간이 대단히

728.: "UBS의 편집위원회는 "책망하라" (ἐλέγχετε)(A, C')라는 사본보다는 "긍휼히 여기라" (ἐλεᾶτε)(ℵ, B)를 더 나은 사본으로 생각하고 본문을 채택하였다."

절박하다. 기독교인들은 이들을 불에서부터 낚아채내어 이들을 구원해야만 한다."[96] 그런데 인간이 다른 사람을 어떻게 구원할 수 있는가? 이 문제와 관련하여 칼빈(Calvin)의 해석이 적절하다고 사료된다. 칼빈은 "구원($\sigma\dot{\omega}\zeta\epsilon\tau\epsilon$)이라는 용어는 양도(transfer)라는 뜻으로 사람들에게 적용되었다. 왜냐하면 그들은 구원의 저자들이 아니요, 구원의 봉사자들이기 때문이다."[97]라고 적절하게 해석한다. 유다는 유다서의 수신자들인 성도들에게 그들보다 더 연약한 형편에 처해 있는 믿는 자들을 그들이 처한 위험한 상태에서 급하고 단호하게 구원해 내야 한다고 권면하고 있다.

셋째로 성도들은 "어떤 자를 그 육체로 더럽힌 옷까지도 미워하되 두려움으로 긍휼히"(유 1:23) 여겨야 한다. 성도들은 어떤 자들의 죄로 찌든 옷까지도 미워해야 한다. 왜냐하면 어떤 자들의 죄악에 의해 성도들이 오염될 가능성이 크기 때문이다. 여기서 사용된 옷($\chi\iota\tau\dot{\omega}\nu$)은 주로 피부와 맞닿아 있는 내복을 가리킨다.[98] 유다가 전하고자 하는 개념은 어떤 자들이 그들의 내복까지도 더럽혀질 만큼 타락한 상태에 있음을 지적하고자 하는 것이다. 유다는 바울처럼 "육체"($\sigma\dot{\alpha}\rho\xi$)라는 용어를 죄와 연관하여 사용한다. 육체는 죄의 능력에 복종하는 인간의 신학적 이해를 함축한다. 육체는 죄와 연관하여 사용되었고 "성령"이 긍정적

---

96   Kistemaker, *Peter and Jude* (*NTC*), p. 407.

97   Calvin, *A Harmony of the Gospels Matthew, Mark and Luke, Vol. III and The Epistles of James and Jude* (1975), p. 336.

98   W. Rebell, "$\chi\iota\tau\dot{\omega}\nu$," *Exegetical Dictionary of the New Testament*, Vol. 3 (Grand Rapids: Eerdmans, 1993), p. 468.

인 의미로 사용되었다면, 육체는 부정적인 의미로 사용된다.[99] 키스터
마커(Kistemaker)는 "유다가 독자들에게 '죄가 너희들을 오염시키지 않
도록 죄와 모든 접촉을 끊으라. 사실상 너희들이 인간의 배설물로 더
럽혀진 더러운 내복을 몹시 싫어하는 것처럼 죄를 미워하라.'"[100]라고
권면했다고 해석한다. 그 뿐만 아니라 유다는 독자들에게 죄는 미워하
되 연약한 자들을 "두려움으로 긍휼히 여기라"(유 1:23)라고 권면한다.
유다는 성도들에게 죄는 미워하되 죄인을 사랑하라고 권면하고 있다.

5. 마지막 송영(유 1:24-25)

[24] 능히 너희를 보호하사 거침이 없게 하시고 너희로 그 영광 앞에
흠이 없이 기쁨으로 서게 하실 이 [25] 곧 우리 구주 홀로 하나이신 하
나님께 우리 주 예수 그리스도로 말미암아 영광과 위엄과 권력과
권세가 영원 전부터 이제와 영원토록 있을지어다 아멘 (유 1:24-25)

유 1:24-25   유다서의 마지막 송영은 사용된 용어들과 전달하고자
하는 사상에서 대단히 특이하다. 송영(Doxology)은 고대 유대주의 문

99   A. Sand, "σάρξ," *Exegetical Dictionary of the New Testament,* Vol. 3 (Grand Rapids: Eerdmans, 1993), p. 231. .

100   Kistemaker, *Peter and Jude (NTC),* p. 408.

헌에는 별로 나타나지 않지만 초기 기독교회에서는 흔히 사용되곤 했다. 반면 초기 기독교 문헌에 자주 등장하지 않은 축복(Blessed be)은 유대주의에서는 자주 사용되곤 했다. 송영은 기도와 설교를 마무리 할 때 사용되기도 하고(엡 3:20-21; 2 Clement 20:5), 편지를 끝마칠 때 사용되기도 하며(롬 16:25-27; 벧후 3:18), 편지의 마지막 인사를 기록하기 전 편지의 주요 부분을 마무리 할 때 사용되기도 한다(빌 4:20; 딤후 4:18; 히 13:21; 벧전 5:11). 그런데 유다서의 송영은 특별히 편지를 마무리하는 형태가 아니요, 예배의 설교를 끝내면서 선포하는 형식과 같다.[101] 유다서의 송영은 다른 서신의 송영과는 달리 특이한 면을 가지고 있다. 유다서의 송영은 종말론적인 의미가 담긴 송영이다. 유다는 지금 성도들이 마지막 심판 때에 흠 없이 하나님 앞에 기쁨으로 서 있을 것을 바라보고 있다. 유다는 하나님께 그렇게 하실 수 있는 능력이 있음을 확신한다.

그래서 유다는 송영을 시작하면서 "보호하사"(φυλάξαι),[102] "거침이 없게 하시고"(ἀπταίστους), "흠이 없이"(ἀμώμους), "기쁨으로"(ἀγαλλιάσει)라는 네 용어를 사용하는데 이 용어들은 특별한 의도를 가지고 선택한 용어들이다. 네 용어는 마지막 심판 때에 그리스도의 공로로 구원받은 성도가 하나님 앞에서 환한 웃음을 짓고 있는 모습을 묘사하는데 적절한 용어들이다. 그리고 유다는 이 용어들과 연관하여 "홀로 하나이신 하나님"(μόνῳ θεῷ: only God)이라는 표현으로 그 당시 헬라-로마 종교의 범신론(pantheon)을 의식하고 기독교의 하나님만이 유일하신 하나님으

---

[101] Richard J. Bauckham, *Jude, 2 Peter,* p. 121.

[102] "보호하사"(φυλάξαι)는 φυλάσσω의 단순과거(aorist), 능동태(active), 부정사(infinitive)이다.

로 그 하나님만이 성도들을 확실하게 보호하고 지키실 수 있음을 천명한다.[103] 유다는 "우리 구주 홀로 하나이신 하나님"이라고 말함으로 하나님이 우리들의 구주(σωτῆρι ἡμῶν)이심을 강조한다. 하나님을 "구주"(σωτήρ)로 부를 수 있는 근거는 하나님이 구원 계획을 그리스도 안에서 세우시고 성취하셨기 때문이다(참조, 엡 1:3-6). 예수 그리스도의 전체 사역과 목적이 "구주"라는 용어 속에 녹아 있다. 신약성경에서 하나님을 구주로 표현한 구절들은 8회(눅 1:47; 딤전 1:1; 2:3; 4:10; 딛 1:3; 2:10; 3:4; 유 1:25)이며, 예수님을 구주로 표현한 구절들은 16회(눅 2:11; 요 4:42; 행 5:31; 13:23; 엡 5:23; 빌 3:20; 딤후 1:10; 딛 1:4; 2:13; 3:6; 벧후 1:1, 11; 2:20; 3:2, 18; 요일 4:14)이다. 유다가 유다서 25에서 하나님을 구주로 표현했는지 아니면 예수님을 구주로 표현했는지에 대한 답은 문맥에 비추어 볼 때 하나님을 구주로 표현했음이 확실하다.[104] 그 이유는 유다가 곧바로 "우리 주 예수 그리스도로 말미암아"를 이어서 사용하고 있기 때문이다. 유다는 전능하신 하나님이 성도들을 지키실 것이라고 확언하고 있다.

신약성경은 "지킨다," 혹은 "보호한다"는 의미로 풀라소(φυλάσσω) 대신 테레오(τηρέω)를 더 자주 사용한다.[105] 유다는 유다서 1:21에서는 테레오(τηρέω)를 사용하는 반면 마지막 송영의 말씀인 유다서 1:24에

---

103   Andrew M. Mbuvi, *Jude and 2 Peter*, p. 63.

104   Bateman IV, *Jude (Evangelical Exegetical Commentary)*, p. 434.

105   풀라소(φυλάσσω)는 신약에서 30회 사용되었는데 주로 복음서와 사도행전에서 많이 사용되었고, 테레오(τηρέω)는 신약에서 75회 사용되었는데 주로 요한복음과 사도행전 그리고 계시록에서 자주 사용되었다. Cf. J. B. Smith, *Greek-English Concordance to the New Testament* (1974), p. 342(section 4983)와 p. 369(section 5342) 참조.

서는 퓰라소(φυλάσσω)를 사용하여 하나님이 그의 권능으로 그의 백성들을 지키고 보호하신다는 사실을 강조하고 있다.[106] 유다는 그의 용어 선택에서 특별한 배려를 나타내고 있는 것이다.

유다가 여기서 사용한 "거침이 없게 하시고"(ἀπταίστους)는 전체 신약성경 가운데 이곳에서 유일하게 사용되는(hapax legomenon) 용어이다. 이 용어는 "넘어짐에서 보호한다"(keep you from falling)는 의미로 역시 하나님의 권능을 강조하고 있다. 유다는 하나님께서 그의 사랑하는 독생자 예수 그리스도를 희생시켜서(유 1:25) 얻은 자녀들을 확실하게 보호하시고 지키실 것을 이 특별한 용어를 통해 전달하고 있다.

그리고 유다는 성도들이 궁극적으로 "흠이 없이"(ἀμώμους) 하나님의 영광 앞에 서게 될 것이라고 확신한다. 성도들은 "그리스도 안에" 존재하기 때문에 흠이 없다고 말할 수 있다. 왜냐하면 성도들은 흠 없는 그리스도(벧전 1:19)와 연합된 존재들이기 때문에 흠이 있을 수 없다. 성도들은 부활체를 입기 전까지는 실존적으로 흠이 없는 것이 아니요 흠이 없는 예수님과 연합됨으로 흠이 없다고 선언 받은 존재인 것이다. 그래서 유다는 "그 영광 앞에 흠이 없이"라고 말함으로 성도들이 흠이 없는 때가 부활체를 입고 하나님 앞에 설 때임을 암시하고 있는 것이다.

유다의 축복은 "기쁨으로"(ἀγαλλιάσει)라는 용어에서 더욱 두드러지게 된다. "아갈리아시스"(ἀγαλλίασις)라는 용어는 신약 전체에서 5회(눅 1:14, 44; 행 2:46; 히 1:9; 유 1:24) 나타나는데 특별히 초대 예루살렘 교

---

106   Michael Green, *2 Peter and Jude* (*Tyndale New Testament Commentaries*) (Grand Rapids: Eerdmans, 1987), p. 205.

회의 삶의 특징을 묘사하는데 이 용어를 사용했고(행 2:46) 유다가 하나
님의 영광 앞에 당당히 서게 될 성도들의 마음을 묘사하는데 사용한
것이 특이하다. 신약교회와 성도들의 기쁨은 마치 종말론적 잔치에서
기쁨이 충만하듯 공적 예배에서 충만한 기쁨을 누린다(참조, 계 19:7-9).
성도들은 과거에는 예수 그리스도에 의해 성취된 구원을 통해 그 기쁨
을 경험하고, 현재에는 한 인간으로 친히 구원을 받아 그 기쁨을 경험
하며, 미래에는 확신에 찬 소망으로 구원의 완성을 바라보면서 그 기
쁨을 경험하게 된다. [107] 유다가 언급한 기쁨(유 1:24)은 세상에서 경험
할 수 없는 기쁨으로 오직 죄 문제를 해결 받은 구원받은 성도들만이
경험할 수 있다. "기쁨으로"(아갈리아세이)라는 용어는 보통의 기쁨(joy)
이 아니고, 희열(exultation)이라고 표현할 수 있다. 바이서(Weiser)는
"베드로전서 4:13; 유다서 1:24; 계 19:7에 언급된 기쁨은 분명하게 미
래 종말론적 완성이 성취될 때의 기쁨이다."[108]라고 해석한다. 성도들
이 경험할 기쁨은 하나님께서 계획하신 구속을 완성하신 후 영광 중에
계신 하나님 앞에서 누리는 승리에 도취된 기쁨이 될 것이다.

　　박윤선 박사는 "이 송영(頌榮)은, 특별히 하나님을 구원자로 찬송함
이다. 그가 우리를 구원하심은 그리스도를 우리에게 보내시므로 이루
어졌고, 또 우리는, 그의 구원에 대하여 감사할 때에 그리스도의 중보
역(仲保役)을 경유할 수밖에 없다. 이 때문에, '예수 그리스도로 말미암

---

[107]　E. Beyreuther, "ἀγαλλιάομαι," *The New International Dictionary of New Testament Theology*, Vol. 2 (Grand Rapids: Zondervan, 1977), p. 354.

[108]　A. Weiser, "ἀγαλλίασις," *Exegetical Dictionary of the New Testament*, Vol. 1 (Grand Rapids: Eerdmans, 1990), p. 8.

아'라는 문구가 여기 나오게 되었다. 우리가 하나님의 구원하여 주시는 은혜를 깨닫게 되며, 찬송하게 됨도 오직 그리스도로 말미암아서만 되어 진다."[109]라고 설명한다. 그래서 유다는 "우리 구주 홀로 하나이신 하나님께 우리 주 예수 그리스도로 말미암아 영광과 위엄과 권력과 권세가 영원 전부터 이제와 영원토록 있을지어다 아멘"(유 1:25)으로 끝을 맺는다. 유다서의 마지막 송영이 사실(fact)을 기록한 것이냐 아니면 소원(hope)을 표현하는 것이냐에 대한 견해가 나누어진다. 이런 질문이 제기된 이유는 "영원 전부터"($\pi\rho\grave{o}$ $\pi\alpha\nu\tau\grave{o}\varsigma$ $\tau o\hat{u}$ $\alpha\hat{\iota}\hat{\omega}\nu o\varsigma$)라는 표현이 앞으로 실현되기를 소원하는 기도문과는 잘 일치하지 않기 때문이다. 소원을 하면서 "영원 전부터"를 포함시키는 것은 타당하지 않다. "영광과 위엄과 권력과 권세"는 영원 전에도, 지금도 그리고 앞으로 영원히 하나님께 존재한다. 그러므로 유다서의 송영은 하나님이 누구이신지를 확실하게 선언하는 것이다. 이는 실재를 확인하는 것이다. "영광"($\delta\acute{o}\xi\alpha$: glory)은 하나님께만 속한다. 하나님께 영광을 돌리는 것은 그의 존재가 영광스러운 존재이시기 때문이다. "위엄"($\mu\epsilon\gamma\alpha\lambda\omega\sigma\acute{u}\nu\eta$: majesty)은 아버지 하나님께만 적용되는 용어이다. 이 용어가 신약성경에 3회 나타나는데 히브리서에서 2회(히 1:3; 8:1)와 본 구절에서 1회 나타난다(유 1:25).[110] "권력"($\kappa\rho\acute{\alpha}\tau o\varsigma$: power)은 당연히 전지전능하신 하나님의 소유물이다. 그래서 "권력"은 송영의 문구에서 하나님께 속한 것으로 언급된다(딤전 6:16; 벧전 4:11; 5:11; 계 1:6; 5:13). "권세"($\dot{\epsilon}\xi o\upsilon\sigma\acute{\iota}\alpha$: authority)는

---

109 박윤선, 『히브리서·공동서신』(1965), p. 420.

110 J. B. Smith, *Greek-English Concordance to the New Testament*, p. 223. (section 3172).

일반적으로 "권력"과 비슷한 의미로 사용되는데 특별히 예수님께서 그의 죽음과 부활을 통해 구속역사를 완성하신 후 하나님 아버지로부터 "권세"를 받으신 사실을 확인하시면서 "하늘과 땅의 모든 권세를 내게 주셨으니"(마 28:18)라고 말씀하신다. 그러므로 "권세"는 하나님과 예수 그리스도에게 속한 것으로 구속 성취와 관계있는 권세이다. 유다는 지금 "영광과 위엄과 권력과 권세"를 가지신 하나님이 성도들을 마지막 날에 흠 없게 그의 앞에 세워주실 것이기 때문에 성도들은 감사하면서 거룩하고 경건한 삶을 이어가야함을 강조하고 있다. 유다서의 송영(유 1:24-25)은 소원 기도가 아니요 실재를 선언하는 것이기 때문에 "홀로 한 분이신 우리 구주 하나님께 우리 주 예수 그리스도로 말미암아 영광과 위엄과 권력과 권세가 영원 전부터 이제와 영원토록 있도다 아멘"으로 번역하는 것이 더 적합하다. 송영의 마지막 표현을 "있을지어다 아멘"으로 정리하기보다 "있도다 아멘"으로 정리하는 것이 더 본문의 뜻을 잘 나타낸다고 사료된다.

참고문헌 (야고보서)

Adamson, James B. *The Epistle of James (The New International Commentary on the New Testament)*. Grand Rapids: Eerdmans, 1976.

Alexander, Ralph H. "Lying," *Baker's Dictionary of Christian Ethics*, Ed. Carl F. H. Henry. Grand Rapids: Canon Press, 1973, pp. 400-401.

Arndt W. F. and F. W. Gingrich, *A Greek-English Lexicon of the New Testament and other Early Christian Literature*. Grand Rapids: The University of Chicago Press, 1969.

Balz, H. "κόσμος," *Exegetical Dictionary of the New Testament*, Vol. 2. Grand Rapids: Eerdmans, 1991, pp. 309-313.

Barnes, Albert. *Notes on the New Testament: James-Jude*. Grand Rapids: Baker, 1980.

Bengel, John A. *Bengel's New Testament Commentary (Gnomon of New Testament)*, Vol. 2. Grand Rapids: Kregel Publications, 1981.

Beyreuther, E. "ἡδονή," *The New International Dictionary of New Testament Theology*, Vol. 1. Grand Rapids: Zondervan, 1975, pp. 458-460.

Blass F. and A. Debrunner, *A Greek Grammar of the New Testament and other Early Christian Literature*, Trans. by Robert Funk. Chicago and London: The University of Chicago Press, 1970.

Blomberg, Craig L. *The Historical Reliability of the Gospels*. Downers Grove: IVP, 1987.

Böcher, O. "γέεννα," *Exegetical Dictionary of the New Testament*, Vol. 1. Grand Rapids: Eerdmans, 1990, pp. 239-240.

Bruce, Alexander B. "The Synoptic Gospels," *The Expositor's Greek Testament*, Vol. 1. Grand Rapids: Eerdmans, 1980.

Bruce, F. F. *Peter, Stephen, James and John: Studies in Early Non-Pauline*

Christianity. Grand Rapids: Eerdmans, 1979.

Bruner, Frederick Dale. *The Christbook: A Historical/Theological Commentary* (Matthew 1-12). Waco: Word Books, 1987.

Bultmann, R. "οἰκτίρω, οἰκτιρμός, οἰκτίρμων," *Theological Dictionary of the New Testament*, Vol. V. Grand Rapids: Eerdmans, 1973, pp. 159-161.

Burdick, Donald W. "James," *The Expositor's Bible Commentary*, Vol. 12. Grand Rapids: Zondervan, 1981, pp. 159-205.

Calvin, John. *Institutes of the Christian Religion*, Vol. 1. Philadelphia: The Westminster Press, 1967.

Calvin, John. *Institutes of the Christian Religion*, Vol. 2. Philadelphia: The Westminster Press, 1967.

Calvin, John. *A Harmony of the Gospels Matthew, Mark and Luke*, Vol. II. Grand Rapids: Eerdmans, 1975.

Calvin, John. *A Harmony of the Gospels Matthew, Mark and Luke, Vol. III and The Epistles of James and Jude*. Grand Rapids: Eerdmans, 1975.

Covey, Stephen R. *The 7 Habits of Highly Effective Families*. New York: Golden Books, 1997.

Davids, Peter. *Commentary on James (NIGTC)*. Grand Rapids: Eerdmans, 1982.

Delling, G. "ἀργός, ἀργέω," *Theological Dictionary of the New Testament*, Vol. I. Grand Rapids: Eerdmans, 1972, p. 452.

Geisler Norman. *Christian Ethics: Contemporary Issues and Options*, 2nd ed. Grand Rapids: Baker, 2010.

Giesen, H. "ταπεινός," *Exegetical Dictionary of the New Testament*, Vol. 3. Grand Rapids: Eerdmans, 1993, p. 333.

Grudem, Wayne. "Christians Never Have to Choose the 'Lesser Sin'," *Redeeming the Life of the Mind: Essays in Honor of Vern Poythress*,

Ed. John Frame, Wayne Grudem, John Hughes. Wheaton: Crossway, 2017, pp. 331-359.

Guhrt, J. "κόσμος," *The New International Dictionary of New Testament Theology*, Vol. 1. Grand Rapids: Zondervan, 1975, pp. 521-526.

Guthrie, Donald. *New Testament Theology*. Downers Grove: Inter-Varsity Press, 1981.

Hagner, Donald A. *Matthew 14-28 (Word Biblical Commentary)*, Vol. 33B Dallas: Word Books, Publisher, 1995.

Hartin, Patrick J. *James (Sacra Pagina Series)*, Vol. 14. Collegeville: Liturgical Press, 2009.

Hauck, Friedrich. "Prophets and Prophecies in the New Testament," *Theological Dictionary of the New Testament*, Vol. VI. Grand Rapids: Eerdmans, 1971, pp. 828-861.

Hendriksen, William. *Survey of the Bible*. Grand Rapids: Baker, 1976.

Hendriksen, William. *The Gospel of Luke (New Testament Commentary)*. Grand Rapids: Baker, 1978.

Henry, Matthew, *Matthew Henry's Commentary on the Whole Bible*, Vol VI. Old Tappan: Fleming H. Revell Company, n.d.

Hess, K. "λατρεύω," *The New International Dictionary of New Testament Theology*, Vol. 3. Grand Rapids: Zondervan, 1979, pp. 549-551.

Hollander, H. W. "μακροθυμία," *Exegetical Dictionary of the New Testament*, Vol. 2. Grand Rapids: Eerdmans, 1991, pp. 380-381.

Hübner, H. "ἐπιθυμία, ἐπιθυμέω," *Exegetical Dictionary of the New Testament*, Vol. 2. Grand Rapids: Eerdmans, 1991, pp. 27-28.

Hübner, H. "τέλος," *Exegetical Dictionary of the New Testament*, Vol. 3. Grand Rapids: Eerdmans, 1993, pp. 347-348.

Jeremias, Joachim. "Paul and James," *Expository Times*, LXVI, 1955,

Jeremias, Joachim. "παῖς Θεοῦ in Later Judaism in the Period after the LXX," *Theological Dictionary of the New Testament*, Vol. V. Grand Rapids: Eerdmans, 1973, pp. 677-717.

Josephus, Flavius. *The Jewish War*, Books IV-VII, Trans. H. St. J. Thackeray. Cambridge: Harvard University Press, 1968.

Kistemaker, Simon J. *Exposition of the Acts of the Apostles* (New Testament Commentary). Grand Rapids: Baker, 1990.

Kistemaker, Simon J. *James and I-III John (New Testament Commentary)*. Grand Rapids: Baker, 1986.

Lenski, R.C.H. *The Interpretation of the Epistle to the Hebrews and the Epistle of James*. Minneapolis: Augsburg Publishing House, 1966.

Lunde, J. "Heaven and Hell," *Dictionary of Jesus and the Gospels*. Downers Grove: InterVarsity Press, 1992, pp. 307-312.

Machen, J. Gresham. *New Testament Greek for Beginners*. Toronto: The Macmillan Company, 1951.

Marshall, I. Howard. *The Acts of the Apostles (The Tyndale New Testament Commentaries)*. Leicester: Inter-Varsity Press, 1991.

Marshall, I. Howard. *Commentary on Luke (NIGTC)*. Grand Rapids: Eerdmans, 1978.

Martin, Ralph P. *James (Word Biblical Commentary)*, Vol. 48. Waco: Word Books, Publisher, 1988.

Mayor, Joseph B. *The Epistle of St. James* (reprinted edition, Grand Rapids: Zondervan, 1946.

McCartney, Dan. G. *James (Baker Exegetical Commentary on the New Testament)*. Grand Rapids: Baker Academic, 2009.

Metzger, Bruce M. *A Textual Commentary on the Greek New Testament.* London. New York: United Bible Societies, 1971.

Michel, Otto. "ἰός, κατιόομαι," *Theological Dictionary of the New Testament,* Vol. III. Grand Rapids: Eerdmans, 1972, pp. 334-336.

Moo, Douglas J. *The Letter of James (The Tyndale New Testament Commentaries).* Grand Rapids: Eerdmans, 1990.

Moulton, James Hope and George Milligan, "κατήφεια," *The Vocabulary of the Greek Testament.* Grand Rapids: Eerdmans, 1980.

Murray, John. *The Epistle to the Romans (NICNT).* Grand Rapids: Eerdmans, 1968.

Oesterley, W. E. "The General Epistle of James," *The Expositor's Greek Testament,* Vol. IV. Grand Rapids: Eerdmans, 1980, pp. 385-476.

Packer, J. I. "ῥύπος, ῥυπαρός," *The New International Dictionary of New Testament Theology,* Vol. 1. Grand Rapids: Zondervan, 1975, p. 479.

Painter, John and David A. deSilva, *James and Jude.* Grand Rapids: Baker Academic, 2012.

Penner, Todd C. *The Epistle of James and Eschatology.* Sheffield: Sheffield Academic Press, 1996.

Perkins, Pheme. *First and Second Peter, James, and Jude (Interpretation).* Louisville: John Knox Press, 1995.

Popkes, W. "πειράζω, πειρασμός," *Exegetical Dictionary of the New Testament,* Vol. 3. Grand Rapids: Eerdmans, 1993, pp. 64-67.:

Poythress, Vern S. "Why Lying Is Always Wrong: The Uniqueness of Verbal Deceit," *Westminster Theological Journal,* 75, No. 1 (2013), pp. 83-95.

Reicke, Bo. *The Epistles of James, Peter, and Jude.* Garden City: Doubleday, 1964.

Reisser, H. "μοιχεύω, μοιχαλίς," *The New International Dictionary of New Testament Theology*, Vol. 2. Grand Rapids: Zondervan, 1977, pp. 582-584.

Ridderbos, H. N. *Matthew (Bible Student's Commentary)*. Grand Rapids: Zondervan, 1987.

Robertson, A. T. *A Grammar of the Greek New Testament in the Light of Historical Research*. Nashville: Broadman Press, 1934.

Ropes, James Hardy. *A Critical and Exegetical Commentary on the Epistle of James (International Critical Commentary)*. Edinburgh: Clark, 1961.

Ross, Alexander. *The Epistles of James and John (The New International Commentary on the New Testament)*. Grand Rapids: Eerdmans, 1970.

Schlier, Heinrich. "θλίβω, θλῖψις in the New Testament," *Theological Dictionary of the New Testament*, Vol. III. Grand Rapids: Eerdmans, 1972, pp. 143-148.

Schmidt, K. L. "θρησκεία, θρησκός," *Theological Dictionary of the New Testament*, Vol. III. Grand Rapids: Eerdmans, 1972, pp. 155-159.

Schönweiss, H. "Desire, ἐπιθυμία," *The New International Dictionary of New Testament Theology*, Vol. 1. Grand Rapids: Zondervan, 1975, pp. 456-458.

Schweizer, E. "σῶμα, σωματικός, σύσσωμος," *Theological Dictionary of the New Testament*, Vol. VII. Grand Rapids: Eerdmans, 1971, pp. 1024-1094.

Schweizer, E. "σῶμα," *Exegetical Dictionary of the New Testament*, Vol. 3. Grand Rapids: Eerdmans, 1993, pp. 321-325.

Sleeper, C. Freeman. *James (Abingdon New Testament Commentaries)*.

Nashville: Abingdon Press, 1998.

Smith, J. B. *Greek-English Concordance to the New Testament*. Scottdale: Herald Press, 1974.

Smith, Morton H. *Systematic Theology*, Vol. two. Greenville: Greenville Seminary Press, 1994.

Spicq, Ceslas. "ἀργός," *Theological Lexicon of the New Testament*, Vol. 1. Peabody, MA: Hendrickson Publishers, 1996, pp. 195-198.

Spicq, Ceslas. "ὁλοκληρία, ὁλόκληρος," *Theological Lexicon of the New Testament*, Vol. 2. Peabody, MA: Hendrickson, 1996, pp. 578-579.

Spicq, Ceslas. "λαμπρός," *Theological Lexicon of the New Testament*, Vol. 2. Peabody, MA: Hendrickson Publishers, 1996, pp. 364-368.

Spicq, Ceslas. "θρησκεία, θρησκός," *Theological Lexicon of the New Testament*, Vol. 2. Peabody: Hendrickson Publishers, 1996, pp. 200-204.

Sproul, R. C. "The Establishment of Scripture," *Sola Scriptura!: The Protestant Position on the Bible*, General Editor, Don Kistler. Morgan, PA: Soli Deo Gloria Publications, 1995, p. 63-95.

Summers, Ray. *Commentary on Luke*. Waco: Word Books, 1972.

Tenney, Merrill C. *New Testament Survey*. Grand Rapids: Eerdmans, 1974.

The *New Encyclopaedia Britannica*, Vol. 5. London: Encyclopaedia Britannica, Inc., 1994.

Vos, G. *The Pauline Eschatology*. Grand Rapids: Eerdmans, 1966.

Vos, G. *Reformed Dogmatics* (Christology), Vol. 3. Bellingham: Lexham Pres, 2014.

Vos, G. *Reformed Dogmatics* (Soteriology), Vol. 4. Bellingham: Lexham Pres, 2015.

Vos, G. *Reformed Dogmatics* (Ecclesiology, The Means of Grace, Eschatology), Vol. 5. Bellingham: Lexham Press, 2016.

Wegenast, Klaus. *The New International Dictionary of New Testament Theology*, Vol. 3. Grand Rapids: Zondervan, 1979, pp. 765-768.

Weiser, A. "ἀγαλλίασις," *Exegetical Dictionary of the New Testament*, Vol. 1 Grand Rapids: Eerdmans, 1990, pp. 7-8.

Williamson, G. I. *The Westminster Confession of Faith for Study Classes* Philadelphia: Presbyterian and Reformed Publishing Co., 1964.

Winkler, Edwin T. "Commentary on the Epistle of James," *An American Commentary on the New Testament*, ed. Alvah Hovey. Valley Forge: Judson Press, 1890, pp. 1-74.

Zerwick, Maximilian. *Biblical Greek*. Roma: Editrice Pontificio Istituto Biblico, 1985.

김영호, 『하나님 나라와 그리스도의 십자가』. 수원: 합신대학원출판부, 2021.

박윤선, 『히브리서 · 공동서신』. 서울: 영음사, 1965.

박형용, 『히브리서』. 서울: 도서출판햇불, 2003.

박형용, 『신약개관』. 서울: 아가페출판사, 2009.

박형용, 『신약정경론』. 수원: 합신대학원출판부, 2002.

박형용, 『성경해석의 원리』. 수원: 합신대학원출판부, 2014.

박형용, 『사복음서주해』. 수원: 합신대학원출판부, 2015.

박형용, 『말씀산책』. 수원: 합신대학원출판부, 2018.

이복우, 『주는 가장 자비하시고 긍휼히 여기시는 이시니라』. 수원: 합신대학원출판부, 2022.

이승구, 『1세기 야고보, 오늘을 말하다』. 서울: 도서출판 말씀과 언약, 2022.

전재동 편역, 『누구나 한 번은 꼭 읽어야 할 탈무드』. 서울: 북허브, 2018.

참고문헌 (유다서)

Aalders, G. Ch. *Genesis (Bible Student's Commentary)*, Vol. 1. Grand Rapids: Zondervan, 1981.

Balz, Horst. "ὕπνος, ἐνυπνιάζομαι," *Theological Dictionary of the New Testament*, Vol. VIII. Grand Rapids: Eerdmans, 1972, pp. 545-556.

Bateman IV, Herbert W. *Jude (Evangelical Exegetical Commentary)*. Bellingham: Lexam Press, 2017.

Bauckham, Richard J. *Jude, 2 Peter (Word Biblical Commentary)*, Vol. 50. Waco: Word Books, 1983.

Bauckham, Richard J. *Jude and the Relatives of Jesus in the Early Church*. Edinburgh: T & T Clark, 1990.

Bertram, G. "ἐμπαίκτης," *Theological Dictionary of the New Testament*, Vol. V. Grand Rapids: Eerdmans, 1973, pp. 635-636.

Beyreuther, E. "ἀγαλλιάομαι," *The New International Dictionary of New Testament Theology*, Vol. 2. Grand Rapids: Zondervan, 1977, pp. 352-354.

Boice, James M. *Foundations of the Christian Faith*. Downers Grove: InterVarsity Press, 1986.

Braun, H. "πλανάω, πλάνη, πλανήτης," *Theological Dictionary of the New Testament*, Vol. VI (Grand Rapids: Eerdmans, 1971), pp. 228-253.

Calvin, John. *Institutes of the Christian Religion*, Vol. 1. Philadelphia: The Westminster Press, 1967.

Calvin, John. *Institutes of the Christian Religion*, Vol. 2. Philadelphia: The Westminster Press, 1967.

Calvin, John. *A Harmony of the Gospels Matthew, Mark and Luke, Vol. III and The Epistles of James and Jude*. Grand Rapids: Eerdmans, 1975.

Delling, G. "πληθύνω," *Theological Dictionary of the New Testament*, Vol. VI. Grand Rapids: Eerdmans, 1971, pp. 279-283.

Dunnett, Walter. *An Outline of New Testament Survey*. Chicago: Moody Press, 1973.

Eusebius, Pamphilus. *The Ecclesiastical History*. Grand Rapids: Baker, 1977.

Goddard, Burton L. "Mercy," *Baker's Dictionary of Theology*. Grand Rapids: Baker, 1975, p. 348.

Green, Gene L. *Jude & 2 Peter (Baker Exegetical Commentary on the New Testament)*. Grand Rapids: Baker, 2008.

Green, Michael. *2 Peter and Jude*. Tyndale New Testament Commentaries. Grand Rapids: Eerdmans, 1987.

Grudem, Wayne. *Systematic Theology*. Grand Rapids: Zondervan, 1994.

Grundmann, W. "μεμψίμοιρος," *Theological Dictionary of the New Testament*, Vol. IV. Grand Rapids: Eerdmans, 1973, pp. 571-574.

Guthrie, Donald. *New Testament Introduction*. Downers Grove: Inter-Varsity Press, 1974.

Hendriksen, William. *Survey of the Bible*. Grand Rapids: Baker, 1976.

Hendriksen, William. *I~II Timothy and Titus (NTC)*. Grand Rapids: Baker, 1974.

Henry, Matthew. *Matthew Henry's Commentary on the Whole Bible*, Vol. VI. Old Tappan: Fleming H. Revell Company, n.d.

Hess, A. J. "γογγύζω," *Exegetical Dictionary of the New Testament*, Vol. 1. Grand Rapids: Eerdmans, 1990, pp. 256-257.

Hübner, H. "ἐπιθυμία, ἐπιθυμέω," *Exegetical Dictionary of the New Testament*, Vol. 2. Grand Rapids: Eerdmans, 1991, pp. 27-28.

Kistemaker, Simon J. *Peter and Jude* (New Testament Commentary). Grand Rapids: Baker, 1987.

Kümmel, Werner Gerog. *Introduction to the New Testament*. Nashville:

Abingdon, 1981.

Lenski, R.C.H. *The Interpretation of I and II Epistles of Peter, the three Epistles of John, and the Epistle of Jude*, Minneapolis: Augsburg, 1966.

Leupold, H. C. *Exposition of Genesis*, Vol. 1. Grand Rapids: Baker, 1977.

Mayor, J. B. "The General Epistle of Jude," *The Expositor's Greek Testament*, Vol. V. Grand Rapids: Eerdmans, 1980, pp. 211-278.

Mbuvi, Andrew M. *Jude and 2 Peter. (New Covenant Commentary Series)*. Eugene, Oregon: Cascade Books, 2015.

Metzger, Bruce M. *A Textual Commentary on the Greek New Testament*. London. New York: United Bible Societies, 1971.

Muller, Richard A. *Dictionary of Latin and Greek Theological Terms*. Grand Rapids: Baker, 1986.

Neyrey, Jerome H. *2 Peter, Jude: A New Translation with Introduction and Commentary* (Anchor Bible, 37C). New York: Doubleday, 1993.

Painter, John and David A. deSilva, *James and Jude*. Grand Rapids: Baker Academic, 2012.

Perkins, Pheme. *First and Second Peter, James, and Jude (Interpretation)*. Louisville: John Knox Press, 1995.

Rebell, W. "χιτών," *Exegetical Dictionary of the New Testament*, Vol. 3. Grand Rapids: Eerdmans, 1993, p. 468.

Renwick, A. M. "Gnosticism," *Baker's Dictionary of Theology*. Grand Rapids: Baker, 1975, pp. 237-238.

Robertson, A. T. *A Grammar of the Greek New Testament in the Light of Historical Research*. Nashville: Broadman Press, 1934.

Sand, A. "σάρξ," *Exegetical Dictionary of the New Testament*, Vol. 3. Grand Rapids: Eerdmans, 1993, pp. 230-233.

Schelkle, K. H. "σωτήρ," *Exegetical Dictionary of the New Testament*, Vol. 3. Grand Rapids: Eerdmans, 1993, pp. 325-327.

Schmidt, K. L. "ὁρίζω, ἀποδιορίζω," *Theological Dictionary of the New Testament*, Vol. V. Grand Rapids: Eerdmans, 1973, pp. 452-456.

Smith, J. B. *Greek-English Concordance to the New Testament*. Scottdale: Herald Press, 1974, pp. 342, 369.

Spicq, C. *Theological Lexicon of the New Testament*, Vol. 1. Peabody, MA: Hendrickson, 1994.

Tenney, Merrill C. *New Testament Survey*. Grand Rapids: Eerdmans, 1974.

The *New Encyclopaedia Britannica*, Vol. 5. London: Encyclopaedia Britannica, Inc., 1994.

Weiser, A. "ἀγαλλίασις," *Exegetical Dictionary of the New Testament*, Vol. 1 Grand Rapids: Eerdmans, 1990, p. 8.

Westcott, B. F. *A General Survey of the History of the Canon of the New Testament*. London: MacMillan and Co., 1870.

Williams, Nathaniel M. "Commentary on the Epistle of Jude," *An American Commentary on the New Testament*, Ed. Alvah Hovey. Valley Forge: Judson Press, 1888.

Zahn, Theodor. *Introduction to the New Testament*, Vol. II. New York: Charles Scribner's Sons, 1909.

Zerwick, Maximilian. *Biblical Greek*. Roma: Editrice Pontificio Istituto Biblico, 1963.

박윤선, 『히브리서·공동서신』. 서울: 영음사, 1965.

박형용, 『목사님, 이것이 궁금해요』. 수원: 합신대학원출판부, 2020, pp. 143-146.

박형용, 『바울신학』. 수원: 합신대학원출판부, 2016, 2022.

박형용, 『신약정경론』. 수원: 합동신학대학원출판부, 2002.

이순한, 『공동서신 강해』. 서울: 한국기독교교육연구원, 1993.

〈야고보서 색인〉

인명 색인

주제 색인

〈유다서 색인〉

인명 색인

주제 색인

성구 색인